이주
행렬

이주
행렬

이
샘
물 지음

이담
Books

일러두기

이 책에서는 국내에 들어와 정착해 사는 외국인을 '이주자'로 통일해 명명합니다. 국제연합(UN) 통계국에서는 단순방문의 목적을 제외하고 3개월 이상 자신의 거주 국이 아닌 곳에서 산 사람을 'Migrant(이주자 혹은 이민자)'라고 부릅니다. 하지만 한국에서는 보통 '이민자'라고 하면 외국으로 떠난 한국인, 혹은 귀화자나 영주권을 지닌 외국인을 떠올리는 경우가 많습니다. 국내에 정착한 외국인도 '이민자'는 맞지 만 개념상의 혼동을 최소화하고 이해를 돕기 위해 이 책에서는 '이주자'라는 용어로 지칭합니다. 다만 '이민정책', '이민자 사회통합', '이민2세대', '결혼이민자'와 같이 다른 명사와 결합돼 보편적으로 쓰이는 용어에서는 '이민'이라 썼습니다. 아울러 엄 밀히 말하자면 '이주(移住)'는 다양한 범위의 지리적인 이동을 포괄하는 것이지만, 이 책에서 말하는 '이주자'는 '국제이주자'를 뜻함을 미리 밝힙니다.

이주의 시대,
이주와 당신의 삶은
무관한가

당신은 집에서 멀리 떨어진 곳에 있는 직장에 다니고 있다. 회사에서는 기숙사를 만들어 집이 먼 직원들에게 제공한다. 당신도 기숙사에 입주해 방 한 칸을 쓰고 있으며 방에는 혼자 쓸 수 있는 책상, 침대, 옷장이 마련되어 있다. 하지만 부엌과 샤워실, 세탁실은 공용이다.

시간이 지나면서 점점 입주자들이 늘어나기 시작한다. 기숙사의 생활환경은 비교적 좋으며 가격에 비해 만족스러운 여건이라는 소문이 퍼졌기 때문이다. 입주에 별다른 장벽이 없다는 것도 또 다른 장점이다. 이곳에 입주하려면 일정 금액의 돈만 내면 된다.

과거 당신은 샤워하고 싶은 시간에 샤워를 하고, 원하는 때에 언제든 요리를 했으며, 빨래하고 싶을 때 세탁기를 돌릴 수 있었다. 하지만 이제는 다르다. 한정된 장소에 사람이 더 많아졌기 때문이다. 요리를 하고 싶다면 여러 입주자들이 식사를 챙겨 먹는 시간은 피해야 한다. 샤워를 할 때도 퇴근 직후는 피해야 하는데, 이때 샤워실 줄이 길기 때문이다. 출퇴근 시간도 조정해야 한다. 예전에는 아침 8시에 집을 나서도 아무런 불편이 없었지만 이제는 이 시간대에 엘리베이터도 만원인 데다 셔틀버스에는 자리도 거의 없다.

새로운 사람이 늘면 '규칙 위반자'도 덩달아 늘기 마련이다. 쓰레기 분리수

거함에는 종종 제대로 분류되지 않은 쓰레기들이 보이고, 종량제 봉투에 담지 않은 쓰레기들도 보인다. 보다 많은 사람들이 화장실과 샤워실, 부엌을 사용하면서 공용장소도 더 지저분해졌다. 기숙사 관리사무소에서는 관리비를 올리겠다고 통보해왔다. 입주자들이 늘어나면서 관리해야 할 사항도 더 많아졌기 때문이다. 엘리베이터 이용량도 부쩍 늘었고 처리하고 정리해야 할 쓰레기 양도 증가했다. 청소인력도 더 확충이 필요했다.

당신은 아무것도 하지 않았다. 단지 더 많은 사람들이 그곳에서 살기를 원했고 입주를 하겠다며 몰려왔을 뿐이다. 하지만 그로 인해 필요한 비용은 당신도 분담해야 한다. 어쨌거나 당신은 그들 모두와 함께 살면서 같은 책임을 져야 하는 입주자이기 때문이다.

기숙사 내에서 의사결정 과정 역시 더 까다로워졌다. 예전에는 모이는 사람이 소수에 불과해 그 과정이 단순했지만 이제는 사람이 늘어남으로써 안건도 많아졌으며, 의사결정 과정도 길고 복잡해졌다. 사람이 많아졌기에 당신의 의견이 곧이곧대로 반영될 가능성도 줄어든 셈이다.

물론 입주자들이 늘어난 것에는 장점도 있다. 다양한 모임이 형성됐다는 게 대표적이다. 축구, 요리 등 동호회도 생겼으며 영어 회화와 같은 공부 모임도 생겼다. 당신은 원하기만 한다면 여러 가지 모임에 참여해 취미생활을 즐길 수도 있고 자기계발도 할 수 있다.

당신은 새로운 사람들과 자주 마주치는 것을 좋아할 수도 있고 싫어할 수도 있다. 분명한 것은 원하건 원치 않건, 당신은 입주자들로부터 영향을 받을 수밖에 없다는 것이다.

입주자들이 늘면서 일과시간에 샤워실과 세탁실, 부엌을 이용하는 게 거의 불가능에 가까워졌다고 치자. 당신은 기숙사 측에 공용 공간을 좀 더 확충하든지 입주자들의 수를 적당히 제한해달라고 요청할 것이다. 입주자들이 데리고 온 애완견이 아무데서나 배설물을 흘리고 다닌다고 치자. 당신은 입주 요건으로 '애완견 동반 불가'를 넣어달라고 요청할지 모른다. 또 분리수거를 하지 않는 입주자들이 많아졌다고 치자. 당신은 관리사무소에 새로운 입주자들이 들어올 때는 생활요령에 대한 교육을 꼭 이수하도록 의무를 부과해달라고 요구할지 모른다. 당신은 이런 일들에 무심할 수 없다. 바로 당신의 삶과 직결돼 있기 때문이다. 물론 반대의 경우도 있을 수 있다. 당신은 외로움을 많이 타며, 새로운 사람들을 사귀는 것을 무척 좋아한다. 적막함보다는 북적거림을 좋아하며 고요함보다는 생기가 넘치는 분위기를 원한다. 그렇다면 당신은 새로운 입주자들이 들어올 때마다 설렘과 기대를 느낄 것이며, 원하는 사람들은 누구나 입주할 수 있도록 활짝 문을 열어야 한다고 생각할 것이다.

이런 상황에서, 당신은 기숙사에 누가 얼마나 입주하는지 전혀 신경 쓰지 않고 살 수 있는가? 기숙사가 어떤 사람들을 새로 입주시키고 얼마나 많은 사람들을 받아들이는지 관심을 두지 않고, 당신 곁에서 살고 있는 사람들을 무덤덤하게 바라보긴 쉽지 않을 것이다.

21세기를 살아가는 우리는 모두 이와 같은 상황에 처하며, 이와 같은 상황을 마주한다. 누군가는 새로운 곳에서 삶의 터전을 일궈보겠다며 '이주'하고 먼저 그곳에 살고 있던 사람들은 이들을 받아들인다. 어느 쪽이 됐든, 이주는 사람들의 삶에 영향을 미친다. 누군가의 이주는 단순히 특정 지역에 인구가 증가하는 것만을 의미하지 않으며, 이들로 인해 생활환경과 경제, 문화, 정치가 변화한다. 즉, 이주는 우리가 어떤 삶을 살고 싶으냐에 직결된 문제인 것이다.

이주migration의 시대를 살아가는 우리에게 이주를 피해갈 수 있는 선택지는 주어지지 않는다. '빠져나가는 이주emigration'를 선택하지 않을 자유는 있더라도 '들어오는 이주immigration'를 접하지 않을 자유는 없기 때문이다. 당신이 가만히 있더라도 누군가는 당신이 사는 지역에 이주해 정착하며, 원하건 원치 않건 당신의 삶에 영향을 준다.

국제연합UN 통계국에서는 자신의 거주국이 아닌 국가에서 최소한 3개월에서 1년 미만 동안 머문 사람을 '단기 이주자short-term migrant'라고 규정하고 있다. 물론 여가활동이나 휴가, 친구 및 친척 방문, 사업, 의학적인 치료나 종교적인 순례를 목적으로 방문한 경우는 제외된다. 1년 이상 자신의 거주국이 아닌 곳에서 머물러 새로운 국가가 주요 거주국이 된 경우에 이를 '장기 이주자long-term migrant'라고 규정한다. 즉, 단순방문이 아닌 거주를 목적으로 다른 나라에서 3개월 이상 산 사람들은 '이주자migrant'라고 볼 수 있다.

세계 곳곳에서는 어느 곳도 예외 없이 수많은 이주자가 들어오고, 빠져나가고 있다. UN에 따르면 2013년 한 해에만 국제이주자는 2억 3200만 명에 이른다. 이 수치만 보더라도 1990년에는 1억 5400만 명, 2000년에는 1억 7500만 명에서 무서운 속도로 증가했음을 알 수 있다. 2013년 전 세계 인구가 60억 명이라면 단순히 계산해도 30명 중 1명은 이주자인 셈이다.

한국에도 이주의 물결이 시작되고 있다. 법무부 『출입국·외국인정책 통계월보』에 따르면 한국에 체류하는 외국인의 수는 2014년 12월 기준 179만 7618명에 이른다. 이 중 3개월 이상 장기 체류하는 외국인의 수는 137만 7945명으로 2013년도(121만 9192명)에 비해 13.2% 늘었다. 국내 체류외국인 수는 1945년 해방 이후 62년 만인 2007년에 100만 명이 됐다. 하지만 179만 명으로 79%나 늘어난 2014년까지는 7년밖에 걸리지 않았다. 정부 당국자들은 머지않아 체류외국인의 수가 200만 명을 돌파할 것으로 내다보고 있다. 21세기에 유례없이 이주자들이 많이 생겨나면서 전문가들은 현재를 '이주의 시대'라고 부른다.

이렇게 이주의 시대가 온 이유는 현대사회에서 이주가 더 이상 특정인들만의 전유물이 아니기 때문이다. 누구든 최소한의 돈과 요건만 있다면 어떤 방식으로든 새로운 곳으로 이동해 머물 수 있다. 신세계를 개척하려는 열망이 없어도, 오지와 무역하려는 사업구상이 없어도, 낯선 땅을 정벌하려는 야심이 없어도 이주할 수 있다는 것이다. 물론 낯선 곳에 합법적으로 정착하기 위해서는 과거 그 어느 때에 비해 더 까다로운 조건이 필요할지 모른다. 세계 각국에서는 점점 '누구를', '어떻게' 받아들일 것인지 제도를 정비하고 있고 그 요건도 까다로워지고 있기 때문이다. 하지만 '이동이 쉬워진 정도'는 '복잡해진 이민제도'를 뛰어넘는다. 그렇기에 점점 많은 사람들이 여전히 이주를 하고 있다.

일각에서는 여러 가지 이유를 들면서 각국이 문호를 활짝 개방할 것을 주장하고 있다. 실용주의자들은 가장 많은 사람들에게 효용을 주는 것을 추구한다. 선진국으로 이주하고 싶어 하는 저개발국 사람들이 굉장히 많음을 감안하면, 문호개방은 가장 많은 이들에게 효용을 줄 수 있을지 모른다. 자유주의자들은 인간의 자유를 극대화하는 것을 지지한다. 문호를 개방하는 것은 이동의 자유를 최대한 보장해주는 것이므로 이들의 주장에 부합할 수 있다. 사회정의를 중시하는 사람들은 가장 혜택 받지 못한 사람에게 도움을 주는 방법을 살핀다. 문호를 개방하는 것은 선진국 국민에 비해 형편이 어려운, 저개발국의 소외된 사람들에게 혜택을 주는 방안이 될 수 있다.

역사적인 측면에서 봐도 문호개방은 정당해 보인다. 미국이나 캐나다 등 선진국들은 이주자들에 인해 건설돼 강대국으로 성장했다. 종교적인 관점에서 봐도 마찬가지다. 성경에서는 '네 이웃을 네 몸과 같이 사랑하라'고 말한다. 그렇다면 단순히 외국인이라고 해서 차별해서는 안 되며, 그들을 자국민처럼 사랑하며 같은 혜택을 주는 것이 맞을 수 있다. 경제적인 관점에서도 문호개방은 꽤 설득력이 있을 수 있다. 이민 당국이 국경을 지키고 비자발급 등 업무를 처리하는 데에는 굉장히 많은 비용과 시간이 들기 때문이다. 체류관리를 하는 데에도 세금이 꽤 투입된다. 문호를 개방하면 이러한 비용을 아낄 수 있을지 모른다.

이처럼 문호개방은 다양한 이유로 지지를 받고 있지만 현실에서 이런 주장을 받아들이고 실천하는 국가는 한 곳도 없다. 모든 정부는 출입국과 이주에 있어서 자국민과 외국인을 구별 혹은 차별하고 있다. 자국민이 본국으로 되돌아오는 것은 경제적인 득실을 따지지 않고 허용하면서 낯선 사람이 들어오는 것은 까다롭게 심사해 거절하곤 한다. 여기서 근본적인 기준은 국적이며, 정부는 이주에 있어서 자국민과 외국인을 달리 대한다. 이주는 삶 전체를 동반하고 이주민의 유입은 공동체에 변화를 가져오기 때문에, 즉 우리의 삶에 직결된 것이기 때문에 신중한 것이다.

물론 이주로 인한 영향이 늘 부정적인 것은 아니다. 2006년 UN 총회 고위급 회담에서는 이주가 잘 관리될 경우 모든 관련자들에게 혜택이 될 수 있다고 합의하기도 했다.

그렇다면 이주로 인한 장점은 무엇이며, 어떻게 이주하는 게 잘 관리되는 이주인가? 이 질문에 답하기 위해서는 우리나라에 누가, 어떻게 이주해오는지부터 알아야 한다. 그리고 이주자의 유입으로 인한 영향은 무엇인지 살펴야 한다. 아울러 이들을 받아들이는 기준은 무엇이며, 기준이 적절한지, 제대로 작동하고 있는지를 파악해야 한다. 물론 이런 것들을 몰라도 세상은 잘 굴러간다. 내가 사는 공간에 어떤 사람들이 들어와서 무슨 행동을 하는지 신경을 끄더라도 생명 유지에는 문제가 없듯, 내가 속한 사회에 어떤 이주자들이 오는지 몰라도 삶이 끝나진 않을 것이다. 어떤 변화가 생기든 그에 맞춰서 살면 되고 혜택이 생기면 받아들이고 불편함이 있으면 감수하면 되기 때문이다.

하지만 내가 살고 싶은 사회를 그리는 것은 인간의 본능이다. 늘 어딘가에 정착해서 살아야만 한다면 이주에 눈을 감는 것은 불가능에 가깝다. 나의 생활

공간에 누가 들어오고 어떻게 생활하는지 신경 쓰지 않는다면, 어느새 내가 사는 곳은 살기 싫은 곳이 될 수 있기 때문이다. 이때, 어쩔 수 없이 원하는 사회를 찾아 다른 곳으로 이주하기를 택해야 할지 모른다.

당신은 과연, 이주에 눈을 감은 채 이주와 당신의 삶이 무관하다고 말할 수 있을 것인가?

contents

3

이주와 경제, 국가의 경쟁력

4

이주와 정치, 다문화의 역설

이주와 노동, 국경 통제의 딜레마

1

법적인 문제가 없는
이주 제한은 도덕적인가

아이티에 대지진이 발생했다. 현지 사정은 비참하며, 사람들은 고통과 혼란 속에서 허우적거리고 있다. 미국 국적인 당신은 현지인들을 돕기 위해 아이티로 봉사활동을 떠났다.

2주 뒤, 당신은 무사히 봉사를 마쳤고, 그곳을 떠나려고 한다. 하지만 공항에 도착했을 때, 항공사는 "당신은 미국으로 여행할 법적인 허가를 받지 못했다"고 통보한다. 당신은 어처구니가 없다는 표정으로 미국 대사관에 찾아가서 묻는다.

"제가 왜 미국에 돌아갈 수 없죠?"

대사관 직원은 완고한 어조로 대답한다.

"미국 정부는 그 이유를 설명할 필요가 없습니다."

당신은 재차 "제가 왜 미국에 입국하길 거절당했죠?"라고 묻는다. 직원은 "그냥 갈 수 없어요. 이제 이야기는 여기서 끝입니다"라고 대답한다. 당신은 "이유가 있을 것 아니냐"고 또 묻지만 직원은 "당신에게 이유를 말해줄 필요가 없다"고 대답한다. 당신은 간곡하게 사정한다.

"저는 범죄자도 아니고 놈팽이도 아닙니다. 자선을 베풀어달라고 요구하는 게 아니에요. 저는 미국에 직업도 있고 아파트도 있습니다."

그러자 직원은 단호하게 말한다.

"불행히도, 당신은 그 직업을 갖고 일하거나 그 아파트에서 살 수 있는 법적인 허가를 받지 못했습니다."

만약 정말 이런 상황에 처했다면, 당신은 정당하다고 받아들이겠는가? 브라이언 캐플런Bryan Caplan 미국 조지메이슨대 교수는 이런 식의 가상사례를 들면서 국경 통제의 부당함을 설명한다.

대부분의 사람들은 위와 같은 상황에서 미국 정부의 입국 제한이 부당하다고 느낄 것이다. 미국인이라면 미국에 자유롭게 들어갈 권리가 있기 때문이다. 하지만 만약 당신이 아이티인이라고 가정해보면 당신은 미국 정부의 제한이 어쩔 수 없다고 생각할 것이다. 외국 정부에서는 타국인에게 비자를 발급하지 않을 자유재량이 있기 때문이다. 대부분 국가의 법률에서는 '자국민'에게만 이동의 자유와 주거의 권리를 보장하고 있다. 여기서 나라의 주권이나 이민법한국의 경우 출입국관리법은 제쳐두고 생각해보자. '출입국 권리 보장'이 국민에 대한 국가의 '의무'가 아니라 '재량'이라고 가정해보자는 것이다. 그러면 국가가 당신의 입국을 막더라도 법적인 잘못은 없게 된다. 즉, 국가는 자체 판단에 따라 늘 누군가의 입국을 '합법적으로' 막을 수 있다.

그렇다면 이런 상황에서 정부가 아이티에 있는 당신의 귀환을 거절하는 것은 항상 정당화될 수 있는가? 아니다. 정부는 법적인 문제는 없더라도 도덕적인 비난을 받게 될 것이다.

아이티는 지진으로 폐허가 돼 있고 극도로 빈곤한 데다 그곳에서 얻을 수 있는 일자리도 많지 않다. 당신은 미국으로 돌아간다면 번듯한 일자리를 갖고 열심히 일해 좋은 집에서 살 수 있겠지만, 아이티에 머물면 그런 기회는 모두 차단된다. 아무리 노력해도 번듯한 직장도, 말끔한 집도 가질 수 없고 가난과 소외 속에서 눈감을 확률이 크다. 즉, 정부는 입국을 거부함으로써 단순히 당신이 특정 장소로 이동하는 것을 거부한 게 아니라 더 나은 삶을 살 기회를 박탈한 것이다. 정부는 법적인 책임은 없겠지만 윤리적인 책임, 도덕적인 책임에서 자유로울 수 없다. 결국 정부가 제3세계에 있는 자국민의 입국을 허용하는 것은, 단지 법적으로만 정당한 것이 아니라 윤리적으로도 정당한 것이 된다. 설령 자국민인 당신의 입국을 허용해줘야 한다는 법이 존재하지 않았더라도 당신을 국경 안으로 받아들여 더 나은 삶, 안락하고 행복한 삶을 추구하도록 허용해주는 게 도덕적이고 정당한 일이라는 것이다.

그렇다면 반대로 당신이 아이티인이라고 가정해보자. 미국은 뚜렷한 이유를 밝히지 않고도 당신의 입국을 막을 수 있다. 설령 지진으로 다 무너진 본국 아이티의 환경은 열악하기 그지없고, 당신이 먹고살 길이 마땅치 않더라도 말이다.

당신은 미국에 가서 일한다면 직업을 갖고 재기해 새 삶을 찾을 수 있을 거라고 확신한다. 게다가 당신은 젊고 건강하기까지 하다. 어디에 가든 공사현장에서 일하거나 농업에 종사할 수 있고 세탁, 요리 등 다양한 종류의 단순노무직에 종사해 돈을 벌 수 있다.

이때 미국 정부가 당신의 입국을 막는다면, 당신은 어떻게 생각하겠는가? 대부분 사람들은 미국 정부의 행동이 특별히 부당하다고 느끼지 않는다. 당신이 본국에서 힘겨운 삶을 살고 있다고 해서 미국 정부가 무조건 이주를 허용해줘야 할 의무는 없기 때문이다. 미국 정부가 당신이 '미국에서 더 나은 삶을 살 수 있다'는 이유로 이주를 허용한다면, 그와 비슷한 상황에 처한 수십만, 수백만 명의 이주자들을 다른 제3세계 국가들로부터 받아들여야 할 것이다. 하지만 여기서 당신이 마주할 결과는 당신이 미국인이었을 때와 매한가지다. 당신은 아이티에서 아무리 노력해도 번 듯한 직장도, 말끔한 집도 가질 수 없다. 국가가 지진의 폐허로부터 언제 복구될지, 생활환경이 개선될 수 있을지 알 수 없다. 당신은 미국에 입국 을 거부당함으로써 아이티에 남아 열악한 삶을 살아야 하며 더 나은 삶을 추구할 수 없게 됐다.

미국인인 당신과 아이티인인 당신, 두 사람의 차이는 단지 '국적'뿐이 다. 바로 그 국적 때문에 미국인의 입국을 거절하는 것은 법적으로 문제 가 있고, 아이티인의 입국을 거절하는 것은 법적으로 문제가 없다. 그러 나 법적인 책임은 다르더라도 도덕적인 책임은 같이 적용될 수밖에 없다. 미국인이건 아이티인이건 이들의 입국을 거절하는 것은 '누군가가 더 나 은 삶을 살 권리를 박탈해버렸다'는 도덕적인 문제가 똑같이 발생하기 때 문이다.

그렇다면 우리가 추구하는 윤리와 도덕, 정당성은 자국민에게만 적용 돼야 할까? 사실 우리는 보편적인 윤리와 인간으로서 지켜야 할 덕행을 특정 그룹에게만 적용하지는 않는다. 그럼에도 불구하고 출입국에 있어 서는 '법'과 '주권'을 근거로 내 집단이냐 남의 집단이냐에 따라 다른 대 우를 하고 그것이 문제가 없다고 믿는다. 설령 그것이 도덕적으로는 불공 정하며, 누군가의 인생을 송두리째 좌우해 영영 가난에 머물게 하더라도 말이다.

다시 한 번 강조하건대, 법적으로 '다른 대우'는 문제가 없다. 각국의 법에서 '국민'에게 거주와 이전의 자유, 근로의 권리와 교육권, 선거권 등 을 보장한다. 국가는 국민의 생명과 재산을 보호해야 하며, 개인이 가지 는 불가침의 기본적인 인권을 확인하고 이를 보장해야 할 의무가 있다. 물론 정부는 국내에 온 외국인의 기본적인 인권을 보장해주지만 자국민

만큼의 권리를 보장하지는 않는다. 각 나라마다 주권이 있고 각자 그 주권하에 보장받는 국민의 권리가 있기 때문이다.

그렇기에 외국인에게는 '거주와 이전의 자유'가 제한적으로 보장되고, 이들은 새로운 나라에 들어와서 일하려면 까다로운 비자심사 과정을 거쳐야 한다. 외국인은 한국에 들어올 비자를 얻었다고 하더라도 출입국관리공무원의 입국심사를 받고, 출입국관리법이 정한 요건에 어긋나는 경우 입국을 거부당할 수 있다. 게다가 비자를 가졌다는 게 해당 나라로의 입국을 완전히 보장해주는 것도 아니다. 이 때문에 어떤 학자들은 비자발급은 영사의 '입국추천행위'로 봐야 한다고 주장하기도 한다. 한국에 들어오려고 하는 외국인이 비자를 갖고 있더라도 입국을 거절당할 가능성이 존재하기 때문이다. 외국인은 입국심사 과정에서 입국을 거절당할 수 있지만, 입국한 이후라고 하더라도 체류심사 과정 등에서 입국 목적이 비자상 체류자격과 부합하지 않는다고 판단되면 강제로 퇴거당할 수 있다.

외국인에게 입국을 허용할지 비자를 발급할지는 국제법상 각국의 고유한 주권 행사로 통용되고 있다. 다른 나라가 간섭할 수 없는 전형적인 내부 문제로, 개별 국가의 재량이라는 것이다. 각 나라에서는 비자를 발급할 때 입국 목적에 적합한 체류자격을 비자에 표기해주는데, 이것은 해당 체류자격에 어긋나는 활동을 하는 경우 체류를 허용하지 않겠다는 의미이기도 하다. 한국의 경우 외국인이 중도에 체류자격을 바꾸거나 비자가 허용하지 않는 활동을 해야 한다면 정부로부터 사전 허가를 받도록 하고 있다. 물론 외국인에게도 최소한의 인권이 보장되기 때문에 정말 본국에서 도저히 살 수 없는 상황이라면 난민심사 과정을 거쳐 정착을 허용해주기도 한다. 하지만 이런 예외적인 경우를 제외하면 대체로 외국인에게 거주와 이전의 자유는 '완전히' 보장되지는 않는다. 단지 그가 본국에서 생활형편이 어렵다거나 새 나라에서 더 나은 삶을 살게 될 것으로 기대한다고 해서 비자를 주고 입국을 허용하며 체류를 보장하진 않는다는 것이다.

심지어 대부분의 선진국은 가난한 나라의 국민일수록 비자를 더 까다롭게 심사하고 있다. 외국인 이주자의 수에 정해진 한도가 있다면, 가난한 나라일수록 한도를 비교적 적게 책정해놓는 것이다. 가난한 나라의 사람일수록 선진국에 가서 더 나은 삶을 살고 싶어 하고, 비자의 문빗장을 느슨하게 했을 경우 대량으로 입국할 가능성이 크기 때문이다. 결과적으로 선진국은 가난한 사람일수록 '더 나은 삶을 살 기회'를 적게 부여하고 있는 것이다.

물론 그렇다고 하더라도 여전히 선진국에 법적인 책임은 없다. 하지만 도덕적인 책임까지 없을까? 다음과 같은 상황을 생각해보자.

당신은 길거리를 지나다가 구걸하고 있는 노숙인을 마주한다. 당신은 100만 원을 갖고 있지만 그것을 노숙인에게 적선하지 않는다고 해서 당신을 비난할 사람은 없다. 만약 당신이 그 돈을 자선단체에 기부하면 수많은 사람들의 생명을 살릴 수 있을 것이다. 하지만 그 돈으로 컬러 TV나 스마트폰을 산다고 해서 사람들이 당신을 '살인자'라고 부르지는 않는다. 누군가가 돈이 없다는 이유로 어디선가 죽어가는 것을 당신이 알 수는 있겠지만, 단순히 그에게 돈을 보태지 않았을 뿐이지 당사자를 의도적으로 죽인 것은 아니기 때문이다. 당신은 그저 노숙인이 '죽도록 놔두는 것 _{Letting Die}'뿐이다.

반대로 노숙인이 구걸하는 게 아니라 먹고살 돈을 벌기 위해 어딘가에 고용돼 세차를 하고 있다고 치자. 당신은 그에게 돈을 주지 않는 것을 넘어서, 그가 세차를 못하도록 막아선다. 노숙인은 당신의 '적극적인 저지'

로 인해 삶을 살아갈 기회를 박탈당한다. 당신은 누군가가 살아갈 수 있는 길을 의도적으로 막아선 것이다. 노숙인이 당신의 방해로 인해 돈을 벌지 못하고 굶어 죽었다면, 당신은 '적극적인 살인자'로서 도덕적인 책임을 지게 된다. 즉, 당신은 그를 죽도록 놔둔 게 아니라 죽이는 데에 가담한 것이 된다.

철학자 마이클 휴머 Michael Huemer 는 '죽임'과 '죽도록 놔두는 것'을 다음과 같이 설명한다.

"이렇게 가정해보자. 마빈 Marvin 이라는 사람이 굶을 위험에 처해 있다. 그는 내게 음식을 달라고 요청한다. 만약 내가 그에게 음식을 주는 것을 거절하면, 나는 마빈에게 혜택을 주는 것에 실패함과 동시에 마빈을 굶기는 것이다. 만약 마빈이 굶어 죽는다면, 어떤 사람들은 내가 마빈을 죽인 게 아니라 단지 그가 죽도록 '허락한 것'이라고 할 것이다. 그리고 어떤 사람들은 이것이 '죽이는 것'보다는 덜 잘못된 것이라고 믿을 것이며, 아예 잘못되지 않았다고 믿을지도 모른다.

하지만 다른 사례를 가정해보자. 마빈은 굶어 죽을 위기에 처해 있는데, 음식을 사기 위해 동네 슈퍼마켓으로 걸어갈 계획이다. 외부에서 그에게 어떤 방해도 하지 않는다면 계획은 성공할 것이다. 슈퍼마켓은 문이 열려 있고, 마빈에게는 음식과 교환할 만한 물건이 있다. 여기서 내가 마빈이 슈퍼마켓에 가는 것을 적극적으로, 강제로 막는다고 가정해보자. 그는 죽음에 이르게 될 것이다. 나는 마빈을 죽였다는 말을 듣거나 최소한 그를 죽이는 것과 도덕적으로 맞먹는 일을 했다는 말을 들을 것이다."

같은 논리로 우리가 가난한 나라의 사람들을 직접 돕지 않는다고 해서 파렴치한이란 소리를 들을 가능성은 적다. 우리는 그들이 후진국에서 별 희망도 없이 살아가는 것을 알고 있지만, 그들에게 내 월급의 일부를 할

애하지 않는다고 해서 내가 적극적으로 누군가에게 해를 가한 것은 아니며 '그냥 놔둔 것^{일명 죽도록 놔두는 것, Letting Die}'이기 때문이다. 하지만 가난한 나라의 사람들이 더 많은 기회가 있는 선진국에 가서 열심히 일하며 살기를 원하는데, 그것을 우리가 '적극적으로 막는다면' 문제가 달라진다. 그것은 누군가가 자신의 삶을 향상시키기 위해 하는 행동을 저지하는 것이며, 그들이 계속 비참하고 열악한 환경에 머물도록 강제하는 '적극적인 행위를 하는 것^{일명 죽이는 것, Killing}'이기 때문이다.

제이슨 브레넌^{Jason Brennan} 미국 조지타운대 교수는 위와 같은 이유를 들며 국가가 외국인의 이주를 제한하는 것에는 도덕적인 문제가 있다고 지적한다. 우선 어느 누구도 자신이 태어날 곳을 선택하지 못한다. 가난한 나라에 사는 외국인이 자신이 선택해서 그 나라에서 태어난 게 아니듯, 선진국에 사는 사람도 자신의 의지나 노력으로 좋은 환경에서 살게 된 게 아니다. 그런데도 선진국의 사람들은 '우연히 얻게 된 요소'를 마치 자신만의 특권인 양 내세우며 후진국의 사람들을 배제하고 있는 것이다. 브레넌 교수는 태어날 때부터 가난하고 배고픈 것은 당신의 잘못이 아니라 그저 '불운'이라고 말한다. 그러나 외국인이 자기 인생을 변화시키기 위해 일어서는 것^{이주}을 적극적으로 막는 것은 그의 불운을 영구적으로 고정하려는 것이며, 부도덕한 행태라고 지적한다.

그렇다면 여기서 또 하나의 질문에 마주한다. 우리가 왜 외국인까지 신경 써야 한단 말인가? 선진국 내부에도 얼마든지 저소득층 주민들이 넘치며, 곤궁함에 처해 있는 사람들이 많은데 말이다. 자원이 한정돼 있다면 자국민을 우선으로 대우하는 게 옳은 일 아닌가?

이에 대해 캐플란 교수는 "미국에 사는 저소득층이 하루에 1달러 미만의 금액으로 생계를 잇고 있는 제3세계의 빈곤층보다 더 중요하다고 주장할 수 있느냐"고 묻는다. 선진국에서는 아무리 가난해도 하루에 1달러 미만으로 생활하는 경우는 거의 없으며 무료로 급식을 받아 먹을 수 있는 기회도 많다. 자선단체의 도움을 받을 길도 비교적 많이 열려 있다.

하지만 제3세계의 경우, 이들은 비교적 더 극단적인 빈곤에 몰려 있으며 선진국의 빈곤층보다도 구제를 받을 길이 적다. 그렇다면 도덕적으로 봤을 때 가장 불쌍한 사람들을 구제해주는 게 더 정당한 것 아닌가? 전체적으로는 더 불쌍하고 소외되고 절박하게 빈곤에 허덕이는 사람을 우선시하는 게 윤리적인 것 아닌가?

물론 이주를 원하는 사람 중에서는 1달러가 없어서 허덕이는 사람은 별로 없다. 영국 옥스퍼드대 국제이주연구소IMI, International Migration Institute의 하인드 하스Hein De Haas는 "이주에 대한 흔한 잘못된 믿음 중 하나로 '절대 빈곤과 비참함이 노동 이주의 원인'이라 생각하는 것"이라고 말한다. 이주가 자신의 삶을 보다 낫게 하려는 동기에 의해 발생하는 것은 맞지만 이주자들이 가장 빈곤한 사람들은 아니라는 것이다. 이주는 상당한 비용과 위험을 수반하기 때문이다.

하스는 "이주를 일으키는 가장 주요한 원인은 절대 빈곤보다는 개발 기회에 있어서 전 세계적인 불평등이 초래하는 상대적인 발탈감과 결합된 특정한 사회·경제적인 수준으로 보인다"고 말한다. 즉, 절대적으로 굶어 죽을 위기에 처한 사람보다는, 더 발전된 나라를 보고 상대적인 박탈감을 느끼면서 더 나은 삶을 추구하는 사람들이 이주를 택하는 경향이 있다는 것이다. 그는 "가장 이주자들이 많이 빠져나가는 멕시코나 모로코, 터키, 필리핀 등이 전통적으로 가장 덜 발달한 나라로 분류되지 않는 것도 이를 설명해준다"고 말한다. 절대 빈곤에 가장 많이 시달리는 아프리카 최빈국 국민들이 아니라, 선진국과 인접하면서 비교적 못사는 나라의 국민들이 더 많이 이주를 택한다는 것이다.

실제로 이주는 최빈국에 사는 극빈층으로서는 쉽지 않은 선택이다. 이주를 택하려면 적어도 편도 비행기 티켓을 마련할 돈은 있어야 하기 때문이다. 아울러 새로운 나라에서 정착해 생활해나가야 할 최소한의 생활비 정도는 갖고 있어야 한다. 그렇기에 이주자들 중에는 극단적인 빈곤에서 탈출하려는 목적보다는 '더 나은 삶'을 원해 본국을 떠나는 사람들이 많다.

그럼에도 불구하고 국가가 외국인의 이주를 제한하는 것은 완전히 도덕적이라고 보긴 어렵다. 후진국의 외국인들이 처한 현실은 선진국의 저소득층이 처한 현실에 비해서 훨씬 열악하기 때문이다. 그들의 나라에서는 빈곤 문제도 개선이 요원하고 저소득층을 위한 사회안전망도 훨씬 얄팍하다. 그런데도 이렇게 본인의 의지와 관계없이 우연히 좌우된 '출생지' 또는 '혈통', 그리고 그와 연관돼 부여된 '국적'이라는 것 때문에 누구는 한평생 좋은 곳에서 살 권리를 누리고, 누군가는 그 기회를 박탈당해야 한다. 누군가는 개인의 노력이나 의지와는 무관하게 우연 때문에 기아와 빈곤과 질병이 가득 찬 곳에서 평생 생활해야 한다.

국가는 왜
이주를 제한하는가

당신은 이주 제한을 '적극적인 가해행위_{일명 죽이는 것}'에 빗대는 비유에 공감할 수 없다. 외국인들이 비참하게 삶을 마감하는 것은 단순히 외국으로 이주하지 못해서가 아닐지 모른다. 그들은 자신이 태어난 나라에 계속 머물더라도 그곳에서 본국을 발전시키고, 이를 통해 더 나은 삶을 살 수도 있다. 어차피 모든 선진국도 처음부터 잘 살았던 것은 아니다. 선조들이 그 땅에서 땀 흘리며 열심히 일한 끝에 자신의 나라를 발전시킨 것이다. 즉, 그들이 더 잘 사느냐 그렇지 못하느냐는 '이주'라는 현상이 아니라 그들 자신의 노력에 달렸다는 것이다. 그렇다면 우리가 이주자들을 하나도 받아들이지 않아도 도덕적인 책임을 덜 수는 있다.

하지만 여기서 우리는 질문에 마주한다. 선진국에는 정말 이주자들이 필요하지 않은 것일까? 우리는 선진국에 사는 사람들이 하나같이 이주자들의 입국을 거절하거나 제한하기를 원하는 것인지를 짚어봐야 한다. 이주는 이주 당사자에게만 이득이 되는 것이며 이주자를 받아들이는 국가에는 아무짝에도 쓸모가 없는 것인지 말이다.

브라이언 캐플란 미국 조지메이슨대 교수는 "이주는 이주 당사자에게 도움을 주는 것뿐 아니라 이주자를 원하는 사람에게도 이득을 가져다준다"고 말한다. 즉, 이주를 제한하는 것은 단순히 이주자들에게 '소극적으로 도움 주기를 거부하는 것'을 넘어서, 그들이 '자신을 원하는 파트너들과 거래하며 잘 살아보려는 것'을 막는 행위라는 것이다. 여기서 중요한 것은 이주자를 받아들이는 국가에는 늘 이들을 원하는 '파트너'들이 있다는 것이다. 손바닥도 마주쳐야 소리가 나듯 외국인들이 이주하는 것은 스스로 잘 살아보려는 의지뿐만 아니라 그들을 원하는 파트너들이 있기 때문이다.

실제로 선진국에서는 농업이나 수공업, 청소업 등 다양한 저숙련 일자리에 많은 외국인들이 종사하고 있다. 누구도 선진국의 고용주에게 외국인을 고용하라고 강제하지 않았다. 즉, 이주자들은 그들을 고용하려고 하는 고용주들이 있기 때문에 일할 수 있는 것이다.

이주자를 원하는 사람들은 단순히 이들을 직원으로 부리는 '고용주'뿐이 아니다. 이주자는 한 국가에 정착해 단순히 일을 하며 월급만 챙기는게 아니기 때문이다. 그들도 살 곳, 놀 곳, 그리고 먹을 것이 필요하다. 이주자들은 집을 임차하며, 식료품을 사고, 각종 서비스를 소비한다. 선진국에는 이주자들에게 재화와 서비스를 팔면서 수익을 얻으려고 하는 '판매자'들이 무수히 존재하고 있다. 국가가 국경을 연다면 고용주와 판매자들은 적합한 거래 파트너, 즉 이주자들을 찾아 자유롭게 거래할 수 있다. 하지만 국가가 국경을 제한하고 있기 때문에 사람들은 '국가에 의해 허락받은' 사람들과만 거래해야 한다. 캐플란 교수는 이를 바탕으로 이주 제한은 수많은 사람들의 인생을 망치는 것과 동시에, 비즈니스를 하는 사람들이 '가장 최적의 고객들'과 거래할 기회를 국가가 강제적으로 막는 것이라고 지적한다.

그럼에도 불구하고 당신은 여전히 '자유로운 이주 허용'에 찬성할 수 없다. 누군가는 이주자를 고용하거나 이들에게 물건과 서비스를 팔기 원할지 모른다. 하지만 당신은 이주자로 인해 혜택을 볼 일이 없다. 이주자들을 사업상 유용한 파트너로 생각하는 것은 일부 사업가들이나 도·소매업자들, 집주인들에게나 해당되는 일이기 때문이다. 그렇다면 조반니 페리Giovanni Peri 미국 UC데이비스대 교수가 드는 예시를 한 번 살펴보자.

당신은 미국에 살고 있는 미국인이다. 미국에는 '인터마이그 미국INTER-MIG USA'이라는 굉장히 멋진, 새로운 회사가 있다. 이 회사는 미국과 일부 저개발 국가를 상대로 사업을 하고 있는데, 사람들에게 굉장히 멋진 기계와 컴퓨터 로봇을 빌려주는 일을 한다.

회사가 빌려주는 것은 두 가지 종류다.

첫 번째는 굉장히 힘들고 지루한 일을 해주는 기계다. 현재 미국인들이 하고 있는 일 중에 어떤 것들은 밤낮으로 지속해야 하는 것들이다. 어떤 일은 시간을 많이 잡아먹고, 매우 정형화된 기술을 요구하는 일이다. 예를 들면 과일을 따거나 햇볕 아래서 콘크리트를 붓고, 벽을 만들고, 잔디를 깎고, 집을 청소하며, 어린아이를 돌보고, 노인을 밤낮없이 도우며, 운전을 하는 것들이다. 이 기계는 이런 단순한 업무들을 처리해준다.

회사로부터 기계를 빌리는 비용은 굉장히 합리적이다. 미국인을 고용해 이런 일을 맡길 때 드는 비용보다 훨씬 저렴하기 때문이다. 또한 이 기계는 관리가 편리하고 내구성이 뛰어나며, 손상이 생겨도 지속되는 경우가 적고, 쉽게 부서지지도 않아 굉장히 의지할 만하다. 당신의 가정이나 직장, 사무실에 이런 기계가 나타난다면 대다수 사람들은 새로운 기회가 생겼다는 점에 환호할 것이다. 특히 교육 수준이 높은 전업주부들은 드디어 집과 자녀, 부모를 돌봐야 한다는 의무감에서 일부 벗어나 직장을 찾을 수도 있다.

회사들도 환호하기는 마찬가지다. 기존에는 노동자들이 자신이 실제 할 수 있는 일보다 더 낮은 수준의 기술을 요구하는 일에 종사해왔다면, 이제는 이 기계로 인해 기존의 정형화된 업무를 벗어나 좀 더 고차원적인 일을 할 수 있게 된다. 회사는 힘들고 지루한 일은 기계가 하도록 하고, 기존 직원들에게는 기계를 관리·감독하는 일을 맡길 수도 있다. 즉, 회사는 기존에는 잘 활용하지 못했던 노동자들의 역량을 더 잘 활용할 수 있다. 심지어 이를 통해 고용비용을 줄이고 성과를 창출해 새로운 재화와 서비스를 만들어낼 수도 있다.

두 번째는 컴퓨터 로봇인데, 이것은 앞서 말한 기계와는 완전히 다른 임무를 수행한다. 이 로봇은 실험실이나 연구센터, 기계공학 프로젝트에서 주로 일한다. 로봇은 과학자들이 참신한 아이디어와 새로운 방법, 혁신적인 해법을 떠올릴 수 있도록 도와준다. 공학자, 의사, 교수들은 자신의 연구실과 각종 기관에서 이 컴퓨터 로봇을 활용해 보다 혁신적인 결과를 생산하고 있다.

컴퓨터 로봇은 때때로 어떤 과학자들보다 오히려 더 낫기도 하다. 그렇기에 미국의 로펌과 회사, 병원, 학교들은 이 로봇을 빌려서 자신들의 서비스를 향상시키길 원한다. 또 노동자들이 이런 엄청난 로봇을 가장 잘 활용해 자신의 분야에서 전문성을 더 쌓길 원한다. 로봇의 장점은 단순히 미국에만 도움이 되는 것이 아니라, 개발도상국에도 도움이 된다는 것이다. 로봇이 미국에 대여될 때마다 '인터마이그 미국' 회사에서는 멕시코나 중국, 인도 등 저개발국에 있는 노동자들에게 월급을 준다. 이 월급 액수는 해당 노동자들이 과거에 받던 월급보다 5~6배는 많다. 회사의 이러한 방침은 저개발국의 노동자들에게도 환상적인 조건일 것이다.

만약 정말 이런 일이 있다면 '인터마이그 미국'이라는 회사는 전 세계적으로 번창할 것이다. 아울러 사람들은 해당 기기와 로봇을 이용하며 이 회사에 대해 좋은 것만 말할 것이다. 미국 외에 다른 선진국들도 이런 회사를 운영하면서 여러 가지 혜택을 보길 희망할 것이다.

페리 교수는 노동시장의 관점에서 '인터마이그 미국'이 이뤄내는 성과는 국제이주가 미국(즉, 선진국)과 이주노동자들에게 성취하는 것과 완전히 같다고 말한다. 단지, 기계가 아닌 '사람'이 위에 명시된 일들을 하는 것이며 각 나라에서 나라로 이동하는 것뿐이다.

어떤 학자들은 사람들이 이주할 때 '인터마이그 미국' 회사를 운영하는 것보다 더 많은 것을 얻게 될 것이라고 말한다. 기기나 로봇은 단순히 기술을 갖추고 있지만 사람은 기계보다 매력적이기 때문이다. 이주하는 사람은 인적 네트워크와 문화적인 다양성, 도시의 활기 등 인간으로서 가져올 수 있는 많은 부수적인 것들을 동반해오기 마련이다. 물론 다양한 문화가 한곳에 집결되면서 예기치 못한 갈등이나 충돌을 불러오기도 한다. 하지만 분명한 것은 이주자로 인해 단지 기업가뿐 아니라 노동자, 가정주부 등 다양한 위치의 국민이 무언가 얻을 것이 있다는 것이다.

이처럼 이주가 당신에게 이득을 가져다줄 때, 국가라는 울타리가 완전히 개인적인 공간이라면 우리는 누구든 마음대로 데려올 수 있고, 그들에게 무엇이든 허용하며, 자신이 원하는 무엇이든 할 수 있다. 만약 당신의 집에 여분의 침실이 있다면 당신이 원하는 사람은 누구라도 초청해 묵도록 할 수 있듯이 말이다. 하지만 국가라는 넓은 공간에서는 울타리 밖 사람들을 마음대로 데려올 수 없다. 나라는 나 혼자 사는 곳이 아니며, 이주자들로 인해 다른 사람들도 영향을 받기 때문이다.

문제는 국가의 모든 국민이 이주자를 원하는 것은 아니라는 것이다. 이주자로 인해 이득을 볼 사람은 원하고, 손해를 볼 것 같은 사람은 원하지 않는다. 그렇다면 우리는 최대 다수가 원하는 방향으로, 국가에 가장 이득이 되는 이주자를 받아들이거나 제한해야 한다. 국가적인 차원에서 외국인들의 이주로 인해 얻을 것이 잃을 것보다 많다면, 이주를 원하는 사람이 그렇지 않은 사람보다 압도적으로 많다면, 지금처럼 이주를 제한할 필요가 없을 것이다.

하지만 모든 국가는 이주를 적절히 통제하고 제한하고 있다. 국가를 구성하는 일부 사람들은 이주자를 원할지 몰라도 원치 않는 사람들이 더욱 많거나, 사회 전체적으로 봤을 때 '자유로운 이주'는 득보다 실이 많다고 판단하기 때문일 것이다. 그렇다면 우리는 국가가 왜, 무슨 손실을 이유로 자유로운 이주를 제한하고 있는지, 이와 관련된 근거는 타당한 것인지 살펴봐야 한다.

이주자와 여성의
노동시장 진입은 차이가 있는가

현재 대부분의 선진국에서는 외국인들이 자유롭게 들어와 일자리를 갖는 것을 제한하고 있다. 외국인이 새로운 국가에 정착해서 일을 하기 위해서는 근로와 관련된 비자를 받아야 한다. 하지만 일할 능력이 있고 일을 하고 싶다고 해서 누구에게나 비자를 주는 것은 아니다. 특정한 요건을 갖춘 사람에게만 까다로운 심사를 거쳐서 비자를 주고 있다.

여기에는 여러 이유가 있겠지만, 무엇보다도 자국민의 일자리가 잠식당할 우려가 있기 때문이다. 국경을 개방할 경우 이주자들이 선진국 노동시장에 대거 유입될 것이고 자국민은 그들에게 일자리를 빼앗길 가능성이 높다. 일자리는 한정돼 있기에 이주자가 많이 유입되면 본국에 살던 사람은 더 적은 구직기회를 얻고 손해를 입게 된다는 것이다. 결국 이주자의 구직에 '국경'이라는 장벽을 쳐놓는 것은, 기존 구직시장에 없던 사람들이 유입되면 이미 구직시장에 있던 사람들이 손해를 볼까 봐 우려되기 때문이다.

그렇다면 다음과 같은 예시를 살펴보자. 수십 년 전까지만 해도 여성들은 대부분 일을 하지 않거나, 일을 하다가도 결혼을 하면 관뒀다. 남성은 회사에 가서 돈을 벌어오고, 여성은 집에서 가정을 돌보는 식으로 역할이 이원화돼 있었기 때문이다. 하지만 시대가 지나면서 더 많은 여성들이 대학에 진학했고, 직장에 취직했으며, 결혼을 하고 아이를 낳더라도 일을 관두지 않았다. 양성평등에 대한 인식이 확산된 덕에 출산휴가나 육아휴직 등 각종 모성보호 정책들도 활성화됐다. 하지만 사회에는 여전히 많은 전업주부와 경력단절 여성이 있다. 한국에서 15~64세 여성의 경제활동 참가율은 2014년 기준 54.9%로 남성(75.7%)에 비해 턱없이 못 미친다.

여기서 당신은 직장생활을 하지 않고 전업주부의 길을 택한 사람이라고 가정해보자. 한때는 전업주부의 삶도 괜찮겠거니 하고 지냈지만, 집안일만 하면서 살다보니 '내 적성에 안 맞다'는 생각이 들기 시작한다. 학교에서 배운 지식을 사회에서 활용해보고 싶고, 현장에서 다양한 지식과 기술을 배우며 일을 해보고 싶어진다. 결국 당신은 여성인력을 양성해주는 정부 프로그램을 활용해 직업훈련을 받으면서 취직을 준비한다.

그런데 갑자기 누군가가 나타나 당신의 취업을 반대한다. 그는 비단 당신이 직장을 갖는 것을 반대할 뿐 아니라 여성의 취업을 돕는 정부 프로그램 자체를 비판하기 시작한다. 이유는 한 가지다. 기존에는 노동시장에 별로 참여하지 않았던 여성들이 갑작스레 대거 일자리를 갖게 되면 다른 사람이 일자리를 빼앗긴다는 것이다. 다시 말해 '일자리'라는 파이는 한정돼 있는데 새로운 집단이 갑자기 노동시장에 들어오면 다른 사람이 손해를 본다는 것이다. 당신은 그의 논리에 동의하겠는가?

전체적으로 보면 전업주부 여성도, 외국인도, 기존에는 구직시장에 거의 없던 사람들이다. 이들이 갑자기 구직시장에 대거 유입될 경우 이미 있던 사람들의 구직기회를 빼앗고 일자리를 잠식하는 것은 매한가지다.

　그렇다면 똑같이 노동시장에 와서 외국인은 일자리를 구하면 안 되고 여성은 일자리를 구해도 되는 이유는 무엇인가? 사실 기존에는 구직시장에 없던 사람들이 유입돼 구직자들에게 피해를 준다면 그 주체는 외국인이건 여성이건 마찬가지다. 그런데 국가는 누구에게는 애초부터 구직의 길을 막고 있고, 누구에게는 '그럼에도 불구하고' 구직을 권장하고 있는 것이다.

　같은 논리로, 한 나라 내에서라도 서로 다른 지역에 사는 사람들이 있다고 가정해보자. 지역별로 임금의 차이가 많이 날 수 있다. 이때 사람들은 임금이 더 높은 지역에 가서 일자리를 구하려고 할 것이다. 아무리 많은 사람들이 특정 지역에 몰려가서 일자리를 구한다고 해도, 누구도 자국민이 그 지역에 가서 일자리를 구하는 것을 막거나 비판하지 않는다. 설령 그로 인해서 해당 도시에 살고 있는 주민들의 일자리가 부족해지더라도 말이다.

　제이슨 브레넌 미국 조지타운대 교수는 이 같은 맥락에서 "미국의 주州 사이에도 평균 임금 차이가 나는데, 사람들은 장벽 없이 이동해 일자리를 갖고 있다. 일자리를 갖는 데 있어서 주 사이에는 장벽을 두지 않으면서 나라와 나라 사이에는 둬야 하느냐"고 질문한다. 구직자들이 이동해 새로운 노동시장에 진입하는 것을 막아야 기존의 구직자들이 보호된다면 왜 그 경계가 꼭 '나라와 나라' 사이에만 해당되느냐는 것이다. 정말 '기득권'의 일자리를 지키고 싶은 것이라면 기존의 파이를 잠식할 수 있는 누구에게든 장벽을 쳐야 할 것이다. 하지만 국가가 그렇게 하지 않는 것은, 사실 일자리를 지키고 싶은 것이 아니라 외국인으로부터 자국민을 보호하고 싶어서일지 모른다.

이주자는
일자리를 빼앗는가

세상에는 모두를 만족시킬 수 있는 선택은 없을지 모른다. 모든 선택은 누군가에게는 손해를 입히지만 누군가에게는 득이 되고, 우리는 늘 그 적정선이 어딘지를 선택해야 한다. 기존에 노동시장에 없던 집단을 유입하는 것도 마찬가지다. 전업주부건 외국인이건 한정된 구직시장에서 파이의 일부를 차지한다면, 이들로 인해 누군가는 일자리를 빼앗길 수 있다. 하지만 우리는 모든 사람에게 취업을 제한하거나 취업을 허용할 수 없다. 그렇기에 정해둔 선이 '자국민'이라는 잣대이고, 외국인에게는 좀 더 장벽을 설치해둔 것일지 모른다.

하지만 여기서 우리는 한 가지 짚고 넘어가야 할 것이 있다. 이주노동자로 인해 자국민들의 일자리가 뺏길 수 있다는 가정이 과연 사실인지에 대한 것이다.

우선 단순하게 생각해보면 일자리가 고정돼 있을 때 한정된 자리에 더 많은 사람들이 몰려든다면 그만큼 낙오자도 많이 발생할 것이다. 국내에 일자리의 수가 한정돼 있는 상태에서 외국인이 구직을 한다면 그들이 취직하는 만큼 원주민이 기회를 박탈당한다는 것이다.

하지만 이런 판단이 성립하려면 두 가지 추측이 맞아떨어져야 한다. 첫째, 외국인이 유입된다고 하더라도 일자리의 수는 고정돼 있어야 한다. 외국인이 유입되는 만큼 일자리의 수 자체도 늘어난다면 이들은 원주민의 일자리를 빼앗지 않는 셈이 된다. 둘째, 외국인과 원주민은 똑같은 일자리를 놓고 경쟁해야 하는 동질적인 존재여야 한다. 즉, 외국인은 원주민과 비슷한 기술 수준이나 노동 역량을 지니고 있어 기존의 원주민을 온전히 대체할 수 있어야 한다. 만약 외국인이 원주민과 다른 노동력을 지니고 있다면 이들은 서로를 대체할 수 없기 때문에 서로의 일자리를 빼앗는다는 가정은 성립되지 않는다.

우리가 이주노동자들로부터 느끼는 '일자리 상실'에 관한 공포는 위의 두 전제가 성립해야 정당화될 수 있다. 그렇다면 과연 위와 같은 가정들은 옳은 것일까?

조반니 페리 미국 UC데이비스대 교수는 다음과 같은 근거를 들며 일자리 상실 공포가 과장됐다고 말한다.

첫째, 고용할 수 있는 노동자가 늘어나면 일자리도 더 많아진다. 회사는 고용할 수 있는 노동자가 더 많아지면 그만큼 활용할 수 있는 자본이 증대되기 때문에 생산 역량을 확대할 수 있다. 외국인노동자로 인해 생산 역량을 확대할 수 있게 되면, 회사는 투자를 통해 더 많은 이익을 창출하려고 할 것이고, 여분의 일자리를 창출하게 된다.

둘째, 이주노동자가 유입되면 새로운 시장이 생긴다. 일할 수 있는 사람이 추가로 유입되면 이들은 단지 일만 하는 게 아니라 그만큼 재화와 서비스를 소비하기 때문이다. 이주노동자는 곧 노동자인 동시에 소비자인 것이다. 이들은 더 많은 재화와 서비스에 대한 수요를 창출하고 이들에게 이를 제공하는 시장, 즉 직업과 일자리도 생겨난다. 노동시장은 고정된 게 아니라 확대되는데, 이주노동자가 들어오면 더 많은 노동 수요가 창출되기 때문이다.

셋째, 이주노동자와 원주민노동자는 동질적이지 않다. 이주노동자들은 새로 정착한 나라의 언어를 모국어 수준으로 구사할 수는 없다. 그렇기에 원주민과 역량 차이가 날 수밖에 없다. 게다가 노동시장에서의 역량과 생산성, 그에 따른 종사 분야는 교육 수준에 의해 많이 좌우된다. 특히 대학교육을 이수한 사람과 그렇지 않은 사람은 차이가 있다. 보통 이주노동자는 언어 구사력이나 교육 수준에서 원주민과 차이가 나는 경우가 많다.

일단 교육 수준이 낮은 저숙련 이주노동자들은 굉장히 정형화된 직업에 집중하는 경향이 있다. 제조업, 건설업, 농업, 운수업, 음식 서빙, 가정부, 노인 돌보미 등이다. 만약 회사가 이 같은 이주노동자를 고용함으로 인해 고용비용의 일부를 절감할 수 있다면, 회사는 생산을 확대시키기 위해 이주노동자의 업무를 보완해주는 더 많은 사람들을 고용할 것이다. 즉, 이주노동자들과 교육 수준이 비슷한 저숙련 원주민노동자들은 '언어 구사력'이라는 강점으로 보다 소통과 대화 기술이 중요한 직업에 종사할 수 있다. 이주노동자들이 공사장이나 농장에서 단순노무를 한다면 원주민노동자들은 이들을 관리·감독하는 일을 하게 된다는 것이다.

이주노동자들은 별다른 언어적 기술이 필요하지 않은, 단순노무 직업에서는 비교적 우위가 있다. 그렇기 때문에 많은 이주노동자가 노동시장에 진입해 해당 직업을 차지하면 원주민노동자는 소통능력을 더 필요로 하는 업무로 이동하는데, 보통 이런 업무는 기존의 단순노무보다 돈을 더 많이 준다. 결국 급여가 많은 업무로 자리를 옮기게 되는 셈이다. 일자리라는 파이가 좀 더 커진 상태에서 원주민노동자들은 이주노동자들보다 나은 선택을 할 수 있다는 것이다. 이때, 같은 교육 수준을 지닌 사람이라 하더라도 이주자는 노동에 있어서 원주민의 '대체재'가 되지는 못한다. 이들은 언어 요건의 측면에서 원주민과 분명히 차이가 존재하며, 그렇기에 얻을 수 있는 직업에도 차이가 나기 때문이다.

실제로 '언어기술이 많이 필요한 직업'과 '저숙련 이주노동자'는 부정적인 상관관계가 있다. 언어능력을 비교적 많이 요구하는 직업일수록 그 직업에 종사하는 이주노동자의 비율이 낮다. 전 세계에서 공용어처럼 쓰이고 있는 영어를 쓰는 미국도 마찬가지다.

패트리시아 코르테스 Paticia Cortes 미국 시카고대 교수의 연구에 따르면, 2000년의 인구 데이터를 기준으로 했을 때 미국에 들어온 저숙련 이주노동자의 80% 이상은 영어를 굉장히 조금밖에 구사하지 못했다. 심지어 입국한 지 10년이 지난 저숙련 이주노동자라도 이들 중 60%는 영어를 제대로 구사하지 못하거나 아예 구사하지 못하는 것으로 조사됐다. 이런 까닭에 브라이언 캐플란 미국 조지메이슨대 교수도 이주가 증가하면 저숙련 원주민노동자는 보다 '언어에 기반을 둔' 직업으로 옮겨갈 것이라고 예측한다. 저숙련 이주노동자에 비해 언어가 유창하다는 강점을 이용해 육체적으로 덜 힘들고 더 많은 임금을 주는 회사로 옮겨간다는 것이다.

한국의 경우도 마찬가지다. 이주노동자 중 중국동포를 제외하면 한국인처럼 언어를 구사할 수 있는 노동자들은 거의 없다. 상당수는 수년간 한국에서 일하고도 한국어를 유창하게 구사하지 못한다. 이들은 단순노무 직종에서 주로 힘을 쓰거나 반복되는 작업을 하는 일자리를 찾는다. 반면 한국인은 보다 언어에 중요성을 둔 직업으로 옮겨갈 수 있다. 작업장을 관리하거나 한국인과 거래하는 업무, 한국인을 상대하는 업무를 택할 수 있다는 것이다.

즉, 이주노동자가 유입될 때 전체 일자리의 파이는 늘어난다. 이때 언어기술이 필요하지 않은 단순노무 직종에는 이주노동자가 가득 차게 될지 모른다. 하지만 이들로 인해 일자리의 파이가 늘면서 더욱 고차원적인 소통기술이 필요한 직종도 증가하는데, 이런 직업에는 원주민들이 종사하게 될 것이다. 결국 원주민은 직업을 뺏긴 것이 아니라 일자리를 한 차원 격상하게 된 것이며, 오히려 임금이 오르게 된 것인지 모른다. 우리는 이주자들로 인한 일자리 공포를 단순히 단정 짓기 전에, 그 공포가 얼마나 타당한지 분석해야 한다.

누구를,
얼마나 받아들일 것인가

이주자를 바라볼 때 단정하지 말아야 할 점이 있다. 선진국에 들어오는 이주자라고 해서 다 가난한 나라 출신은 아니며, 모두가 돈을 벌어 좀 더 풍족해지려는 동기를 갖고 있는 것도 아니다. 사람들은 모두 더 나은 삶을 원해 이주를 택하지만, 그 동기가 꼭 '일을 해서 돈을 버는 것'이라고 일원화된 것은 아니라는 것이다. 어떤 사람은 돈은 비교적 적게 벌더라도 조용하고 편안한 환경에서 살고 싶어서 이주를 택할 수 있고, 어떤 사람은 순수하게 봉사정신으로 낯선 곳에서 열악한 사람들을 돕기 위해 후진국으로의 이주를 택할 수도 있다.

즉, 우리는 이주자가 우리 삶에 어떤 영향을 미치는지 알기 위해서 먼저 그들이 어떤 사람인지를 알아야 한다. 이주의 역사가 오래된 선진국에서 이주자의 특성과 이들이 사회 전반에 끼치는 영향을 면밀히 분석해놓은 것도 그런 이유에서다.

국제연합UN과 경제협력개발기구OECD가 만든 '국제이주 수치World Migration in Figures'에 따르면 2000~2013년 사이에 전 세계 165개 국가에서 국제이주자자신이 시민권을 가진 나라와 다른 국가에 사는 사람의 규모가 증가했다. 게다가 나라가 선진국으로 진입할수록 이주자와 더욱 연관이 깊어지는 경향이 있다. 국제연합 인구통계국의 자료(2013)에 따르면, 2013년 기준 전 세계 인구의 약 3.2%는 국제이주자인 가운데, 이주자의 비율은 지역의 발달 정도에 따라 큰 편차를 보였다. 선진국발달된 지역, developed regions에서는 이주자가 전체 인구의 약 10.8%를 차지한 반면, 후진국개발 중인 지역, developing regions에서는 1.6%밖에 차지하지 않았다. 지역별로는 오세아니아(20.7%), 북아메리카(14.9%), 유럽(9.8%)에서 이주자의 비율이 높았다.

최근 연구에 따르면 OECD 회원국에서 선진국이든 개발대상국이든 두 가지 그룹이 이주할 가능성이 가장 높게 나타났는데, 바로 교육 수준이 높은 사람과 젊은 사람이다. 많은 연구자들은 교육을 많이 받은 사람일수록 다른 나라로 이주할 가능성이 높다고 보았다.

프레데리크 독퀴에르Frédéric Docquier 벨기에 루뱅 가톨릭대 교수팀은 연구(2011)에서 국제이주 현상을 살펴보면 다음과 같은 특성이 있다고 말한다. 우선 OECD 국가로 이주하는 사람들 중 상당수는 다른 OECD 국가에서 온 사람들이며, 이주자를 받아들이는 국가에서 대학교육을 받은 사람의 비율은 원주민보다 이주자 집단에서 더 높거나 다르지 않다는 것이다. 그는 어떤 OECD 회원국에서는 이주자들 중 대학교육을 받은 노동자의 비율이 원주민들에 비해 최고 4~5배 높은 것으로 나타나기도 했다고 말한다.

영국 해외개발연구소The Overseas Development Institute의 더크 윌렘 더 벨데Dirk Willem te Velde 박사는 연구자료(2005)를 통해 이주의 가능성을 높이는 데에는 몇 가지 요소가 있는데, 이와 관련된 여러 연구에서 다음과 같은 점이 발견됐다고 말한다. 첫 번째는 교육을 아주 조금 받거나 아예 받지 못한 사람들은 국제이주에 접근하기 어렵다는 것이고, 두 번째는 이주자는 자신의 출신국에 있는 인구의 평균보다는 교육을 잘 받은 경향이 있다는 것이다.

이것은 교육 수준별 국제이주자의 통계에서도 나타나는데, 특히 후진국일수록 교육을 많이 받은 사람들이 국제이주를 택하는 비율이 높았다. 더크 박사의 연구에서는 '교육 수준에 따른 이주 비율'을 살펴봤는데, '이주자와 국내 노동력 중 이주'를 비율로 나타냈다. 2000년을 기준으로 동아시아에서 고등교육을 받은 사람이 다른 나라로 이주하는 비율은 4.3%였지만 중등교육을 받은 사람은 0.3%, 초등교육을 받은 사람은 0.2%로 훨씬 낮았다. 이주자의 비율이 훨씬 높은 나라에서도 이런 경향은 두드러졌는데, 미국과 인접해 있는 카리브해 지역에서는 고등교육을 받은 사람은 40.9%, 중등교육을 받은 사람은 17.8%, 초등교육을 받은 사람은 5.1%가 외국으로 이주한 것으로 나타났다. 특히 가난한 나라에서는 '교육을 많이 받을수록 다른 나라로 빠져나가는' 현상이 더욱 두드러졌다. 서아프리카 지역 국가에서는 이주로 빠져나간 사람의 비율이 고등교육을 받은 사람의 경우 26.7%로 높았고, 중등교육을 받은 사람은 2.8%, 초등교육을 받은 사람은 0.3%에 불과했다.

한편, 다른 여러 가지 연구를 통해 이주자들은 대체로 젊다는 것을 알 수 있는데, 특히 20~30대에 이주를 택하는 비율이 가장 높으며 45세가 넘어서는 아주 적은 사람들만이 이주를 택하는 것으로 알려져 있다. 국제연합 인구통계국 자료에 따르면 국제이주자의 평균 연령대는 선진국에서는 42세, 후진국에서는 33세였다. 2013년을 기준으로 국제이주자들을 나이별로 보면 20~64세가 73.8%로 압도적으로 많은 수치를 차지했고, 그다음이 0~19세로 15.1%였다. 65세 이상은 11.1%밖에 되지 않았다. 즉, 국제이주자 가운데 10명 중 9명(88.9%)은 65세 미만으로, 일을 하거나 장차 일을 하게 될 연령대라는 것이다.

실제로 '이민자의 나라'로 불리는 호주나 캐나다와 같은 나라에서는 젊고 높은 기술을 지닌 사람을 선호하는 이민정책을 펴고 있다. 이들 국가가 무작정 이주 자체에 관대하게 문호를 개방한 것 같지만 사실은 생산성이 있는 젊은 고숙련 인력을 '선별'한다는 것이다.

미국의 경우 특정 부류의 그룹을 특별히 공식적으로 선호하지는 않는다. 미국에 온 이주노동자를 살펴보면 가장 많은 비중을 차지하는 집단이 바로 교육 수준이 낮고, 굉장히 정형화된 단순노무 직종에 종사하고 있는 사람들이다. 즉, 선진국에서 이주자들의 패턴은 교육 수준을 기준으로 봤을 때 대체로 'U자형'을 보인다. 외국에서 태어난 뒤 입국한 이주자 중에서는 교육 수준이 굉장히 높거나 굉장히 낮은 사람이 가장 많다는 것이다. 아울러 교육 수준이 굉장히 낮은 이주노동자 계층에서는 불법체류자 ^미등록 이주자가 대거 포함되어 있다. 이것은 아주 낮은 수준의 교육을 받은 이주노동자들이 합법적으로 입국할 수 있는 길이 매우 적기 때문이다.

한국의 경우는 어떨까. 여타 선진국처럼 교육을 많이 받은 사람과 적게 받은 사람들이 비슷한 정도인 'U자형'일 것 같지만 아직은 그렇지 않다. 한국에 온 이주자들을 교육 수준별로 연구해놓은 자료는 딱히 없지만 노동의 숙련도로 따져봤을 때 상위에 위치한 이주자들은 별로 없다. 한국에 온 이주자들은 대부분이 저숙련 노동에 종사하는 사람이거나 결혼이민자다. 즉, 높은 수준의 기술을 갖고 일하려는 사람은 별로 없다는 것이다.

법무부 출입국·외국인정책본부가 발간한 『출입국·외국인정책 통계연보』(2013)를 바탕으로, 2013년 기준 국내에 체류하는 외국인들을 체류자격별로 차례대로 살펴보면 비전문취업(E-9) 24만 6695명, 방문취업(H-2) 24만 178명, 재외동포(F-4) 23만 5953명이었으며, 이들 세 그룹이 압도적으로 높은 비율을 차지했다. 그다음으로는 결혼이민(F-2-1, F-5-2, F-6) 15만 865명, 영주(F-5) 10만 171명이 뒤를 이었다.

방문취업 비자는 중국이나 구소련 지역에 거주하는 만 25세 이상 외국 국적 동포를 대상으로 하는 것이다. 한국 국민이나 영주권자로부터 초청을 받거나 전산추첨에 선정되는 등 요건을 충족해야 하며 허용 업종이 정해져 있다. 해당 업종에는 고용주가 내국인을 취업시키기 위해 노력했음에도 불구하고 인력을 채용하지 못했을 경우에 정부의 확인서를 발급받은 뒤 취업할 수 있다. 즉, 국내로 온 이주자들은 대부분이 동포거나 저숙련인 것이다.

취업자격별 체류외국인 현황을 보면 이런 경향이 더욱 뚜렷해진다. 2013년 기준, 국내에 취업자격을 갖고 체류하고 있는 총 체류자 54만 9202명 중 전문인력은 5만 166명으로 10%에도 채 못 미친다. 단순기능인력이 49만 9036명으로 압도적인 대다수를 차지하고 있다. 즉, 한국으로의 이주 패턴은 'U자형'이 아니라 저숙련 인력에만 치우쳐 있는 'ㄴ자형' 혹은 '◢자형'인 셈이다.

그렇다면 국내 이주자들이 저숙련 인력에만 치우쳐 있는 것은 바람직한 현상일까?

우리는 사회가 어떤 이주자를, 얼마나 받아들이는 게 타당한지 제대로 논의해본 적이 없다. 지금까지 한국에서는 '외국인 차별'이나 '외국인 인권보호 및 지원'을 논의한 적은 많지만, 이와 관련된 사회의 이상향과 바람직한 인적 구성의 밑그림은 그려본 적이 없다는 것이다.

이주의 시대에서 관건은 더 이상 이주자들을 존중하냐 아니냐가 아니다. 잰 팅 Jan Ting 미국 템플대 교수는 "우리는 이주자를 모두 존중해야 한다. 하지만 이들을 얼마나 많이 수용해야 할지가 관건"이라고 지적한다. 보편적인 인권 보장의 차원에서 모든 사람을 존중해야 하지만 그렇다고 해서 모두를 수용할 수 없는 만큼 그 한계선을 그어야 한다는 것이다. 이주자의 수치가 많은 건지 적은 건지, 구성은 적합한 건지, 우리가 이주를 제한할 권리가 있는지, 들어올 수 있는 이주자에게는 어떻게 '쿼터'를 정할 것인지 논해야 한다는 것이다.

만약 정부가 이민정책을 통해 특정 이주자에 대해 숫자적인 한계를 정해뒀다면, 이주자를 '차별하냐 안하냐', '존중하냐 안하냐'를 논하기 전에 선을 그을 수밖에 없다. 팅 교수는 "그렇다면 이주를 원하는 외국인들이 범죄를 저질렀거나 나쁜 사람이어서가 아니라, 단순히 숫자적인 한계가 있기 때문에 못 받아들이게 되는 것"이라고 설명한다. 그들을 존중하지 않기 때문에 덜 받아들이는 것이 아니라, 정책적으로 한계선을 분명히 했기에 못 받아들인다는 것이다.

그렇다면 우리는 자문해야 한다. 범죄자도 아니고 국가안전을 위협하는 것도 아니며, 단지 일을 열심히 하고 더 나은 삶을 추구할 뿐인 외국인들이 있다. 우리는 단순히 숫자적인 제한 방침을 갖고 있다는 이유만으로 그들에게 "안 돼"라고 말할 준비가 돼 있을까? 우리나라에 오고 싶어 하는 외국인이 우리가 갖고 있는 제한선을 초과했을 때, 이들의 입국을 막거나 추방하는 데에 설령 상당한 세금이 들어가더라도 이들을 규제할 준비가 돼 있을까?

이주를 제한하느냐 그렇지 않느냐에 제3의 길은 없다. 제한할지, 그저 허용할지 두 가지의 길만이 존재한다. 이 선택을 위해서 우리는 이주에 대해 경제적인 분석에 기초한 '비용 효과적인 측면'과 인권과 사회통합을 고려한 '도덕적인 측면'을 두루 살펴봐야 한다. 하지만 우리 사회에는 객관적으로 비용과 효과를 분석하는 것을 방해하는 비합리적인 요소도 여럿 존재한다. 사회 전체의 편익을 고려한 '정책적인 판단'이 아닌 특정 집단의 이익을 위한 '정치적인 판단' 혹은 '인종적인 편견'이 그것이다. 우리 사회에 적합한 이주자의 구성과 수치는 어느 정도인지, 그들의 이주로 인한 결과는 어떤 것일지 구체적으로 고민해보기 위해서는 이런 비합리적인 요소를 경계하고, 객관적인 판단의 근거를 명확히 따져봐야 한다.

고숙련 이주노동자가 오면
언제나 이득인가

현재 저숙련 이주자로 가득 차 있는 한국의 현실로 봤을 때, 많은 사람들은 이런 현실을 바꿔야 한다고 생각할지 모른다. 국가의 미래와 경쟁력을 봤을 때, 저숙련 이주노동자, 즉 가난한 외국인을 대량으로 받아들이면 나라의 경제에 해가 될지 모른다는 우려에서다. 가난한 사람들이 들어오면서 생산성이 낮아지고 국가 경쟁력도 떨어질 것 같다는 것이다.

　저숙련 이주자의 유입을 반대하는 대표적인 논리 중 하나는, 우리나라의 평균적인 노동자의 기술 숙련도보다 더 기술력이 떨어지는 이주노동자들이 많이 유입되면, 결국 국가 전체적인 노동의 숙련도는 물론 전체 국민의 평균 생산력도 하락한다는 것이다. 이는 곧 국가 경쟁력의 약화로 이어진다는 것이다. 고숙련 이주자들을 끌어오는 게 여의치 않으면, 되도록 저숙련 이주노동자들을 받아들이지 않는 게 사회에 도움이 되는 것처럼 보일지 모른다.

하지만 문호개방을 주장하는 학자들은 "가난한 사람은 단지 가난한 국가에서 태어나서 가난해진 것일 뿐이지 멍청한 것은 아니다"라고 반박한다. 즉, 저숙련 노동자는 충분히 교육을 받지 못해 단순노무 직종에 종사하게 된 것이지, 국가 발전의 발목을 잡을 정도로 해가 되거나 뒤떨어진 사람들이 아니라는 것이다. 이주자는 나름대로 비용 효과를 분석하고, 이주를 통해 자신이 큰 효용을 창출할 수 있다는 계산하에 이주를 택한다. 이들은 열심히 일해서 돈을 벌고 삶의 질을 끌어올리길 원하는 사람들이다. 충분히 무언가를 계산할 수 있고 의욕도 있다. 이런 특성을 지녔다면 국가 경쟁력과 사회 발전에 도움이 될 소지가 있다.

당신은 이에 대해 다음과 같이 반박할 수 있다. 물론 저숙련 이주자로 인한 이점도 일부 있긴 하겠지만, 우리 사회가 원하는 인력은 저숙련 인력이 아니라고 말이다. 사회 발전을 위해서는 좀 더 많이 배우고 똑똑하고 기술이 뛰어난 사람들이 필요하다는 것이다.

사실 '이민자의 나라'건 그렇지 않은 나라건 우수한 인재를 이주자로 받아들이고 싶은 것은 매한가지다. 자신이 속한 그룹에 보다 우수한 구성원들을 두고 싶은 것은 어느 집단이나 나라를 막론하고 보편적인 욕구라는 것이다. 만약 고숙련 이주자만 받아들이는 게 이주에서의 최상의 결과라면, 이주의 시대에 가장 손해를 보는 쪽은 선진국이다. 더 잘 살고자 하는 경제적인 유인이야말로 이주의 가장 큰 동기이기 때문이다. 이때 선진국은 항상 비교적 못 사는 나라의 인력을 받아들이게 된다. 이주를 자유롭게 허용할 경우 이동을 택할 가능성이 가장 높은 사람은 저개발국에 사는 노동자이며, 이들은 대개 선진국에 있는 사람들의 평균적인 교육 수준이나 기술보다는 낮은 단계의 역량을 갖추고 있다. 그렇다면 선진국은 저숙련 노동자의 이주로 인해 손해만 보는 것일까?

'우수한 기술과 재능'을 갖춘 사람들만 사회에 넘쳐나면 좋을 것 같지만, 실제로 사회가 굴러가기 위해서는 다양한 사람들이 필요하다. 누군가는 농사를 지어야 하고, 청소를 해야 하고, 밥을 지어야 한다. 모든 사람이 학자가 되거나 과학자가 된다면 이 사회는 굴러갈 수 없다는 것이다. 어느 사회에나 저숙련 노동자들은 항상 필요한데, 선진국에서 이주자들 중 저숙련 노동자를 얼마나 필요로 하는지는 노동시장과 이주자의 분포를 살펴봐야 알 수 있다.

일단 선진국 원주민의 구성을 보면, 교육 수준을 토대로 했을 때 저숙련 노동자들은 꽤나 소수에 속한다. 미국 인구조사국의 2011년 통계에서 25세 이상 인구 중 87%는 고교를 졸업한 학력을 갖추고 있었다. 고교를 중퇴했거나 그 이하의 학력을 갖춘, 단순노무 외에는 별다른 기술이 없을 것으로 추정되는 사람들은 13%로, 8명 중 1명 정도에 불과했다.

한국의 경우 문맹률이 제로에 가깝고 교육열이 유난히 뛰어나기 때문에 청년층의 학력은 더욱 높고 저숙련 노동자는 훨씬 적다. 경제협력개발기구OECD가 44개국을 대상으로 조사해 2014년 9월 발표한 '2014년 OECD 교육지표'에 따르면 한국의 25~34세 청년층의 고등학교 이수율은 98%였고 대학교 이수율은 66%였다. 이는 OECD 회원국의 평균인 고교 82%, 대학 39%보다 월등히 높았음은 물론이고 OECD 국가 중 가장 높았다. 특히 한국의 고교교육 이수율은 2001년부터, 고등교육 이수율은 2007년부터 OECD 국가 중 줄곧 1위였다. 이러한 교육 정도와 추이를 봤을 때 저숙련 기술을 요구하는 노동시장에 편입될 사람은 시간이 지날수록 점점 줄어들 것이다.

　그렇다면 저숙련 이주노동자는 새로 정착한 나라에서 어느 정도 교육 수준의 원주민노동자들을 대체할 수 있을까? 명확한 답은 없지만 브라이언 캐플란 미국 조지메이슨대 교수는 미국의 경우 고교 중퇴 정도의 학력을 지닌 원주민을 대체할 수 있다고 말한다. 저숙련 이주노동자와 경쟁해야 하는 사람들은 인구 전체가 아니라 일정 수준 이하의 학력을 지닌 노동자라는 것이다. 이때, 일정 수준 이하의 학력을 지닌 노동자를 대체할 '저숙련 이주자'가 많이 유입되는 것은 국가의 노동시장에 해가 되고, 그렇기에 이들은 선진국에 필요하지 않은 존재일까? 조반니 페리 미국 UC 데이비스대 교수는 그렇지 않다고 말한다. 선진국의 경우 내국인 중에는 저숙련 노동자가 많지 않은 특성이 있고, 이런 현상은 이주노동자로 효과적으로 보충될 수 있기 때문이다.

　미국의 경우 대부분의 원주민은 고교 졸업의 학력을 갖추고 있다. 아주 숙련된 기술을 갖춘 '고숙련 인력'이나 단순노무 기술을 갖춘 '저숙련 인력'은 상대적으로 적다. 즉, 노동시장은 고숙련도 저숙련도 아닌 '중간층'이 가장 두터운 '다이아몬드 모양'을 하고 있다. 반면 미국에 오는 이주자는 굉장히 학력이 높은 고숙련 노동자이거나, 아니면 정말 단순노무 직종에 종사해야 하는 저숙련 노동자로 양분된 경우가 많다. '모래시계'처럼 허리는 잘록하고 위아래가 두터운 구조라는 것이다. 원주민의 노동시장과는 정반대인 셈이다.

　자국의 노동시장은 허리가 두텁고 위아래가 빈약한 반면, 이주노동자의 노동시장은 허리가 얇고 위아래가 두텁다. 두 노동시장은 각자 인력이 부족한 곳을 서로 보충해주게 된다. 페리 교수는 이렇게 자국노동자와 이주노동자는 대부분 서로 다른 노동시장에 포진하고 있기 때문에 보완하는 관계가 돼서 생산적인 구조가 된다고 말한다.

현재 한국 노동시장의 원주민을 살펴보면 고교까지 졸업한 중간 정도의 학력을 지닌 사람과 대학을 졸업한 사람이 가장 많이 분포해 있는 상태다. 고교를 중퇴하거나 그 이하의 학력을 지닌 사람들은 많지 않은데, 이들을 대체할 수 있는 수준인 저숙련 이주노동자가 이주자의 대부분을 차지하고 있다. 즉, 한국에서 이주자는 저숙련 이주노동자가 대부분을 차지하고 고숙련 이주자들은 거의 없는, 사실상 '△자형' 분포를 이루고 있다는 것이다.

시간이 지날수록 한국의 원주민 노동시장에서 저숙련 인력들은 점점 줄어갈 것이다. 전 세계에서 최고 수준을 달리는 대학 진학률로 인해 고숙련 혹은 그보다 약간 낮은 단계의 인력들이 노동시장에 가장 많이 넘쳐날 것이다. 그와 동시에 원주민 노동시장에서는 교육 정도가 낮은 사람이 종사할 수 있는 저숙련 인력이 대폭 줄어들 것이다. 따라서 한국의 노동시장은 숙련도가 중간 이상이 되는 사람들이 가장 많은 형태로, 신체로 따지자면 상체는 튼튼하고 하체는 부실한 모양새가 될 가능성이 높다. 사정이 이렇다보니 우리는 한국에서 저숙련 이주노동자가 정말 필요하지 않다고, 고숙련 이주노동자만 받아들이는 게 사회 전체에 득이 된다고 단정해서 말하기 쉽지 않은 상황이 됐다. 사회 전체적으로 봤을 때 저숙련 이주노동자가 필요할지 모른다는 것이다.

그런데 그들은 단순히 원주민 노동시장의 불균등한 분포에서 '균형추'를 맞추기 위해서만 불가피하게 필요하고, 사회와 경제에 미치는 장점은 없는 것일까? 조지 보하스 George Bojas 미국 하버드대 교수는 아니라고 지적하며 "이주자들은 미국 노동시장의 윤활유 역할을 하고 있다"고 말한다. 사실 이 발언의 논리는 단지 미국뿐 아니라 세계 어느 선진국의 노동시장에도 적용될 수 있다.

선진국에서 고숙련 노동자 가운데 여성노동자는 비율이 가장 많이 증가하고 있는 집단 중 하나로, OECD 회원국의 15~64세 여성의 경제활동 참가율은 2007년 60.9%, 2010년 61.7%, 2013년 62.6%로 꾸준히 증가해왔다. 2013년을 기준으로 특히 아이슬란드(84.3%), 스위스(78%), 스웨덴(78.8%), 덴마크(75.6%), 노르웨이(76.1%) 등에서는 이 연령대의 여성 10명 중 7, 8명이 경제활동에 참가하고 있는 것으로 나타났다. 한국의 경우에도 대학 입학시험은 물론이고 각종 국가고시와 취업시험에서 여성들이 석권하면서 노동시장에서도 여성이 차지하는 비율이 점점 높아지고 있다. 교육을 많이 받은 여성은 상당수가 교육을 많이 받은 남성과 결혼한다. 이런 여성의 대부분은 부부가 바쁜 직업을 갖고 있고, 일을 하려면 아이들을 돌봐주거나 청소와 빨래를 대신해줄 인력을 고용해야 한다. 이때 고숙련 노동자들의 상당수는 가사에 저숙련 이주노동자들을 이용하게 된다. 이들은 단순히 고숙련 원주민들이 필요로 하는 서비스를 제공할 뿐 아니라 서비스를 더욱 저렴한 가격에 이용하도록 해주기 때문이다.

패트리시아 코르테스 미국 시카고대 교수의 연구(2008)에 따르면 저숙련 이주노동자가 많이 유입된 대도시에서는 세탁이나 보육, 청소, 잔디밭 관리 등 노동집약적인 서비스에 대한 가격이 다른 도시에 비해 낮았다. 많은 저숙련 이주자들이 이런 서비스에 종사하고 있기에 서비스비용도 낮아진 것이다. 대도시에서 더 적은 가격을 지불하고서도 가사를 맡길 수 있다는 것은 고숙련 노동자가 더욱 쉽게 가사를 처리할 수 있게 된 것을 의미한다. 결과적으로 일에 더 효과적으로 집중할 수 있고, 더 많은 시간을 일에 쏟을 수 있게 된다.

미국 「이코노미스트 The Economist」지에 2007년 5월 17일 실린 기사의 내용은 이랬다.

"로스앤젤레스의 더 똑똑한 이웃에선, 걸음마를 배우는 백인 아기들 white toddlers이 가끔 서로 스페인어로 소리쳤다. 그들은 종종 불법으로 일하는 멕시코 출신 보모로부터 첫 단어를 배운다. 로스앤젤레스 주민의 바닥을 문지르고 잔디를 깎는 하인처럼 말이다. 캘리포니아 사람들은 아이를 키우는 친밀한 업무까지 이주자들에게 의존하고 있다."

실제로 코르테스 교수가 1980년대, 1990년대 저숙련 이주의 물결을 조사한 결과, 이것은 상위 1분위의 임금, 즉 가장 많은 수준의 임금을 받는 여성들이 노동시장에서 일하는 시간을 20분 늘리는 결과를 낳았다. 좀 더 보수적으로 추산하더라도 20분 중 최소한 4분은 저숙련 이주자들이 가사 서비스의 가격을 낮췄기 때문에 늘어난 것으로 추산되기도 했다.

물론 반론이 있을 수 있다. 저숙련 이주자가 늘어나는 것은 더 높은 수준의 교육을 받은 여성이 자녀 양육 서비스에 지출해야 하는 비용에는 영향을 미치지 않을 것이다. 더 많이 교육받은 여성일수록 양질의 교육 서비스를 원할 것이기 때문이다. 하지만 설령 그렇다고 하더라도 자녀 돌봄 외 집안일의 상당수는 굳이 '인력의 질'을 따지지 않고 이주자가 유용하게 활용될 수 있는 영역이다. 이 때문에 저숙련 이주의 물결은 여성이 '오랜 시간 일해야 하는 직업'을 갖고 일할 가능성을 높이는 것으로 나타났다.

코르테스 교수의 연구에 따르면 저숙련 이주는 오랜 시간 일해야 하는 직업을 가진 고숙련 여성들이 일주일에 50시간 이상 일할 개연성을 1.8%포인트, 60시간 이상 일할 개연성을 0.7%포인트 높인 것으로 나타났다. 근로시간이 증가한 것 자체를 긍정적으로 보긴 어렵지만, 그것이 가사로부터 해방됨으로써 본인이 원하는 일에 좀 더 많은 시간을 쏟을 수 있게 된 것이라면 긍정적인 요소일 수 있다. 코르테스 교수는 "해당 (고숙련)

그룹에 있는 많은 여성들, 예를 들면 변호사, 물리학자, 박사학위를 가진 여성들이 성공하기 위해서는 오랜 시간 일할 것이 요구되기 때문에 이 같은 결과는 중요하다"고 말한다.

심지어 이렇게 여성에게 '근로의 선택권'을 넓히는 것은 구매력에도 영향을 미친다. 연구에서는 저숙련 이주가 고숙련 여성이 집안일에 쏟는 시간을 줄일 뿐 아니라, 가사 서비스에 쓰는 지출을 줄여줌으로 인해 시장에서의 구매력도 높인다는 것을 발견했다. 연구에 따르면 1980~2000년 저숙련 이주노동자들이 유입된 것은 미국 30개 대도시에 사는 고숙련 노동자의 구매력을 평균 0.32% 높인 효과가 있는 것으로 나타났다. 하지만 같은 기간 전형적인 원주민 고교 중퇴자들의 구매력은 최대 1%, 히스패닉 저숙련 원주민노동자들의 구매력은 4.2% 낮춘 것으로 나타났다. 코르테스 교수는 이주자들이 저숙련 서비스의 가격을 낮춤으로 인해 미국 경제에는 전체적으로 긍정적인 순이익을 가져오지만 부의 재분배를 양산한다는 결론을 내린다.

저숙련 이주자의 또 다른 장점은 '노동력의 이동성'을 끌어올린다는 것이다. 자국에서 태어나 일하는 저숙련 노동자는 특별한 일이 없는 한 다른 지역으로 이동하지 않는 경향이 있다. 예를 들어 한 나라 내에서 특정지역에 저숙련 노동자가 부족할 경우, 다른 지역에서 태어난 저숙련 노동자는 그 지역으로 옮겨가 일하지 않거나, 이동하더라도 이동의 속도가 상당히 느리다. 원주민은 정착에 익숙하기 때문이다. 한국에서도 자신이 자라거나 공부한 곳에서 취직하는 사람이 대부분이고 완전히 새로운 곳에서 일하는 사람은 많지 않다.

이처럼 저숙련 원주민노동자가 이동하지 않으면 노동시장은 움직이지 않고 한곳에 고정되는 현상이 나타난다. 이는 경제가 호황인 지역에서는 성장 속도를 늦추고, 불황인 곳에서는 회복 속도를 늦출 수 있다. 하지만 저숙련 이주자는 저숙련 원주민노동자에 비해 지리적으로 더 많이 이동하는 경향이 있다. 미국처럼 대륙이 큰 나라의 주州를 빗대어 표현하자면 겨울에는 텍사스 주에서 석고판을 매달다가 봄에는 아칸소 주로 가서 가금류 고기를 세척하고 포장한 뒤, 여름에는 조지아 주로 가서 채소를 딸 수 있는 식이다. 한국에서도 서울에 사는 저숙련 노동자가 부산과 대구를 오가며 일을 할 가능성은 적지만, 이주노동자는 특정 지역에 일감이 많냐 적으냐에 따라 어디든지 오갈 수 있다. 어차피 이주를 택한 상태이기 때문에 특정 지역과의 연고를 굳이 따지지 않기 때문이다.

직업이나 지역을 넘나드는 이주노동자의 이동성은 경제에 도움이 되는 측면이 있다. 일감이 있는 곳이라면 어디든 가서 일하고, 그곳에서 재화와 서비스를 소비하기 때문이다. 심지어 실업률이 오를 때 원주민노동자의 부담을 경감해주는 효과도 있다. 경제가 나빠지면 곧장 다른 지역이나 본국으로 이동하는 방식으로 기존의 노동시장을 떠나기 때문이다.

이주노동자의 이동성은 각종 연구에서도 나타나고 있다. 미국 이민정책연구소CIS, Center for Immigration Studies의 스티븐 카마로타Steven A. Camarota 박사팀의 연구(2009)에 따르면 미국에서 불법체류 인구는 2007년 여름에 1250만 명에서 정점을 찍었다가 2009년 1분기에 1080만 명으로 줄었다. 이 시기에는 많은 불법체류자들이 본국으로 돌아갔을 뿐만 아니라 새로 입국하는 불법이주자들도 줄었다. 연구진은 경기침체와 이주제재가 이 같은 감소를 설명할 수 있다고 말한다. 2008년 세계 금융 위기가 닥치면서 미국 산업에서 일자리가 사라지자 이주자들이 자신의 본국으로 돌아간 것이다. 2007년 1월과 2009년 1월 사이에는 전년도 같은 기간에 비해 새로 들어오는 불법이주자가 3분의 1로 줄었고, 본국으로 되돌아가는 불법이주자의 규모도 2배가 됐다. 물론 합법이주자의 수는 확연히 감소하지 않아 불법이주자와 같은 패턴을 보이진 않았지만, 불법이주자를 비롯해 이주자들은 언제든 노동시장을 떠나거나 돌아올 수 있는 '고용의 유연성'을 지녔기 때문에 원주민노동의 변동을 줄이고 안정을 돕는 경향이 있다.

이처럼 저숙련 이주노동자가 새로 정착한 나라의 경제에 미치는 영향과 의미에 대해서는 다양한 측면과 해석, 시각이 존재한다. 그럼에도 불구하고 우리는 저숙련 이주노동자가 완전히 이점이 없다거나 해가 된다고 보고, 이들이 '아무짝에도 득이 안 되기 때문에' 제한해야 한다고 쉽게 단정 지어 말하곤 한다. 이렇게 편견에 기초해 이주자를 통제와 제재의 대상으로만 바라볼 경우, 우리는 이주의 경제적인 효과를 따지며 효과적으로 이주자를 활용하기도 전에 눈에 보이는 사회적인 손실만 수습하기에 급급하며 살아가게 될 것이다. 한국사회에 수많은 이주자가 존재하고 그 규모도 확대되고 있는 가운데, 과연 우리는 이들을 합리적으로 분석하고 있는지 생각해봐야 한다.

이주노동자 유입이 늘어나면
국내노동자 임금이 하락하는가

사람들이 저숙련 이주노동자의 유입을 반대하는 또 하나의 논리는 이들로 인해 국내노동자의 임금이 하락한다는 것이다. 다음과 같은 예시를 생각해보자.

당신은 작은 공장을 운영하고 있다. 예전에는 한국인들을 고용해 일하도록 했고 한 달에 200만 원씩의 월급을 줬다. 하지만 최근 외국인노동자들이 물밀듯이 몰려오면서 풍경이 약간 달라졌다. 그들은 당신이 150만 원을 주더라도 기꺼이 일을 한다. 그들의 나라에서는 월급이 15만 원에 불과하기 때문이다. 이곳에서 한 달에 150만 원을 벌면 한국에서의 생활비로는 풍족하지 않아도, 본국에 돌아가면 얼마든지 풍족한 생활을 할 수 있게 된다. 사실 공장에서 해야 하는 일은 단순하다. 몸을 써서 짐을 옮기거나 단순한 수작업을 하면 된다. 한국인을 고용하건 외국인을 고용하건 결과는 크게 다르지 않다. 외국인을 고용한다면 당신은 노동자 1명당 매달 50만 원을 아낄 수 있다. 노동자가 10명이면 매달 500만 원을 아끼고, 20명이면 매달 1000만 원을 아낄 수 있다. 당신은 그 돈을 축적할 수도 있지만 조금씩 모아서 목돈을 만든 뒤 새로운 사업을 하거나 사업을 확장하는 데에 쓸 수도 있다.

만약 그렇다면, 당신은 외국인노동자들을 고용하겠는가, 계속 한국인을 고용하겠는가?

바꿔서 한 번 생각해보자. 당신은 조그마한 공장에서 일하는 노동자다. 당신이 한국에서 가족을 부양하며 살기 위해서는 최소한 월급을 200만 원은 받아야 한다. 생활비뿐 아니라 아이들 교육비도 필요하고 목돈을 모아서 집도 마련해야 하기 때문이다. 하지만 외국인노동자는 다르다. 그들은 대부분 홀로 한국에 와서 일하며 생활비로 많은 비용을 들이지도 않는다. 조그마한 원룸에 살면서 본국 가족에게 생활비를 부치기 때문이다. 그들은 설령 100만 원을 받더라도 이곳에서 일할 의향이 있다. 어차피 대부분 돈은 본국의 가족을 부양하는 데에 들어가는데, 그 돈이면 한국에서 혼자 생활하기에 부족하지 않은 데다 본국의 가족에게는 꽤 많은 액수이기 때문이다. 한국에서 받는 월급을 본국에서는 몇 달을 일해야 벌 수 있다. 그들은 본국에 돌아가서 오랫동안 일하고도 적은 돈을 버느니, 고생스럽더라도 한국에서 최대한 열심히 일해 단기간에 많은 돈을 버는 것을 택할 것이다.

문제는 당신이 하는 모든 일을 외국인노동자도 할 수 있다는 것이다. 그 일은 별도의 언어적인 기술이 필요하지 않으며, 한국에서의 학위나 자격증이 필요한 것도 아니기 때문이다. 단지 힘을 쓰고 몸을 움직일 수 있을 정도로 건강한 사람이면 누구나 할 수 있다.

그렇다면 당신의 고용주는 당신을 계속 고용하는 걸 반기겠는가? 그는 추가 인력이 필요할 때, 외국인 대신 한국인을 고용하려고 하겠는가?

당신의 노동력은 고용시장에서 가격 경쟁력이 거의 없다. 당신이 회사를 관두더라도 더 적은 임금을 받으면서 얼마든지 일하겠다는 대체 인물, 이주노동자들이 넘쳐나기 때문이다. 그들은 당신에 비해 기술이 열등한 것도 아니다. 그렇기에 당신은 회사를 관두면 다시는 그 노동시장에 진입하지 못할지도 모른다. 당신이 하는 일을 하겠다는 외국인이 수도 없이 많이 대기하고 있기 때문이다. 문호만 열어준다면 한국보다 월급이 훨씬 적은 저개발국의 나라에서 이주노동자가 엄청나게 쏟아져 들어와 당신의 일자리를 차지할 것이다.

현재 한국은 저숙련 외국인노동자들의 입국을 어느 정도 제한하고 있지만, 언젠가 출입국을 완전히 개방해 누구든지 이곳에서 일할 수 있게 한다고 치자. 이때 당신의 고용주는 노동자의 임금을 올리지 않아도 얼마든지 그곳에서 일할 사람을 찾을 수 있게 된다. 혹 임금을 낮춘다고 하더라도 많은 외국인들은 그 회사에서 일을 하고 싶어 할 것이다.

그렇다면 과연 당신의 고용주는 어차피 적은 월급을 제시해도 일할 사람이 넘쳐나서 손해볼 게 없는데, 굳이 노동자의 임금을 올려주려고 하겠는가?

이주 제한을 주장하는 사람들은 이런 논리를 펴며 '임금 하락'을 우려한다. 국경을 완전히 개방하고 외국인에게 노동시장을 온전히 열어버린다고 치자. 특별한 학위나 자격증, 언어능력이 필요하지 않은 노동을 이용해 사업을 하고 있는 고용주는 임금을 올리지 않아도 얼마든지 일할 사람들을 구할 수 있다. 아니, 설령 임금을 내리더라도 노동자를 구할 수 있다. 노동시장에서 저임금을 받고서라도 일할 사람들이 넘쳐난다면, 특정 직종에서 임금이 오를 유인은 점점 적어진다. 최저임금을 따라 늘 고만고만하게 머물지 모른다. 사원 복지를 개선할 유인도 낮아진다. 비교적 열악한 작업환경이나 복지여건하에서도 일할 사람들이 많기 때문이다. 심지어 이주노동자들 중 상당수는 돈을 모아서 본국으로 떠날 사람들이다. 본국에서보다 돈만 많이 벌 수 있다면 선진국에서 혹독하게 고생하는 것쯤은 희생으로 여기고 감내할 수 있다.

이때, 저숙련 원주민노동자는 어느 공장에 가더라도 늘 낮은 임금과 근무여건을 제시받을 것이다. 이들은 밀려들어온 외국인 근로자로부터 일자리를 빼앗길뿐 아니라, 어느 일자리에 취직하더라도 임금과 고용 조건에 있어서 손해를 볼지 모른다.

이러한 우려에 대해 조지 보하스 미국 하버드대 교수는 "이주자들은 항상 가장 높은 임금을 주는 곳을 선호하기 때문에 원주민들의 임금을 깎기는커녕 오히려 높일 수 있다"고 반박한다. 이를 이해하기 위해서 다음 설명을 살펴보도록 하자.

우선 같은 나라에서도 지역별로 임금 차이는 있다. 특히 땅덩어리가 큰 미국의 경우 더더욱 그러한데, 알고 보면 한국도 마찬가지다. 서울의 임금이 다른 지방 소도시보다 높다. 하지만 이미 존재하는 임금 차이는 원주민들이 다른 지역으로 옮기도록 하는 유인요소가 되지는 못한다. 이주비용이 지역 간 임금 격차보다 크기 때문이다. 즉, 지방의 소도시보다 서울의 임금이 더 높을지라도 지방에 살던 사람이 서울로 이주해 살아가려면 이사비용과 같은 경제적인 지출이 발생하고 생활비 상승, 가족 문제 등 유무형의 비용이 추가로 든다.

반면 새로 들어온 이주노동자들은 어차피 지리적인 이동에 대해서는 고정비용을 지출하기로 마음먹은 사람들이다. 만약 그들이 새로운 나라로 이주하기로 결정했다면, 그 나라 안에서 다른 지역으로 이동하는 비용은 아주 조금만 더 들 뿐이다.

그렇다면 경제적인 수익을 극대화하길 원하는 이주자는 되도록 임금이 가장 높은 지역으로 이주할 것이다. 어차피 새로운 나라에 정착하는 데 드는 이주비용 자체가 존재한다면, 좀 더 많은 경제적인 기회를 주는 지역에 가고 싶은 게 인지상정이기 때문이다. 결국 이들은 수익을 최대화하기 위해 가장 높은 임금을 받을 기회가 있는 곳에 정착하게 된다. 결론적으로 이주노동자가 주거 지역을 결정할 때는 원주민보다 임금 차이에 더 민감할 수밖에 없다. 즉, 이들은 자신에게 가장 높은 임금을 제공하는 노동시장을 선택한다. 물론 이것은 이들이 노동시장에 대한 정보를 빠삭히 알고 있다는 전제하에서다.

이주노동자들이 높은 임금을 주는 지역으로 많이 간다고 해서 그 지역 원주민들의 임금을 깎아내린다고 말할 수는 없다. 오히려 이주자는 전체 평균 임금과 국내총생산GDP을 높이는 효과를 낳을 수 있다.

보하스 교수는 주식자본 capital stock 이 고정돼 있다면, 이주자들은 원주민 자본가들의 이익을 증대시킨다고 말한다. 더 저렴한 노동력으로 생산이 가능하도록 해 효율적으로 이익을 내게끔 하기 때문이다. 이렇게 발생하는 이익은 원주민노동자의 임금이 낮아지는 정도보다 더 크기 때문에 전체적으로는 국가 수익을 상승시킨다는 분석이다.

그런데 이 가설이 맞다고 해도, 저숙련 이주노동자가 많이 유입되면 근로자들의 복지는 점점 뒷걸음질 치거나 제자리걸음 하는 것은 아닐까? 비교적 낮은 복지 수준, 열악한 작업환경에서도 묵묵히 버티고 적응할 수 있는 인력이 많아질수록 노동자들은 손해를 보고 고용주들은 혜택을 보게 되므로 이러한 우려는 현실에서 입증되기도 한다. 임금이나 인력과 같은 '정량적인' 요소가 아닌 근무환경이나 사원복지와 같은 '정성적인' 측면을 살펴보면 저숙련 이주노동자의 유입은 원주민의 노동시장에 해가될 수 있다. 근로 조건이 나아지지 않는 것과 저숙련 이주노동자의 유입이 무관하지 않기 때문이다. 이는 한국의 사례만 봐도 알 수 있다.

국내에 이주노동자들이 본격적으로 유입되기 시작한 것은 1990년대부터다. 1980년대 후반부터 국내 고용시장에서 임금이 상승하면서 3D 어렵고, 더럽고, 위험한 일 업종을 중심으로 인력이 부족해지기 시작한 게 계기였다. 구인난이 심화되자 석탄협회, 전자공업협동조합, 중소기업협동조합중앙회 등 사업자 단체들은 외국인력을 합법적으로 도입할 수 있게 해달라고 정부에 요구하기 시작했다. 정부는 이에 부응해 1991년 10월, 법무부 훈령으로 '외국인 산업기술연수 사증발급에 관한 업무처리 지침'과 '시행세칙'을 발표했다. 이를 계기로 단순기능인력 중심의 이주노동자들을 도입하는 정책이 시작되었다. 즉, 애초부터 근로환경과 근무여건이 열악한 기업들이 이주노동자의 주요 수요자였다는 것이다.

정부는 1993년에 외국인 산업연수생 2만 명을 도입하기로 결정했고, 1994년 5월부터 산업기술연수생들이 입국하기 시작했다. 저개발국에 선진기술을 이전해준다는 목적의 '산업연수생'이라는 용어를 썼는데, 이 때문에 법적인 신분도 '근로자'가 아닌 '연수생'의 신분이었다.

하지만 이들이 사실상 중소기업의 인력난 해소를 위해 이용되면서 여러 문제가 발생하기 시작했다. 산업연수생들이 사업장을 이탈하고 불법으로 체류하거나, 고용주가 임금체불 등 인권을 침해하는 사례가 발생한 것이다. 이들을 내보내는 송출국에서도 비리가 발생했다. 이로 인해 외국인 근로자를 합법적으로 고용하자는 '고용허가제'가 대안으로 꾸준히 제기됐지만, 국제통화기금^{IMF} 금융 위기 이후 경제 사정이 어려워지면서 논의가 차츰 식어갔다. 하지만 이후 경제가 회복되면서 산업연수생제도의 문제점이 다시 공론화됐다. 정부는 2003년 3월, 산업연수생제도를 폐지하고 고용허가제를 추진하겠다고 발표했으며, 그해 8월 '외국인 근로자의 고용 등에 관한 법률'이 제정, 공포됐다.

외국인력정책위원회는 이 법에 근거해 2004년 3월, 총 7만 9000명의 외국인력을 수급하겠다는 계획을 발표했으며, 이후 2005년 산업연수생제도를 폐지하고 2007년부터 '외국인 고용허가제'로 통합하기로 결정했다. 이때 기존 산업연수생은 외국인 고용허가제의 '외국인 근로자(E-9)'로 체류자격이 변경됐다. 이게 현재의 인력수급제도다.

현재 정부는 한국인들이 취업을 기피할 정도로 영세한 기업들이 고용허가제를 통해 이주노동자를 고용할 수 있도록 허용하고 있다. 고용주는 내국인을 고용하기 위해 구인 노력을 14일간(신문·방송·생활정보지 등 매체를 통해 구인 노력을 한 경우에는 7일) 했음에도 불구하고 원하는 인력의 전부 혹은 일부를 채용하지 못했을 때 관할 고용센터에 외국인 고용허가 신청을 할 수 있다.

　정부는 고용허가제를 통해 외국인력을 도입할 수 있도록 허용하는 업종을 정해두었는데, 2015년을 기준으로 제조업은 상시근로자가 300명 미만이거나 자본금이 80억 원 이하여야 하고, 그렇지 않을 경우에는 지방중소기업청에서 발급한 '중소기업 확인서'를 제출해야 한다. 건설업은 일부 예외사유를 제외하고는 모든 건설공사가 외국인력을 도입할 수 있고 서비스업, 어업, 농축산업은 허용 분야가 세부적으로 규정돼 있다. 정부는 매년 고용허가제를 통해 도입할 외국인력 규모[쿼터]를 정해 관리하고 있는데, 2015년 기준 총 5만 5000명이다. 제조업(4만 2400명+α), 농축산업(6000+α), 건설업(2300+α), 어업(2300+α), 서비스업(100+α) 순이다. 하지만 한국에 들어오려고 하는 이주노동자의 수요는 도입 쿼터에 비해 훨씬 많고 경쟁도 치열한 것으로 알려져 있다.

　국내의 저숙련 이주노동자들은 대부분 한국어를 제대로 구사하지 못한다. 제도상으로 이들은 본국에서 총 45시간 동안 소양교육 40시간(한국어, 한국문화 및 관계법령)을 이수하고, 산업안전을 위주로 공통교육을 5시간 동안 받는 등 사전교육을 이수해야 한다. 하지만 현실적으로 고작 40시간 정도 배운다고 외국어로 기본적인 소통이 가능하기란 거의 불가능하다. 이렇게 제대로 의사소통도 되지 않는 상황에서 입국한 노동자들은 고용주에게 꼼짝없이 좌우되는 운명인 경우가 많다. 규정상 고용주의 허락 없이 5일 이상 무단으로 결근하거나 소재를 알 수 없을 경우 불법체류자로 간주되고, 사업장을 변경하는 것도 원칙적으로 금지되기 때문이다. 고용주의 근로계약 해지, 휴업, 폐업, 폭행 등 인권침해나 임금체불 등으로 인한 고용제한조치, 상해 등 불가피한 사유가 있을 때만 사업장을 이동할 수 있다.

즉, 이주노동자는 사업장에서 명백한 불법행위가 발생하지 않는 한 꼼짝없이 그곳에 매여 있어야 한다. 근로환경이나 복지 여건이 열악하고 처우가 부당해도 불법사유가 아니면 참아야 한다. 사업장을 이탈하면 불법체류로 간주되고, 목돈을 벌 기회가 차단되기 때문이다.

고용주들은 근무여건을 개선하고 보수를 높이면 얼마든지 원주민을 고용할 수 있을지 모른다. 하지만 적당히 한국인노동자를 고용하려고 노력하다가 안 되면 정부가 공급해주는 이주노동자를 '합법적으로, 저렴하게' 고용할 수 있다. 이주노동자는 공장환경이 터무니없이 열악하고 기숙사가 컨테이너 박스에 불과하더라도 쉽사리 작업장을 떠나지 못한다. 결국 고용주는 구시대적이고 후진적인 노동환경을 개선하지 않아도 위법한 일만 저지르지 않으면 저렴한 노동력을 안정적으로 이용할 수 있다. 환경을 개선하기 위해서는 비용도 많이 들고 품이 많이 들어가는데, 그러지 않고서도 얼마든지 인력을 고용할 수 있기 때문이다. 궁극적으로 이주노동자의 지속적인 유입은 고용주들이 영세한 고용여건을 개선할 필요성을 느끼지 못하게 만든 셈이다. 그렇다고 정부가 열악한 노동환경을 강력하게 단속하면서 개선하도록 하는 것도 아니다. 근로여건은 기업 내부의 일이므로 개선도 쉽지 않다.

무엇보다도 환경을 개선하지 않아도 일하려는 이주노동자들은 넘쳐난다. 고용허가제로 입국한 뒤에 허용기간을 초과하면서 정부 당국에 의해 적발될 때까지 계속 일하는 사람들도 있다. 어차피 기회는 한정돼 있고 이왕 본국에 돌아가야 한다면 한번에 많은 돈을 벌어놓고 가는 게 이득이기 때문이다. 심지어 이렇게 몇 년 일하다보니 한국생활이 익숙해져서 불법체류로 정착하는 사람들도 많다.

한국 정부는 외국인을 불법으로 고용하는 사업주 등에 대해 3년 동안 외국인 근로자를 고용하는 것을 제한하고 있다. 하지만 이런 제도도 불법 체류를 효과적으로 막기에는 역부족이다. 정부는 이주노동자들의 영구 정착은 허용하지 않기 때문에 그들의 취업기간을 3년으로 정하고, 추가로 1년 10개월은 연장할 수 있게 해 총 4년 10개월간 근무가 가능하게 했다. 다만 2012년 7월 도입된 '성실근로자 재입국제도'로 인해 적격자에 한해 서는 1회에 한해 재입국이 가능하다. 길게는 9년 8개월 동안 한국에서 일 하는 게 가능한 셈이다. 하지만 이 기간이 지켜지지 않는 경우도 상당수다.

이와 같은 이주노동자들의 영구 정착으로 영세한 기업의 고용주들은 작업환경을 개선하지 않고도 양지와 음지에서 저렴하게 수많은 노동자를 고용할 수 있게 된다. 어쩌면 현재 방식의 이주노동자의 유입은 저숙련 노 동의 여건을 제자리걸음 하게 만들고, 3D 업종이 만년 3D 신세를 벗어나 지 못하게 할 수도 있다. 결국 이주라는 현상 자체가 중소기업의 임금을 하락시키는 게 아니라, 근로여건을 개선하지 않아도 되는 이 같은 법·제 도적인 환경과 이주노동자에 대한 고용주의 인식이 중소기업의 임금을 제 자리걸음 하도록 만드는 것일지도 모른다.

외국인노동자는
'경쟁자'가 아니라 '고객'이다?

많은 학자들이 내세운 논리대로, 어쩌면 저숙련 이주노동자들이 나라의 전체 임금을 깎아내리지는 않을지도 모른다. 하지만 당신은 이들이 저숙련 원주민노동자들의 임금을 떨어뜨리는 것만큼은 확실하다고 생각할 수 있다. 이주노동자는 적어도 우리 사회의 저소득층에 대해서는 명백히 해가 된다는 것이다.

브라이언 캐플란 미국 조지메이슨대 교수는 이런 우려에 "물론 국경을 온전히 개방하면 저숙련 노동시장의 임금은 하락할지 모른다"고 말한다. 하지만 대다수 미국인은 저숙련 근로자가 아니다. 미국 인구조사국의 2011년 통계에 따르면 25세 이상의 미국인 중 87% 이상이 고교를 졸업한 사람들이다. 저숙련 외국인노동자들은 기껏해야 별다른 기술이 필요하지 않은 중·고등학교 중퇴자들의 노동을 대체할 수 있을 것이다. 그렇다면 외국인노동자들은 극히 일부분에서만 임금을 하락시키는 데 영향을 미치고, 전체적인 노동시장에는 별 영향을 미치지 않는다. 즉, 전체적인 미국 노동자들의 임금에는 아주 적게 영향을 주거나 아예 영향을 주지 않다는 것이다.

캐플란 교수는 충분히 교육받은 미국인, 즉 저숙련 노동자 이외의 미국인들에게 외국인노동자들은 '경쟁자'가 아니라 '고객'이라고 말한다. 실제로 이주자가 제공하는 노동은 상당수가 저숙련 서비스이며, 누군가는 이들이 제공하는 서비스를 이용하고 있다. 결국 이주노동자의 유입은 사회 대다수의 사람들에게 이득이 되고, 일부 소수에게만 해가 된다는 것이다.

한국의 사정이라고 다를까? 오히려 한국은 캐플란 교수의 말을 더욱더 뒷받침하는데, 사회 전체적으로 봤을 때 교육받은 사람들이 더 많기 때문이다.

지금도 한국의 청년들은 저숙련 단순노무를 하는 중소기업에는 좀처럼 취직하려고 하지 않는다. 한국에서 높은 수준의 교육을 이수한 청년이 점점 늘어나고 있다면, 시간이 지날수록 한국의 저숙련 노동자들은 점점 줄어들고, 이주노동자들과 노동시장에서 경쟁을 해야 하는 사람 역시 점점 줄어들 것이다. 결국 이주노동자로 인해서 손해를 입는 사람보다는 이들이 제공하는 노동의 혜택을 보는 사람들이 점점 더 늘어나게 된다. 그렇다면, 이주노동자가 많이 유입되면 일부 사람들은 임금 하락으로 인해 손실을 입더라도 사회 전체적으로는 이득이 아닐까?

실제로 이주가 원주민의 임금에 어떤 영향을 미치는지에 대해 잔마르코 오타비아노Gianmarco Ottaviano 이탈리아 볼로냐대 교수와 조반니 페리 미국 UC데이비스대 교수가 함께 연구한 적이 있다. 이들은 1990년부터 2004년까지 미국에서 이주의 증가가 원주민과 전체 임금에 어떤 변화를 줬는지 살펴봤다.

첫 번째, 1990~2004년 동안 이주로 인해 미국 원주민의 평균 임금은 1.8% 오른 것으로 나타났다. 이렇게 임금이 오른 것은 그 나라에서 태어난 원주민노동자와 이주노동자가 서로를 완전히 대체하는 것은 아닌 데다, 이주노동자를 고용하는 비용이 저렴함으로 인해 원주민 고용주들이 인건비를 일정 부분 줄일 수 있게 되어 발생한 현상이다. 결국 이주노동자의 노동력으로 인해 원주민의 인건비가 오르는 효과가 나타난 것이다.

두 번째, 미국에서 태어난 사람들 중 가장 적게 교육받은 노동자들은 이주노동자로 인해 임금이 하락한 것은 맞지만, 기존에 알려진 것보다는 손실의 폭이 적었다. 이들의 실제 임금은 이주로 인해 1990~2004년에 1.1% 하락했다(연구진들은 이는 '상당히 적은 손실'이라고 표현했는데, 기존에는 원주민의 임금 손실이 장기적으로는 4.2%, 단기적으로는 8%라고 기록한 연구물도 있었기 때문이다). 이는 교육 수준이 낮은 이주노동자는 교육 수준이 낮은 원주민을 완전히 대체하지 못하고 그들의 '기술'만 일부 보완하기 때문이다.

세 번째, (교육 수준이 낮은 사람을 제외한) 다른 모든 원주민노동자들, 즉 최소한 고교 졸업장을 지닌(2004년 기준, 미국인노동자의 90%를 차지하는) 사람들은 이주로 인해 득을 봤다는 것이다. 그들의 실제 임금은 장기적으로 0.7~3.4% 증가했다.

이를 통해 연구진은 1990~2004년에 이주자들은 대학을 졸업한 사람과 고교 중퇴자 간 임금 격차를 늘릴 뿐이었다고 말한다. 특히 "우리의 분석에서 이주로 인해 임금에 가장 부정적인 영향을 받은 사람은 먼저 온 이주자들이었다. 하지만 이들^{먼저 온 이주자들}은 자신들의 아내나 친척, 친구들이 이주를 함으로써 가장 큰 비^非경제적인 혜택을 입었기 때문에 그 손해를 계속 유지했을 것이다"라고도 분석한다.

저숙련 노동자의 이주로 인해 모든 사람이 혜택을 보는 것은 아니다. 고용주는 공장과 농장의 생산성이 올라가는 혜택을 볼 수 있고, 고숙련 노동자는 자신들이 구입할 수 있는 재화나 서비스의 가격이 낮아지는 것을 즐길 수 있다. 반면, 저숙련 원주민노동자는 자신들의 일터에서 더 경쟁이 치열해지는 것에 직면할 것이다. 즉, 이주노동자들이 증가하면 원주민들 중 저숙련 노동자만 일부 손해를 보게 된다는 것이다. 이런 까닭에 어떤 학자들은 이주의 주요 효과는 노동력을 계층화하고 '이중적인 노동시장'이 효과적으로 작동하도록 하는 것이라고 말한다. 이중적인 노동시장에서 하위 부분은 임금이 적고, 안전하지 않으며, 더럽고, 영어^{다른 나라의 경우 해당 국가의 언어}를 구사하지 못하는 이주자로 채워진다.

고든 핸슨^{Gordon Hanson} 미국 샌디에이고 캘리포니아주립대 교수는 이주노동자가 노동시장에 미치는 영향을 평가할 때, 자국의 저숙련 노동자들의 임금 손실은 '국가 수익 분배'의 변화를 나타내는 것이지 '국가 수입의 수준'이 하락하는 것을 나타내는 게 아님을 명심하는 게 중요하다고 말한다. 저숙련 이주노동자가 유입돼 고용주는 득을 보고 저숙련 원주민노동자는 피해를 본다면, 전체적으로는 고용주의 수익 증대가 저숙련 노동자가 입는 손실을 상쇄시킨다는 것이다. 즉, 이주는 자본과 토지를 더 생산적으로 활용할 수 있도록 하는데, 이로 인해 고용주들이 얻는 이익이 저숙련 노동자들이 잃는 손실보다 더 크기 때문에 큰 그림에서는 더 많은 수익을 창출해낸다는 것이다.

핸슨 교수는 설령 저숙련 원주민노동자들이 임금 손실로 인한 손해를 입는다고 해도 그것이 온전히 저숙련 이주노동자에 의한 것이라고 단정 지어서는 안 된다고 지적한다. 저숙련 노동자들의 임금이 낮아지는 데에는 개인적인 다른 이유가 있을 수도 있다는 것이다. 이를 바탕으로 그는 한 국가뿐 아니라 전 세계적인 관점에서 보더라도 이주는 손해보다는 이득일지 모른다고 분석한다. 이주는 저개발국 노동자들이 자신의 나라에서는 덜 생산적으로 일했더라도 새로운 나라에서 더 생산적으로 일할 수 있도록 하기 때문이다.

이주를 통해 자신의 역량을 잘 활용할 수 있게 되는 것은 학생도 마찬가지다. 미국에서 대학을 졸업한 가나, 베트남, 볼리비아 학생은 학술 연구물을 출판하거나 특허 기술을 창조할 능력을 계발할 가능성이 본국에 머물 때보다 훨씬 높아진다.

궁극적으로 국제이주는 한 나라에서 다른 나라로 이동하는 위험을 무릅쓰는 사람에게는 임금을 높여 수익을 창출하게 하고, 본인이 가진 역량을 더 효과적으로 활용할 수 있도록 하는 경향이 있다. 이런 까닭에 국경 제한은 국가 경쟁력의 저하와도 연관이 있다는 지적도 나온다. 국경을 개방하면 다양한 외국인이 일자리를 구하러 오게 되고, 더 재능 있고 유능한 사람들이 노동시장에서 경쟁하게 되기 때문이다. 이를 막아버리면 재능 있는 사람들이 우리 사회에서 잠재력을 발휘할 기회를 박탈하는 것이 되고, 사회의 진보에도 해가 된다는 주장이다.

당신은 이렇게 반박할지 모르겠다. 이주로 인해 대다수는 이득을 보고 일부 저숙련 노동자들만 해를 입더라도, 소수 역시 존중받아야 하는 것 아니냐고 말이다. 누군가에게 나쁜 것이라면 그것이 전체에게 득이 된다고 해서 허용될 수 있느냐고 말이다. 이에 대해 캐플란 교수는 다음과 같이 반박한다.

"혁신은 누군가에게는 나쁠 수 있지만 혁신 그 자체는 좋은 것이다. 이주도 누군가에게는 나쁠 수 있지만 이주 그 자체는 좋은 것이다."

이주노동자 유입,
노동시장만 변화하는가

당신은 여전히 저숙련 이주노동자가 사회의 거의 모든 영역에서 해만 된다고 생각할 수 있다. 특히 저숙련 이주노동자가 유입되면 전체 일자리의 파이가 커지고, 저숙련 원주민노동자들이 보다 숙련된 직업으로 옮겨갈 수 있다는 점에 동의하지 못한다. 별다른 지식이나 기술 없이 그저 언어적인 기술이 좀 더 뛰어나다고 해서 가질 수 있는 직업은 많지 않으며, 그런 직업이 육체적인 기술을 요하는 직업보다 고임금이라고 볼 수도 없기 때문이다. 그렇다면 저숙련 원주민노동자는 이주노동자에 비해 별다른 우위를 얻지 못하기 때문에 항상 이들과 치열하게 경쟁해야 한다. 저숙련 이주노동자가 늘어날수록, 저숙련 원주민노동자는 비교적 많은 고용 부담이 드는 존재로만 머물지 모른다.

그렇다면 이주노동자는 저숙련 원주민노동자들의 노동시장에 저해만 되면서 어떤 이점도 없는 존재인 것일까?

브라이언 캐플란 미국 조지메이슨대 교수는 설령 이주노동자들이 원주민들의 임금을 낮추었다고 해도 이주 자체는 사회에 이득이라고 주장한다. 어떻게 그럴 수 있을까? 이들의 이주는 연금이나 부동산과 같은 노동자들의 '비노동non-labor 자산'의 가치를 끌어올리기 때문이다.

실제로 앨버트 사이즈Albert Saiz 미국 펜실베니아대 와튼스쿨 교수의 연구(2006)를 보면 미국에서 이주자들이 도시 인구에서 차지하는 비중이 1%씩 증가할 때마다 집값과 임차료도 1%씩 증가했다.

미국 인구통계국이 샘플 조사한 통계에 따르면, 2014년 기준 미국의 주택보유자 비율homeownership rate은 2014년 1분기에 64.8%였다. 이는 10명 중 6, 7명은 집을 보유하고 있다는 이야기다. 주택보유자 비율은 수십 년 간 이와 비슷한 수준으로 꾸준히 유지돼왔는데, 1995년 64.2%, 2000년 67.1%, 2005년 69.1%, 2010년 67.1%였다. 아울러 샘플 조사 결과, 전체 집을 100으로 놓고 봤을 때 주택보유자가 살고 있는 곳이 55.9%, 임차인이 살고 있는 곳이 31.5%였고, 나머지 12.6%는 비어 있는 것으로 조사됐다. 과반의 미국인이 주택을 갖고 있는 만큼, 이들은 이주자로 인해 꽤나 이득을 얻을 수 있는 셈이다.

그렇다면 우리는 왜 특별히 이주자가 집값 혹은 임차료에 미치는 영향에 신경 써야 할까? 사이즈 교수는 주택시장의 관점에서 보면 이주자는 다른 원주민 인구와 구별되는 특징이 있다고 말한다. 가장 대표적인 것이 이주자는 원주민보다 더 공간적으로 밀집해서 사는 경향이 있다는 것이다. 그만큼 이들이 주택시장에 미치는 영향은 더욱 강력하다.

캐플란 교수는 이주 제한의 근거로 '미국 노동자를 보호해야 한다'고 주장하는 것은 빈약한 논리라고 지적한다. 만약 저숙련 원주민노동자가 대부분 집을 임차해 생활하고 있다면 이주는 그들의 상황을 악화시킬 것이지만, 상당수 원주민들은 집을 소유하고 있기 때문이다. 따라서 설령 이주노동자로 인해 노동시장에서 일부 임금의 손실을 보더라도 주택시장에서는 그 손실을 상회하는 이득을 얻을 수 있다. 결과적으로, 이주로 인해 대부분의 미국인은 뭔가를 얻는다는 것이다.

한국에서도 마찬가지다. 이주노동자가 늘어나면 주택에 대한 수요가 증가하기 때문에 집값이나 임차료 등도 상승할 수 있다. 상당수 한국인이 주택을 소유하고 있다면, 그들 역시 이주자의 증가로 인해 주택시장의 활황을 경험할 수 있다. 통계청이 2014년 12월 발표한 '행정자료를 활용한 2013년 개인별 주택소유통계 결과'에 따르면, 2013년 기준 주택을 소유한 사람은 약 1239만 9000명, 아파트를 소유한 사람은 765만 4000명에 이른다. 물론 이들 중 일부는 자신이 소유한 주택에 본인이 살기도 하겠지만 일부는 임대를 통해 임차료를 받는다. 한국에 집을 갖지 않은 이주자들이 임차해 생활할 경우 이들로부터 이득을 얻을 수 있다. 한정된 원주민들의 수만으로는 주택 경기를 올리기 어렵지만 이주자의 유입은 주택 경기침체 극복에 기여하고 임차료 수익을 가져다줄 수 있다.

우리가 또 간과하고 있는 게 있다. 이주가 저숙련 노동에 대한 가격을 낮춘다면, 그것은 노동집약적인 상품과 서비스에 대한 가격도 낮추게 됨으로써 결국 해당 상품과 서비스를 구매하는 소비자들의 복지를 높인다는 것이다. 패트리시아 코르테스 미국 시카고대 교수는 "현재까지 저숙련 노동자들의 이주가 미국 경제에 미치는 영향에 대해서는 대부분이 원주민의 임금 수준에 맞춰져 있다. 하지만 원주민의 구매력과 관련된 '이주의 순수 효과'는 단지 임금에만 있는 게 아니라 가격 효과에도 있다"고 말한다.

코르테스 교수의 연구(2008)에 의하면 현재 수준의 이주에서, 도시의 노동시장에 저숙련 노동자의 비율이 10% 올라갈수록 '이주자 집약적인 (즉, 이주자들이 주로 종사하는)' 서비스들의 가격은 대략 2%씩 낮아진다. 이런 서비스에는 잔디 깎기, 경비, 육아, 세탁 등이 있다. 이 효과의 규모를 따져봤을 때, 1980년부터 2000년까지 이주의 물결은 한 도시에서 이주 집약적인 서비스의 가격을 평균 9~11% 정도 떨어뜨렸음을 시사한다고 그는 분석한다.

그렇다면 저숙련 이주노동자의 유입으로 인해 가장 많은 혜택을 보는 집단은 누구일까?

코르테스 교수는 '소비자 비용소비 설문조사Consumer Expenditure Survey'를 통해 20년간 이주로 인한 소비 절감의 혜택을 가장 많이 본 사람들은 고숙련 원주민이라고 밝혔다. 특히 대학을 졸업한 사람들이 지출해야 할 돈이 0.4% 줄어서 저숙련 원주민(0.3%)보다 혜택이 컸다. 고숙련 원주민일수록 이주자가 종사하는 서비스를 많이 이용하므로 서비스의 가격이 낮아지면 가장 많은 혜택을 본다는 것이다.

그럼에도 불구하고 고숙련 원주민이 이주로 인해 체감하는 경제적인 효과는 크지 않았다. 전체 소득에서 이주자 집약적인 서비스에 지출하는 비율이 높지 않았기 때문이다. 연구에서 그들이 이런 서비스에 쓰는 비용은 전체 소비예산의 평균 4.3%밖에 차지하지 않았다.

이것은 미국뿐 아니라 다른 나라도 마찬가지다.

1989년 후반부터 1995년까지 구소련에서는 이주자가 이스라엘로 대거 빠져나갔다. 1990년에는 이스라엘에 매달 이주자의 유입이 기하급수적으로 증가했고, 1990년 후반에는 구소련 출신 이주자들이 전체 인구의 4%를 차지하게 됐다. 솔 라크 ^{Saul Lach} 이스라엘 예루살렘 히브류대 교수는 연구(2007)에서 이런 예상치 못한 대량의 이주자들이 1990년 이스라엘에서 물건과 서비스의 가격에 미친 영향을 살펴봤다. 대상은 1990년에 이스라엘 52개 도시에 있는 1837개의 소매상점에서 판매하는 915가지 물품의 가격이었다. 연구 결과 이주자의 비율이 1%포인트 올라갈 때마다 원주민들이 사는 물건과 서비스의 가격은 0.5%포인트 하락하는 것으로 추산됐다. 라크 교수는 "이주는 단순히 노동의 공급을 증가시킬 뿐 아니라 생산물 시장에 직접적인 영향을 줘서 인플레이션을 완화하는 효과가 있다"고 말한다.

그렇다면 그 이유는 무엇일까?

우선 새로 도착한 이주자들은 원주민에 비해 가격에 좀 더 민감한 경향이 있다. 아마도 그들은 소득이 낮고 특정 브랜드나 상점에 대한 충성심이 부족하기 때문일 것이다. 소매업자들은 이런 새로운, '탄력성이 높은^{유동성이 큰}' 소비자들을 유인하기 위해 가격 인상을 낮추려는 유인이 생긴다. 특히 새로운 곳에 정착한 초기에는 그곳의 브랜드나 상점에 대한 지지나 애착이 낮기 때문에 점차 이를 발전시켜야 하는 상황이기 때문이다.

또 다른 설명은 구소련 출신 이주자들이 가격을 더 할인해주는 상점을 원주민에 비해 더 끈질기게 찾았다는 것이다. 당시 해당 이주자들은 쇼핑 행동에 영향을 주는 현대 시장경제의 양상에 익숙지 않았다. 예를 들면 같은 물건을 다른 상점들이 제각기 다른 가격에 파는 것, 그리고 수많은 종류의 브랜드가 존재하는 것에 익숙지 않았다는 것이다. 더욱이 구소련 출신 이주자들은 상점과 물건에 대한 정보를 찾는 데 비교적 비용이 적게 들었다. 그들은 애초부터 실업상태였거나 곧바로 노동시장에 참여하지 않았기 때문이다. 이것은 그들이 상점에서 가격을 비교해볼 추가적인 시간을 주었다. 실제로 구소련 출신 이주자들이 이스라엘 원주민들보다 쇼핑하는 데 상당히 더 많은 시간을 보낸다는 자료도 있다. 이러한 '검색행위'의 증가는 기업들이 가격을 낮추도록 경쟁하는 데 압력을 가했다. 결국 이주자들은 여러 산업의 서비스 가격을 낮춰서 원주민 소비자에게 혜택을 준 셈이다. 코르테스 교수는 이를 근거로 원주민들은 여러 방면에서 이주의 혜택을 본다고 말한다.

그럼에도 불구하고 많은 사람들은 이런 논리를 거부할 수 있다. 실제로 이주자로 인해서 일부 저숙련 노동자들이 손해를 보는 것은 사실인데, 이주노동자로 인한 명시적인 손해와 눈에 보이지 않는 거시적인 혜택을 어떻게 쉽사리 용인하고, 부정적인 영향을 받아들일 수 있느냐는 것이다. 캐플란 교수는 그래도 여전히 이주 제한은 정당화될 수 없다고 지적한다. 이주의 부정적인 결과로부터 자국의 노동자들을 보호하자면 단순히 이주자의 입국을 제한하는 것보다는 더 '저렴하고 인간적인 대안'이 있기 때문이다.

그 저렴하고 인간적인 대안은 무엇일까? 바로 이주자에게 부가세나 입국료를 부담하게 하고, 이런 추가수익을 저숙련 원주민노동자에게 보상해주는 데 사용하는 것이다. 예를 들면 아이티인에게 영주권을 발급할 때, 보통 미국인들에게 부과하는 세금 금액보다 50% 많은 부가세를 추가로 부과하는 데 동의하는 사람에게만 발급하자는 것이다.

캐플란 교수는 이주를 비판하는 사람들이 이주자가 원주민노동자에게 가하는 손해가 어느 정도라고 믿든, 그만큼의 보상 방법을 찾아 손해를 보는 원주민에게 지급하는 게 이주자들이 제3세계에 영원히 머물도록 하는 것보다는 더 저렴하고 인간적인 방법이라고 말한다.

어떤 형태가 됐든, 어떻게 이주를 허용하는 게 가장 바람직한지 생각해 볼 때다.

이주와 복지,
축복인가 재앙인가

2

'이주 제한'보다
'복지 제한'이 어렵다?

당신은 한국에서 갓 결혼한 신혼부부다. 한국 정부는 특정 소득 이하의 부부가 난임을 겪고 있을 경우 시술비를 지원하고 있다. 여성이 임신을 하면 '고운맘카드'를 발급해 일부 산전 진료 등에 사용할 수 있도록 해준다. 아이를 낳으면 소득계층에 따라 산후조리 서비스도 이용할 수 있는데, 전액 무료는 아니지만 국가에서 상당 금액을 지원하고 있다. 또 국가에서 아이 1명당 보육료나 양육수당도 지원되는데 그 금액은 매달 수십만 원대에 이른다. 아이는 의무교육을 받기 위해 초등학교에 무상으로 입학하며, 무상교육은 중학교 때까지 이어진다. 최근 학교에서는 무상급식을 많이 실시하는 추세이기 때문에 당신의 자녀는 중학교 때까지는 급식도 무료로 먹으면서 다닐 수 있다.

당신은 이런 시나리오를 그리면서 임신 계획을 세우고 있다. 그런데 갑자기, 정부는 당신에게 아이를 갖지 말 것을 권장한다. 아이 1명이 태어나면 최소 15년은 국가가 복지비용을 꽤 많이 지불해야 한다는 이유에서다. 아이가 많이 태어날수록 국가재정에 부담이 된다는 것이다. 그러니 아이를 낳지 말거나 최소한으로만 낳을 것을 권유하고 있다. 당신은 최대한 아이들을 많이 낳아서 활기찬 가정을 꾸리고 싶었지만 정부는 그러지 말 것을 종용한다.

이때, 당신은 정부의 권유가 정당하다고 생각하겠는가?

그렇다면 다음과 같은 경우를 한 번 생각해보자. 한국에 비해 복지가 훨씬 덜 발달한 제3세계 국가에 사는 외국인들이 한국으로 이주를 하려고 한다. 그들은 한국에 와서 저숙련 노동을 하게 될 것이며, 중소기업에서 매달 변변찮은 월급을 받으면서 살아가게 될 것이다. 한국에서 이주노동자가 받는 월급은 한국인이 받는 평균 월급보다 훨씬 적기 때문이다.

이주노동자를 포함한 다양한 이주자들이 더 나은 삶을 찾아서 한국으로 들어오려고 한다. 이들 중 일부는 한국에 정착해 결혼을 하고 아이를 낳고 살고 싶어 하며, 일부는 본국에서 배우자와 자녀를 데리고 와서 살고 싶어 하기도 한다. 현재 외국인에게 각종 사회보장제도는 어느 정도 제한되어 있지만 인도적인 차원에서 무상교육은 제공되고 있다. 게다가 그 외국인이 한국에서 일정 기간 이상 체류하고 국적을 취득하면 한국인과 똑같은 혜택을 받을 수 있다. 당신은 한국이 이들에게 문을 활짝 여는 것을 찬성하겠는가?

벤저민 파월 Benjamin Powell 미국 텍사스공대 교수는 이런 예시를 들면서 국경 통제의 부당함을 역설한다. 일부 사람들은 이주자가 많이 들어오면 정부가 부담해야 하는 복지비용이 증가하고, 결국은 내국인의 세금 부담이 증가하므로 이주를 제한해야 한다고 주장하기 때문이다. 과연 이러한 논리는 타당한가?

파월 교수는 자신의 친척이 아일랜드에 살고 있고, 그가 친척을 미국으로 초청하고 싶어 한다고 가정한다. 하지만 정부에서는 친척을 이주자로 초청해오는 것을 쉽게 허용하지 않는다. 이주자를 무작위로 받아들이면 복지비용이 많이 든다는 이유에서다. 그는 "이 주장이 옳다고 치자. 그렇다면 정부는 내가 아이를 갖는 것도 반대할 것인가"라고 반문한다. 아이를 낳으면 그 아이는 최소한 18년간은 일을 하지 않고 복지비용을 소모할 것이기 때문이다. 파월 교수는 만약 복지비용의 소모 때문에 미국인이 다른 외국인을 초청하는 것을 반대해야 한다면, 같은 논리로 미국인이 또 다른 인간인 '아이'를 생산하는 것도 막아야 하는 것 아니냐고 지적한다. 복지비용의 부담 때문에 이주를 제한해야 한다고 주장하는 사람들은 복지 문제를 지적하는 것 같지만, 사실 내국인이냐 외국인이냐가 관건이라는 것이다.

최근 선진국에서 아이를 적게 낳거나 낳지 말 것을 권유하는 곳은 없다. 세계적으로 저출산 기조가 지속되면서 미래의 생산가능 인구가 줄어든다는 우려가 제기됐기 때문이다. 한국을 비롯한 상당수 국가들은 아이를 많이 낳을 것을 권장하고 있다. 그런데 왜 아이를 많이 갖는 것은 권장되는 반면, 외국인들을 많이 유입하는 것은 권장되지 않는가?

물론 아이를 갖는 것과 외국인을 데려오는 것을 곧이곧대로 비교할 수는 없다. 인간이 낳을 수 있는 아기는 10개월에 1명으로 한정되어 있지만 외국인은 그야말로 외국에 무한정 많이 존재하고, 그들은 데려오려고 한다면 수백 명, 수천 명도 데려올 수 있기 때문이다. 국적이라는 경계도 존재한다. 부부가 낳는 아기는 그 나라의 시민이 되어 권리와 혜택을 누리지만, 외국인은 그야말로 외국 시민이다. 애초부터 출발점이 다르기에 문화·정치·경제적인 영향이 다를 수밖에 없다.

하지만 이런 조건을 보정해서, 정부가 자국민에게 1년에 1명의 외국인을 데려올 수 있도록 허용한다면, 당신은 찬성하겠는가? 대신 한국인으로서의 정체성을 확보하기 위해 문화와 정치, 사회, 언어시험을 통과한 외국인에 대해 이주를 허용한다면 찬성하겠는가?

사실 아이는 낳으면 최소 18년간은 정부와 부모가 비용을 지출해야 하지만, 적어도 외국인은 당장 일을 시작할 수 있고 그렇기에 곧장 세금을 낼 수 있다. 세금과 복지의 측면에서는 아이보다 더 가까운 미래에 더 많은 기여를 할 수 있다는 것이다. 그렇다면 당신은 외국인의 이주를 최대한 관대하게 허용하고 이들을 많이 받아들이자는 주장에 수긍하겠는가?

뭇사람은 그렇지 않다고 말한다. 외국인은 내국인에 비해 언어·문화적인 장벽이 크기 때문일 것이다. 그렇기에 이주할 경우 비교적 임금이 낮은 직종에 종사할 가능성이 높고, 결국 정부의 복지 부담을 가중시킬 가능성도 크다.

설령 이주자가 복지재정에 미치는 영향이 미미하다고 하더라도 많은 사람들은 이들이 자국민의 세금 부담에 영향을 미치는 것에 대해 불만을 느낀다. 같은 복지비용이라도 사람들은 외국인에게 지출되는 것에 대해 더욱 큰 반감을 느낀다는 것이다.

브라이언 캐플란 미국 조지메이슨대 교수는 "만약 그렇다면, 당신은 '이주 제한'을 고집하기 전에 좀 더 저렴하고 인간적인 방법을 선택해야 한다"고 지적한다. 그 방법은 '이주자들을 자유롭게 받아들이되 그들이 영원히 이 땅에서 복지혜택을 볼 수 없도록 하는 것'이다. 이주자들이 정상적으로 세금을 내고 혜택은 전혀 받지 못한다면, 이주로 인한 국가의 재정적인 효과는 긍정적일 것이기 때문이다. 이럴 경우 이주를 허용하고서도 재정적인 우려를 불식시킬 수 있다.

일각에서는 이주자들이 '영원히 복지혜택을 못 받게 하는 것'이 부당하다고 말한다. 이것은 이들에게 평생 손해를 보며 살 것을 강요하는 것이기 때문이다. 하지만 같은 논리라면 이주자들이 처음부터 입국조차 하지 못하게 하는 것은 더욱 부당하다. 입국을 제한하는 것은 이주자가 더 나은 삶을 안정적으로 살 수 있는 방안을 원천적으로 차단하는 것이기 때문이다. 파월 교수도 비슷한 주장을 한다. 이주자들로 인해 복지 부담이 증가되고 그것을 정 견딜 수 없다면, 이주자들이 와서 일할 수 있게 하되 본인에게 필요한 복지비용은 스스로 내게 하라는 것이다. 교육과 의료 등 각종 비용을 스스로 책임지고 부담하겠다는데, 와서 일하는 것 자체를 제한할 필요는 없다는 것이다.

그렇다면 '이주자들이 마음껏 정착할 수 있도록 허용하되, 복지혜택은 일절 주지 않겠다'는 방침은 실현 가능할까? 그게 아니라는 게 문제다. 기아와 절대 빈곤이 거의 없는 선진국에서 그 누구도 외국인이 배고픔에 시달리고 있는데 '입국만 허용하고 복지혜택은 배제하겠다는 법과 원칙'을 들며 아무런 도움조차 받지 못하도록 가만히 내버려둘 수 없기 때문이다. 외국인이 입국해 헐벗고 굶주려 아사 위기에 처한다면, 이를 외면하는 국가는 비난을 피할 수 없을 것이다.

캐플란 교수의 말대로 외국인에게 복지혜택을 일절 주지 않는다는 조건으로 그들을 받아들였다고 치자. 그들이 정말 단순히 정착만 한 뒤에 밥을 굶고, 병원에 가지 못하며, 아이들을 교육시키지 못하고 있을 때 우리는 그것을 그대로 둘 수 있는가? 그럴 수 없을 것이다. 각종 인권단체 등 시민단체들은 정부가 반인권적인 행태를 일삼고 있다고 비판할 것이다. 시민단체들이 외국인을 내쫓아야 한다거나 입국을 차단해야 한다고 주장할 가능성은 거의 없다. 그런 주장도 반인권적이기 때문이다. 대신 그들은 정부가 이들 역시 복지체계 안으로 끌어들여야 한다고 할 것이며, 그것의 정당성을 설명하기 위해 각종 불필요해 보이는(그들이 불필요하다고 주장하는) 토목, 건설 등의 예산을 찾아낸 뒤 이를 내세우며 차라리 그 돈을 이주자 인권을 위해 쓰는 것이 마땅하다고 할 것이다.

누구도 굶고 병든 사람을 냉정하게 멀뚱멀뚱 보고만 있을 수 없다면, 이주자들을 받아들이더라도 정부는 극단적인 복지 제한을 할 수 없다. 우리 정부는 원하든 원치 않든 장기적으로 복지 지출을 늘릴 수밖에 없다. 인도적인 측면과 국민 정서의 측면에서 보면 '이주 제한'보다 '복지 제한'이 더욱 어렵기 때문이다.

캐플란 교수는 여기서 여러 가지 중재안이 있을 수 있다고 말한다. 일례로 이주자들에게 10년간 복지혜택을 주지 않는 방법이 있다. 또는 복지혜택을 줄이거나 제한할 수도 있다. 평생 복지혜택을 절반만 누린다든지, 건강보험이 적용되더라도 본인 부담금을 2배로 한다든지, 지금까지 세금을 10만 달러 이상 낸 이주자들만 복지혜택의 수혜를 받을 수 있다는 식의 원칙을 세우는 방법도 있다. 어느 쪽이 됐든 복지 부담을 이유로 이주를 원천 봉쇄하는 것보다는 훨씬 '저렴하고 인간적인' 해법이 있다는 것이다.

사실 국가 정책적으로는 이주자들이 들어오지 못하도록(혹은 정착하지 못하도록) 제한하는 게 그들이 마음대로 들어와 정착하게 하고 복지혜택은 아예 주지 않는 것보다 쉽고 간편하다. 일단 입국해서 주민이 되면 그 나라를 살아가는 일원이 되고 관리가 뒤따라야 하는 등 행정적인 요소가 수반되기 때문이다. 아울러 일단 정착한 사람들은 시간이 지나면 자신들도 주민으로서의 정당한 권리가 있다고 주장하며 이런저런 요구사항을 들이미는 경향이 있다.

하지만 이주의 물결은 쉽게 막을 수 없는 게 현실이다. 어차피 외국인들은 어떤 방식으로든 계속, 그리고 더 많이 들어와 정착할 것이다. 이주의 시대에 이주자에 대한 복지문제를 잘 설계하지 않는다면 이는 또 다른 사회갈등의 단초가 될 수 있다.

이주자 유입,
복지재정에 손해인가 이득인가

한국의 경우 대부분 이주자들이 고숙련이 아닌 저숙련이라는 점은 많은 것을 시사한다. 일반적으로 더 교육받고 더 많은 돈을 버는 사람들은 경제적으로는 국가에 기여할 가능성이 높다. 아니, 최소한 짐이 되지는 않는다. 고숙련 이주자들의 경우에도 더 많은 임금을 벌고 세금을 내면서 정부재정에 기여하기에, 사회 발전에 도움이 된다. 이들은 복지에 기대기보다는 스스로 열심히 노력해 돈을 벌고 사회에 기여할 가능성이 높기 때문이다.

반면, 저숙련 이주노동자의 경우 경제적인 여건이 어렵기 때문에 조건이 된다면 새로 정착한 나라에서 주는 복지혜택에 의존할 가능성이 높다. 한국에서는 단순노무 인력의 정착을 제도적으로 허용하지는 않고 있지만, 만에 하나라도 이들이 합법적인 영주 혹은 귀화 자격을 얻고 복지혜택을 얻을 수 있다면 기여보다는 수혜를 받을 가능성이 높다. 이 때문에 일부 학자들은 되도록 더 숙련된 이주노동자들이 와서 일할 수 있도록 정부가 제도적인 제한을 가해야 한다고 말한다. 가난한 저숙련 이주노동자가 와서 복지 부담이 증가되면 원주민들은 반발심과 박탈감을 느낄 수 있기 때문이다. 데이비드 인서라David Inserra 미국 헤리티지재단The Heritage Foundation

연구원도 "가난한 사람들을 돕는 것에는 동의하지만, 관대한 복지는 열심히 일할 동기와 성공을 좌절시킨다"며 지나친 복지에 반대한다.

이렇게 복지 부담이 증가한다는 이유로 이주자들의 입국과 정착을 제한해야 한다고 말하는 사람들에게 브라이언 캐플란 미국 조지메이슨대 교수는 "우선 많은 사람들이 '외국인들은 선진국의 복지시스템의 혜택을 얻기 위해 이주한다'고 생각하지만, 실제 복지시스템과 이주자의 특성은 이런 고정관념을 충족시키기 어렵다. 미국을 비롯한 상당수 국가에서 복지제도는 '가난한 사람'이 아닌 '노인'을 주 대상으로 삼고 있기 때문이다. 그들은 웬만큼 가난하더라도 극빈층이 아닌 이상 복지제도의 대상이 되기는 어렵다"고 반박한다.

특히 한국의 경우에는 대부분의 복지제도에서 외국인은 특수한 경우를 제외하면 배제되고 있다. 국가가 가난한 사람들에게 생계비, 주거비, 교육비, 의료비 등을 지원해 최소한의 인간다운 생활을 보장해주는 '국민기초생활보장수급제도'를 살펴보면 원칙적으로 외국인은 이 제도의 혜택을 볼 수 없다. 물론 예외적으로 외국인이 한국인과 가족을 이뤘다면, 가족이 기준을 충족할 경우 가족구성원들은 제도의 혜택을 볼 수 있다. 외국인이 기초수급자가 될 수도 있는데, 한국인과 결혼해 한국 국적의 미성년 자녀를 키우고 있다면 가능하다. 하지만 이 경우에도 소득 인정액과 부양의무자 등에 있어서 기준이 충족돼야 한다. 즉, 수급자가 되려면 최저생계비보다 더 적은 돈을 벌면서, 생계를 부양해줄 가까운 가족도 없는 등 정부에서 마련한 규정에 부합해야 해 사실상 선정되기가 쉽지 않다.

설령 외국인이 기초수급자가 되더라도 혜택 정도는 극빈층에게 최소한의 생계만 이어갈 수 있도록 보장해주는 수준이라 많지도 않다. 2015년 최저생계비는 1인 가구를 기준으로 61만 7281원인데, 2015년 상반기까지 적용되는 국민기초생활보장사업(2015년 7월부터는 법 개정에 따라 '중위소득'이라는 기준을 새로 적용해 '맞춤형 급여' 체계로 운영)에 따르면 가구의 소득 인정액이 최저생계비 이하여야 기초수급자에 선정될 수 있다. 의료혜택 등 현물로 지급되는 각종 혜택을 제외하고, 정부가 현금으로 지급하는 '현금급여 기준(수급자가 받을 수 있는 최고액의 현금급여 수준)'은 1인 가구의 경우 한 달에 49만 9288원이다. 수급자로 선정된 개별 가구는 이 현금급여 기준에서 해당 가구의 소득 인정액을 뺀 금액을 매월 생계비로 지급받게 된다. 결국 외국인이건 한국인이건 매달 최저생계비에도 못 미치는 금액을 벌어 기초수급자로 선정되는 것도 어렵지만, 선정돼도 풍족한 지원은 받지 못하는 셈이다.

다른 제도는 어떨까. 어려운 사람에게 제공되는 복지제도로는 '긴급복지지원제도'가 있다. 저소득층이 가족구성원 중 주 소득자가 갑작스런 사유로 돈을 벌지 못하게 됐을 때, 정부가 생계나 의료 등을 일시적으로 지원하는 제도다. 일부 외국인도 제도의 혜택을 받을 수 있다. 외국인이라도 한국인과 결혼한 사람, 한국인과 결혼했다가 이혼하거나 사별한 사람으로서 한국인 자녀 혹은 시부모를 돌보고 있는 사람, 난민으로 인정받은 사람, 본인의 귀책사유 없이 화재나 범죄, 천재지변으로 피해를 입고 있는 사람이 그 대상이 될 수 있다.

하지만 이 제도 역시 단순히 '갑작스런 어려움'이라는 모호한 사유로 모두 지원할 수 있는 것이 아니며 지원 요건인 '위기사유'가 정해져 있다. 우선 주 소득자가 사망, 가출, 행방불명, 구금시설에 수용되는 등의 사유로 소득을 상실해 가구 소득이 최저생계비 이하인 경우다. 혹은 중한 질병 또는 부상을 당한 경우, 가족구성원으로부터 방임, 유기되거나 학대를 당한 경우, 가족구성원으로부터 폭력이나 성폭력을 당한 경우, 화재나 재난으로 현 거주지에서의 생활이 곤란하게 된 경우 등이 해당한다. 정작 현실에서는 새로운 곳에서 열심히 일해보겠다고 온 이주자들 중 이러한 극단적인 사례에 마주하는 경우는 많지 않다.

반면 노인의 경우 복지혜택이 더욱 많다. 똑같이 형편이 어렵더라도 노인은 대부분 근로능력이 없다고 판정돼 복지혜택을 비교적 쉽게 누릴 수 있다. 노인들은 지하철도 무료로 탈 수 있으며 기초연금도 지급된다. 물론 한국의 경우 노인 빈곤률이 세계에서 가장 높은 수준이며 노인에 대한 복지혜택이 선진국에 비해 풍족하지는 않지만 말이다. 어쨌든 대부분 선진국에서는 복지의 중심이 빈곤층이 아닌, 노인을 향하고 있다.

관건은 대개 저숙련 이주노동자들은 노인이 아니라는 것이다. 이주자들은 애초부터 노인복지를 비롯해 대부분 복지제도의 대상 밖에 있지만, 설령 제도 내에 편입되더라도 일하는 연령대인 경우가 많아 65세 이상에게나 주는 기초연금과 같은 혜택을 받기는 매우 어렵다. 법무부의 체류외국인실태조사(2013)에서 고용허가제로 들어온 외국인 근로자를 표본추출해 연구한 결과, 조사대상이 된 모집단 22만 6868명 가운데 20대가 10만 8201명으로 가장 많았다. 30대는 9만 3712명으로 그 뒤를 이었고, 40대는 2만 1050명, 50대는 2436명, 60대 이상은 1469명으로 극소수에 불과한 것으로 조사됐다. 오히려 일을 하면서 세금을 내고 정부의 복지재정에 기여하는 연령대가 이주자들의 주요 분포를 이루고 있었다.

게다가 이주자에게는 복지수혜에 대한 제도적인, 법적인 장벽도 만만치 않다. 미국의 경우 영주권자가 최소한 5년은 거주해야 연방 정부의 복지 지원 프로그램을 받을 수 있도록 법적으로 규정하고 있다. 이런 프로그램은 '도움이 필요한 가족에 대한 일시적인 지원Temporary Assistance for Needy Families'과 저소득층 급식 프로그램인 '푸드 스탬프Food Stamp'는 물론이고 '소득보장Supplemental Security Income', 의료보장제도인 '메디케이드Medicaid'와 '아이들의 건강 보장 프로그램Children's Health Insurance Program'을 포함해서 모두 마찬가지다. 이 법에서는 이주자를 초청하는 친척이 이주자가 최초 체류하는 5년간은, 필요할 경우 그를 지원한다는 서약서에 서명하도록 하고 있다. 그러나 물론 불법체류자들은 연방 정부의 복지 프로그램의 도움을 받을 수 없다.

예외적으로 외국에서 태어난 모든 거주자는 미국에서 합법적으로 출입국을 허가받지 않은 상태라고 하더라도 그들의 자녀를 공립학교에 보낼 수 있고 응급의료를 받을 수 있다. 즉, 아이들에 대해서만 최소한의 복지를 지원하고 있는 것이다. 이것은 대부분의 선진국에서도 마찬가지인데, 한국도 아동에게는 교육권 등 최소한의 인권을 보장하고 있다. 물론 이주자가 '귀화한 시민naturalized citizen'이 될 경우, 그는 미국에서 태어난 미국인과 같은 혜택을 누릴 수 있다. 그 혜택의 범위는 난민이나 망명자에게도 허용된다. 이것은 그들이 망명 과정에서 트라우마로 고통받았기 때문에 그들 자신이 입국 즉시에 스스로를 부양하는 것은 어려울 것이라는 가정에 기반하고 있다.

결론적으로 아예 그 나라 국민으로 귀화하거나 한창 자라나는 아이가 아니라면, 실제로 이주자라고 해서 복지제도의 수혜자가 되는 경우는 거의 없다.

특히 한국의 경우 외국인에게는 보육료, 기초생활보장수급비, 기초연금 등 주요 복지혜택이 예외인 경우를 제외하면 제공되지 않는 데다 다른 영미권 선진국들과 비교하면 복지제도도 덜 발달한 상태다. 그렇기에 일반 이주노동자들은 복지제도의 혜택을 볼 가능성이 극히 적다.

물론 특정 이주자들에게 혜택을 제공하고 있는 것은 사실이다. 국내 복지제도의 특징은 다른 노동자나 유학생 등 이주자들에 대해서는 복지혜택이 거의 없는 반면, 결혼이민자에 대해서는 세계적으로 유례없는 많은 혜택을 주며 특별대우를 하고 있다. 여성가족부에서는 결혼이민자의 가족 등 '다문화가족'을 위한 '다문화가족지원센터'를 설치해 2015년 기준 전국에 총 217개를 운영하고 있다. 당초 정부는 결혼이민자가족의 적응을 돕기 위해 2006년 국비로 '결혼이민자가족 지원센터'를 만들어 운영하기 시작했고, 2008년 3월에 다문화가족지원법이 제정돼 9월에 시행되면서 '다문화가족지원센터'로 명칭을 바꾸었다. 이곳에서는 다문화가족의 안정적인 정착과 가족생활을 지원하기 위해 가족 및 자녀 교육과 상담, 통·번역 및 정보제공, 취업을 비롯한 역량강화 지원 등 종합적인 서비스를 제공하고 있다.

이처럼 정부가 특정 그룹, 결혼이민자에게만 복지혜택을 몰아주는 이유는 한국사회 특유의 가부장적 정서의 영향이라는 분석도 있다. 한국의 결혼이민자들은 상당수가 동남아시아나 중국 등 저개발국 출신 여성이며, 한국에 일자리가 없는 상태에서 결혼을 매개로 들어온다. 이들이 한국의 농촌 총각들의 결혼 문제를 해결해주고, 한국인의 아이를 낳아 길러주며, 농촌에서 가계를 일궈주기 때문에 도움을 줘야 한다는 논리로 각종 지원사업이 확장됐다는 것이다. 한국 여성들이 기피하는 영역을 도맡아준다는 시선, 가난한 나라에서 시집왔다는 동정심, 언론에 보도되는 결혼이민자 부적응 사례에 대한 대책 마련의 시급성 등이 뒤섞이면서 어느새 결혼이민자에게 지원되는 각종 복지혜택은 다른 한국인들에 대한 혜택을 뛰어넘는다는 지적도 나오곤 했다.

이 같은 복지제도 설계로 인한 문제에 여러 가지 비판이 제기됐다. 우선 혜택을 보는 사람과 비용을 지출하는 사람이 불일치한다는 것이다. 홀로서기가 불가능한 결혼이민자를 무작정 데려오는 것으로 인한 혜택은 한국인 배우자와 그의 가족이 받는다. 반면 그들을 지원해야 할 책임은 국가가 진다. 결국 세금을 내는 사람과 혜택을 보는 사람이 일치하지 않는다.

아울러 이로 인해 사회에 이주자에 대한 반감 정서가 형성됐다는 것도 간과할 수 없다. 한국사회에서는 다문화가족에 대한 혜택이 지나치다고 반발하며 수많은 '반다문화' 모임들이 생겨났다. 똑같은 형편에 있더라도 결혼이민자가 외국 출신이라는 이유로 더 많은 혹은 별도의 혜택을 받는다면, 제도가 공정하고 합리적으로 보이지 않을 수 있다.

결국 일반적으로는 이주자라고 해서 무작정 복지재정에 부담이 되는 것은 아니지만, 한국에서는 결혼이민자 지원에 지나치게 치중한 나머지 복지에 대한 우려와 반감도 나타나고 있는 것이다. 즉, 이주자가 유입되면 복지재정이 과중될 것이라는 우려는 어느 정도 수긍할 부분도 있는 것이다. 하지만 결혼이민자라고 해서 모두 일을 하지 않고 복지지원만 받는 대상은 아니며, 일자리를 갖고 돈을 버는 사람들도 점점 많이 생겨나고 있다.

그렇다면 우리는 보다 냉철하게 분석해봐야 한다. 이주자의 유입으로 인한 한국의 재정상태는 전반적으로 손해인지 이득인지, 그리고 어떤 이주자에게 어떤 복지를 제공하는 게 합리적인지 말이다. 면밀한 계산 없이 '소외계층지원'이라는 현상에만 맞춰서 기형적으로 복지제도를 설계할 경우 오히려 사회 분열을 획책하고 갈등을 야기하며 불신과 반목을 부추길 수 있다.

젊은 이주자와
사회적 이득의 관계

오늘날 대부분의 이주자는 '복지'가 아닌 '일'을 통해 더 나은 삶을 건설하려는 사람들이다. 그들은 보다 나은 삶의 환경을 원하며 괜찮은 일자리와 경제적인 기회를 얻기 위해 새로운 나라로 온다. 대부분이 일을 할 수 있는 연령대이며, 새로운 나라로 갈 때 '복지혜택'이 아닌 '고용의 기회'에 가장 큰 방점을 두고 떠난다. 그렇기 때문에 이주자들은 대부분이 젊은 사람들이다. 특히 열심히 일을 해 새로운 삶을 개척해보겠다는 사람들로 건설된 '이민자의 나라' 미국은 더욱더 그렇다. 미국 카토 연구소 Cato Institute의 대니얼 그리스월드 Daniel Griswold는 심지어 "오늘날 미국에서 사는 전형적인 외국 출생의 성인 거주자는 전형적인 미국 출생의 사람보다 더 노동시장에 많이 참여하는 경향이 있다"고 말한다.

미국 노동부 자료에 따르면 2014년 미국에 사는 사람들 중 외국 출생의 노동시장 참여율은 66%로 미국 출생의 참여율(62.3%)보다 높았다. 특히 같은 연도에 외국에서 출생한 남성의 노동시장 참여율은 78.7%로 미국에서 출생한 남성(67.4%)보다 훨씬 높았다(물론 여성의 경우 노동시장 참여율이 외국 출생은 53.9%, 미국 출생은 57.5%로 이주자가 다소 낮았다). 어쨌거나 평균적으로 이주자가 일을 하는 비율이 더 높았다는 것이다.

한국의 경우도 마찬가지다. 통계청이 '2014년 외국인고용조사 결과'에서 2014년 5월 11~17일 국내에 상주하는 15세 이상 외국인 1만 명을 대상으로 표본 조사를 통해 경제활동 상태를 조사한 결과에 따르면 이들의 경제활동 참가율은 71.4%였다. 비자 종류별 경제활동 참가율은 비전문취업(E-9)이 99.8%, 전문인력(E-1~E-7)이 99.7%로 가장 높았다. 그다음으로는 방문취업(H-2)이 85.9%, 영주(F-5)가 74.1%, 재외동포(F-4)가 63.3%, 결혼이민(F-2-1, F-6)이 50.7%, 유학생(D-2, D-4-1)이 11.2% 순(기타는 49.1%)이었다.

한국인은 외국인에 비해 경제활동 참가율이 오히려 낮은 것으로 나타난다. 연령 등의 기준에 다소 차이가 있지만 통계청의 '경제활동 인구조사'에 따르면 국내 인구 중 15~64세 경제활동 참가율은 2014년을 기준으로 67.8%였다. 외국인에 비해 오히려 3.6%포인트 낮은 셈이다.

미국의 경우 특히 남성 불법체류자의 노동시장 참여율은 매우 높다. 미국 퓨 히스패닉 센터 Pew Hispanic Center 제프리 파셀 Jeffrey Passel 박사의 연구(2006)에 따르면, 2005년 3월을 기준으로 일하는 연령대인 18~64세 불법체류자 남성의 94%는 민간 경제활동에 참여하고 있었다. 이 비율은 합법이주자 남성(86%)과 원주민 남성(83%)에 비해 높았다. 이렇듯 불법체류 중인 남성의 거의 대부분이 일하려는 경향을 보인다는 것은 이주의 목적이 단순히 '그 나라의 보호를 받는 사람'이 되는 것이 아님을 시사한다. 미국의 저숙련 이주노동자들이 불법으로 입국하는 최우선적 목적은 사적인 경제를 통해 돈을 얻기 위해서다. 즉, 이주자들은 대부분 일을 해서 돈을 버는 것을 목적으로 이주했기 때문에 일을 하는 경향이 있는 것이다.

이주자들이 젊은 또 하나의 이유는 나이든 사람일수록 자신의 터전을 떠날 결심을 좀처럼 하지 않는다는 것이다. 젊고 일할 의지가 있을수록 새로운 곳으로 떠날 가능성이 높다. 그렇기에 궁극적으로 이주자들은 복지의 대상이 될 연령대가 아니다. 오히려 이들은 새로운 나라에서 일을 하면 세금을 내야 하기에, 복지에 '기여'하지 기댈 수는 없는 입장인 셈이다.

이주자들은 젊다는 점 때문에 국가의 복지재정에도 많은 기여를 한다. 우선 이주자는 합법체류자이건 불법체류자이건 세금을 내고 정부의 서비스를 이용한다. 일을 하는 사람들은 이자, 배당, 사업(부동산 임대), 근로, 연금 기타 소득 등에 대해 '종합소득세'를 내게 된다. 물건을 살 때는 간접세를 내게 되는데, 물건값에는 '부가가치세'가 포함돼 있다. 이주자들이 생활하면서 물건을 살수록 세금도 그만큼 낸다는 것이다.

또한 이주는 정부의 노인복지제도에 긍정적인 효과를 준다. 그들은 일을 시작할 연령대에 도착해서 당장 돈을 내기 시작하지만, 이로 인한 비용은 수십 년 후 미래에 얻게 되거나 아예 거두지 못하게 될 것이기 때문이다. 미국에서는 놀라울 정도로 수많은 불법체류자들이 사회보장세를 내지만 그 혜택을 얻을 조건은 갖추지 못하고 있다. 미국의 2011년 사회보장 신탁관리 보고서Social Security Trustees Report에 따르면 이주자가 30만 명씩 증가할수록 사회보장시스템의 지불능력은 1년씩 추가된다. 이주자는 노동자 대 은퇴자의 비율을 장기적으로 낮춰서 정부가 은퇴 프로그램을 유지하는 것을 돕는다.

미국 카토 연구소의 그리스월드는 아이러니하게도 불법이주는 합법이주에 비해 사회보장시스템에는 더욱 순이익이 될 수 있다고 말한다. 불법체류자는 불법체류 상태이므로 미국에서 몇 년을 일하든 혜택을 얻을 수 없기 때문이다. 아울러 그는 사회보장 행정당국은 불법체류자 중 4분의 3 정도는 실제로 어떤 방식으로든 사회보장시스템에 돈을 지불하는 것으로 추정한다고 덧붙인다. 물론 모든 이주자가 사회보장시스템에 도움이 되는 것은 아니다. 장기적으로는 합법적으로 들어온 저숙련·저임금의 이주자들, 또는 미국에서 이민개혁을 통해 합법체류자가 된 사람들은 사회보장시스템의 진보적인 특성으로 인해 자신들이 낸 세금보다 더 많은 혜택을 볼 수 있을지 모르기 때문이다. 미국 사회보장자문위원회 Social Security Advisory Board의 2005년 보고서에서도 "이주가 사회보장의 저축에 만병통치약이나 공짜 점심이라고 보진 않는다"고 한 이유다.

실제로 한국에서도 대다수 젊은 이주자들이 '외국인이라는 이유로' 복지혜택에서 배제되는 경우가 많지만, 결혼이민자는 '결혼이민자라는 이유로' 별다른 재정적 기여 없이 많은 혜택을 보기도 한다. 어떤 측면에서는 이주가 복지재정에 만병통치약이 될 수 없는 이유다. 중앙정부 차원이 아닌, 지자체에서 자체적으로 실시하는 지원사업을 합하면 더욱 그러하다. 즉, 모든 이주자들이 복지재정에 도움이 되는 게 아닌 것은 한국도 매한가지다.

그럼에도 불구하고 이주자가 젊다는 사실은 복지 지출에 대한 우려에 많은 점을 시사한다. 저출산·고령화 시대에는 노인 인구가 빠르게 증가하는 반면 젊은 세대는 빠르게 줄어들고 있다. 이때 이주자들은 노동자의 공급이 줄어드는 현상을 완화할 수 있으며, 인구학적인 관점에서 젊은 노동자와 나이든 노동자가 균형 잡힌 구성을 이루도록 해준다. 또 이주자가 일을 하고 있다면, 대부분의 직장에서는 법적인 의무사항으로 건강보험에 가입하기 때문에 건강보험의 혜택을 받을 수 있다. 사람들은 그들이 건강보험에 많이 가입하면 건강보험에서 지출되는 의료비도 많을 거라고 지레짐작하지만, 실은 그 반대다. 젊고 일할 의욕이 있는 사람들일수록 오히려 나이 들고 병이 들었다는 등의 이유로 일할 여건이 안 되는 원주민, 또는 일할 의욕이 없는 수많은 원주민에 비해 건강하다.

한국의 경우 전 국민을 대상으로 건강보험제도를 실시하고 있지만, 미국의 경우에는 빈곤층이나 노인, 직장인 등에 따라 각각 다른 보험을 적용하고 있다. 미국에서 불법체류자들은 저숙련 노동자이고 저임금을 받는 데다 건강보험에 가입하지 못한 경우가 많아 그들의 응급의료에 필요한 비용을 지원할 때는 세금 납부자들의 돈을 쓴다는 비판이 제기되곤 한다. 그럼에도 불구하고 전반적으로 불법이건 합법이건 일을 하는 이주자는 건강하기 때문에, 건강보험에 가입하면 재정에서 지출하는 것보다 더 많이 기여할 가능성이 크며, 설령 기여하지 않더라도 손실을 끼치는 폭은 크지 않다.

이주자가 얼마나 더 건강하냐를 떠나서 공적인 건강보험재정에서 더 적은 비용을 지출한다는 연구도 있다. 랜드 코퍼레이션 Rand Corporation 소속의 데이나 골드만 Dana Goldman 박사팀의 연구(2006)에 따르면 이주자들은 미국 원주민에 비해 건강보험재정에서 더 적은 금액을 지출했다. 2000년을 기준으로 카운티의 인구 중 18~64세는 45%를 차지했지만 이들이 건강보험재정 지출에서 차지하는 비중은 33%로 적었다. 이와 비슷하게, 불법체류자들은 노인을 제외한 성인 인구에서 12%를 차지했지만 건강보험재정 지출에서는 6%밖에 차지하지 않았다. 외국에서 태어난 사람(특히 불법체류자)들은 불균형적으로 의료 서비스를 적게 이용하고 인구 비율에 비해 건강보험에서 적게 지출한다. 이것은 그들이 비교적 건강하고, 건강보험에 적게 가입돼 있기 때문이다. 연구진은 "외국에서 태어난 거주자들은 공적인 보험의 도움(메디케어 혹은 메디케이드)을 덜 받고, 미국 원주민에 비해 자체적인 현금으로 더 많은 비용을 낸다. 이런 패턴은 불법체류자에게서 더 많이 관찰되는 경향이 있다"는 결론을 내렸다.

우리도 무작정 "저출산·고령화 사회에 이주가 해답이다"라고 관념적인 구호만 외치기 전에 사회에 유입된 이주자들이 정부재정에 어떤 영향을 미치고 있는지, 이들을 유입하는 게 국가에 순이익인지 순손실인지 따져봐야 한다. 그래야 "이주자 유입으로 인해 국가재정이 거덜 난다"는 우려가 타당한지 합리적으로 따져보고, 장기적으로 지속가능한 국가의 미래를 설계할 수 있다.

이주자 교육비,
이익인가 손실인가

이주자들에게 들어가는 비용 중 많은 사람들의 눈에 띄는 것이 바로 공교육이다. 불법체류자를 포함해 모든 이주자의 자녀는 공교육을 받는 게 보장되고 있다. 자녀들이 불법으로 입국했더라도 말이다. 물론 법이나 제도로 보장되는 것과 실제 현실에서 불법체류자들이 아이를 학교에 보낼 여건이 되는지는 별개의 문제다. 어쨌거나 이주에 비판적인 사람들은 이런 이민 1, 2세대들을 교육하는 데 들어가는 비용이 사회에 부과되는 가장 큰 비용이라고 말한다.

미국 카토 연구소의 대니얼 그리스월드는 정부가 이주자와 그들의 자녀들에 대해 쓰는 재정을 측정할 때, 공적인 담론에서 종종 간과되는 몇 가지 요소가 있다고 말한다. 우선 이주자의 자녀들은 시민으로 자란 뒤 장차 세금 납부자가 될 것이라는 점이다. 즉, 이주자들의 자녀를 교육하는 것은 실제로 '투자'인 셈이다. 교육은 이들이 차후 성인이 됐을 때 생산성과 수익, 세금 납부율을 높일 수 있도록 도와주기 때문이다. 다시 말하면 이들이 교육을 잘 받을수록 향후 돈도 많이 벌고 국가에 기여할 가능성이 높아진다. 결국 이들에게 교육비를 지출하는 것은 그렇지 않은 것보다 이득이다.

미국 국립연구회의 NRC, National Research Council 연구에서는 이민1세대의 교육 정도에 상관없이 이주자 후손과의 재정적인 균형은 긍정적일 거라고 추정했다. 이주자의 자녀를 교육하는 데 들어가는 눈에 띄는 비용이 얼마이든 현재 가치로 환산했을 때 자녀들이 자라서 세금을 납부함으로써 국가에 돌아오는 이익이 더 크다는 것이다. 게다가 그들이 세금을 납부하기까지는 수십 년씩 기다릴 필요도 없다. 연구에서는 "이주자들은 자신의 생애에서 후손들이 미치는 상당한 영향을 경험하게 된다"고 지적한다. 이주자의 후손들은 교육이라는 투자를 받으면 빠른 시일 내에 이익을 가져다준다는 것이다.

한국에서는 보통 8세에 초등학교를 입학해 19세에 고교교육을 마친다. 공교육은 중학교까지지만, 초·중·고교의 교육기간을 따지면 총 12년간의 교육을 받는 셈이다. 그 아이가 교육을 마친 뒤 20대에 직장생활을 시작할 경우 중간에 실직하지 않으면 최소한 30년은 노동시장에서 일하면서 종합소득세를 비롯해 다양한 세금을 납부한다. 성인이 된 아이는 교육을 잘 받아 번듯한 직업을 가질수록 많은 세금을 납부할 것이다. 그러면 12년간 지원한 교육비보다는 이들이 30년 내외간 내는 세금이 더 많지 않을까? 경제적인 기여 외에 사회적인 네트워크와 문화적인 기여 등 무형의 가치까지 따지면 더 많을 것이다.

한국인의 자녀건, 합법적인 이주자의 자녀건, 불법체류자의 자녀건 국가가 이들을 받아들여 제대로 교육시켰을 경우 발생하는 효과는 대체로 비슷하다. 물론 이들 중 일부는 나쁜 행동을 하거나 바람직하지 못한 성인으로 자랄 수 있다. 하지만 대부분의 사람들은 사회에 긍정적인 방식으로 기여하며 살아갈 것이다. 유망한 사업체를 설립하고 혁신적인 기술을 개발하며 수많은 한국인에게 롤모델이 될지 모른다. 외국인이 한국인으로 귀화할 경우 군대에 입대하고 국제관계에 기여하는 외교관이 될 수도 있다. 이들의 노동으로 인해 국가는 연금재정과 세금 수입에도 이득을 볼 수 있다.

게다가 어린 시절부터 우리나라의 교육체계 안에서 교육을 받았다면 같은 이주자라도 성인이 돼서야 건너온 사람보다 훨씬 더 국가와 사회에 대한 이해도가 높고, 자신이 새로 정착한 나라에 대한 애착도 더욱 클 수 있다. 국가의 입장에서는 이왕 이주자를 받아들여야 한다면 한국에 대한 이해와 애착이 깊은 아이들을 받아들여 잘 자라도록 지원한 후, 우리 사회에 기여할 수 있도록 기회를 주는 것이 현명한 선택일지 모른다.

그렇다면 당신은 이렇게 반박할 수 있다. 수많은 이주자의 자녀들을 우리 교육시스템 안으로 끌어들여 지원하기에는 그곳에 들어가는 예산이 아깝다고 말이다. 이들을 잘 교육시켜서 훌륭한 사람으로 키우면 좋겠지만 거기에 필요한 세금을 왜 다른 사람이 부담해야 하냐는 것이다. 혹은 이주자 자녀로 인해 학생들의 수가 늘어나면 결국 교실당 학생 수가 증가해 학업환경이 저하되고, 학교의 인프라를 확충해야 한다고 걱정할 수 있다.

하지만 이주자 자녀의 교육을 이야기할 때 고려해야 할 또 다른 요소는 국가 전체적으로 봤을 때 공립학교에 등록한 이주자의 자녀들이 학교를 가득 차게 만들지는 않는다는 것이다. 보통 이주자는 원주민의 출산율이 인구학적으로 하락하는 것을 상쇄시키는 역할을 하지만, 그렇다고 학령기 아이들의 수를 급증하게 만들지는 않는다. 미국의 사례를 보면 12학년까지(초·중·고 개념) 공립학교에 등록한 아이들의 비율은 베이비붐 세대들이 공교육시스템에 진입하던 때인 1950년대부터 1970년대까지 최대치를 이뤘다. 그러나 1990년 이후 합법 혹은 불법이주자들이 대거 유입됐음에도 불구하고 공립학교에 다니는 아이들의 비율은 베이비붐 세대가 공교육에 진입했던 시기에 미치지 못했다.

물론 이주자의 공교육 진입으로 인해 부정적인 영향이 발생한다는 연구 결과도 나오고 있다. 류이치 다나카Ryuichi Tanaka 일본 정책연구대학원대학 교수팀의 연구(2015)에서 1990년대 후반부터 2000년대 후반까지 대규모 이주를 경험한 스페인의 사례를 살펴본 결과, 원주민들은 이주자 자녀들이 꽤 많이 유입된 공립학교에서 탈출하려고 하는 경향이 있다는 것이 발견됐다. 아울러 학교에서 학생 1인당 사용하는 공적 지출이 크게 줄어들 것으로 예상되기도 했다.

프란체스크 오르테가Francesc Ortega 미국 퀸스칼리지 교수팀도 연구(2015)에서 비슷한 견해를 제시했는데, 이들은 이주자의 공교육 진입에 대해 정치·경제적인 함의가 발생한다고 설명한다. 첫 번째는 이주자들은 원주민들이 광범위한 맥락에서 사립학교로 도주하도록 촉발시켰다는 것이고 두 번째는 학교 선택에 이러한 변화가 생김으로 인해 대규모의 이주는 공교육에 대한 정치적인 지지를 약화시킨다는 것이다. 이로 인해 재정적인 지원과 공교육의 질이 약화되고, 결국 원주민들 중 취약계층 학생들의 교육적인 성취에 나쁜 영향을 미치게 된다는 것이다.

그럼에도 불구하고 유념할 것은 이주자의 자녀들이 공교육을 받는다고 해서 거창한 비용이 드는 것은 아니라는 점이다. 학자들은 이주자의 자녀들이 공교육에서 학생당 재정 지출을 올리는 주요 원인이 아니라고 말한다. 이주자 집안의 자녀들은 공교육시스템에 추가비용을 발생시키지 않기 때문이다. 이들을 학교에 더 받아들인다고 해서 별도의 추가비용이 드는 것은 아니다. 다만 '이주자가정'이라고 해서 더 드는 비용이 있다면 언어 보충 수업에 드는 비용 정도일 뿐이다.

미국 경제정책연구소Economic Policy Institute의 연구에 따르면 '이중 언어교육'에 지출하는 비용은 초·중·고 교육 전체의 2% 미만을 차지할 뿐이며 이러한 비율은 꾸준히 유지돼왔다. 연구에 의하면 학교교육의 지출에서 가장 큰 영향을 미치는 것은 특수교육과 간접적인 관리비용이다. 이런 것들은 이주라는 요소와는 관련이 없다. 즉, 이주자 자녀를 공교육시스템 안으로 포용한다고 해도 교실에 학생이 넘쳐나는 일은 없으며, 이들에게 들어가는 추가비용은 언어교육 정도로 그 비용은 걱정할 만한 수준은 아니라는 것이다.

이주와 교육비를 분석할 때 고려돼야 할 또 다른 요소는 이주는 국가가 지출해야 할 교육비를 다른 나라로 옮기는 효과가 있다는 것이다. 이주자들이 새로운 나라에 성인이 된 시기 혹은 학령기에 도착할 때, 그들이 이미 받은 교육은 '이미 지출된 인적 자본에 대한 투자'를 의미한다. 다시 말해 20대가 돼서 새로운 나라에 도착한 이주자들은 새로 도착한 나라의 세금 납부자들이 아닌, 본국 정부나 개인의 재정적인 지출에 힘입어 고교 교육을 마친 사람이라고 볼 수 있다. 만약 그가 애초부터 새로 정착한 나라에서 태어났다면 유치원에 입학해 졸업할 때까지 해당 나라의 원주민 세금 납부자들이 지출한 비용으로 공교육을 받았을 것이다.

사실 이주자가 자녀를 동반해서 건너왔을 때, 해당 자녀들의 교육에 내

세금이 지출되는 것 같지만 이는 알고 보면 '효과적인 투자'일 수 있다. 최소한 입국 전까지 이들의 자녀들은 본국의 공교육을 받고 왔다. 새로운 나라 입장에서는 입국 이후의 교육비만 부담하면 아이들이 성인이 되면 세금을 내며 각종 기여를 함으로써 혜택을 누릴 수 있다. 물론 양국 간 교육의 질은 다를 수 있다. 이주자나 이주자의 자녀는 언어를 비롯해 문화나 제도 등에 대해 추가교육이 필요할 수 있고, 거기에는 추가비용이 들어갈 수 있다. 하지만 이주자를 받아들인 나라의 세금 납부자들이 아끼게 된 비용은 여전히 크다. 게다가 이주자의 자녀들이 지닌 문화적인 경험과 외국어 실력은 경쟁력이자 자산이 될 수 있다. 이들이 새로운 나라에 와서 정착했을 경우 국가는 자체적으로 문화체험이나 언어교육에 투자하지 않고도 이미 이 같은 역량을 지닌 인재들을 유치한 셈이다.

그렇다면 이주자 자녀에 들어가는 교육비가 그렇게 크지 않음에도 불구하고 우리는 왜, 소위 말하는 '다문화가정'에 예산이 많이 투입되고 있다고 느끼는 걸까?

한국은 이주자들로 인해 형성된 나라가 아닌 데다, 이주의 역사가 일천하다보니 제대로 이민정책이 세워지기 전에 '다문화'라는 이름이 붙은 사업부터 시행되기 시작했다. 이런 특수한 사정으로 정부가 이민정책의 방향성과 필요성, 효과 등에 대해 분석하기 전에 이주자를 '돕자', '포용하자'는 취지의 사업부터 확장하면서 '다문화'라는 이름의 여러 사업이 시작됐고, 이주자 교육 부담이 부풀려진 측면이 있다.

한국 태생을 제외한, 본인 스스로 이주배경이 있는 아이들의 수가 많은 것도 아니다. 교육부 통계에 따르면, 2013년을 기준으로 '다문화 학생 수'는 5만 5780명이지만 이것은 한국인이 한국에서 국제결혼을 해서 낳은

'태생부터 한국인'인 학생들까지 포함한 과장된 수치다. 같은 해 기준 한국에서 태어난 국제결혼 자녀인 한국인 학생 4만 5814명을 빼고 나면 외국에서 태어나 한국에 입국한 '중도입국' 학생은 4922명, 외국인 자녀는 5044명으로, 본인이 이주배경을 지닌 아이들은 1만 명이 채 되지 않는다. 국가에서 별도로 한국어를 처음부터 가르쳐야 하는 등 언어·문화적인 특수성을 감안해 별도의 예산을 지출해야 하는 대상은 미미하다는 것이다.

물론 한국에서 이주자와 그의 자녀들에게 들어가는 교육지원이 적은 것은 아니다. 교육부는 2014년, 다문화교육에 215억 원을 지원하겠다고 발표한 바 있다. 여기에는 중도입국 학생 등에게 한국어와 한국문화 적응 프로그램을 집중적으로 제공하는 '예비학교'를 종전 52개교에서 80개교로 확대하고, 이주배경 학생(교육부의 표현에서는 '다문화 학생')들이 한국어를 배울 수 있도록 KSL Korean as a Second Language, 제2언어로서의 한국어을 운영하는 학교를 100개교로 확대한다는 내용이 담겼다.

한국 정부는 이주배경을 지닌 학생들에게 특별한 도움이 필요하다고 판단해 많은 교육지원을 하고 있다. 교육부에서는 이런 학생들의 소질과 재능을 개발하기 위해 151억 원을 투입해 대학생 멘토링사업을 실시하고, 수학·과학, 예체능 등에 우수한 자질이 있는 학생을 발굴해 전문적으로 교육하는 '글로벌 브릿지사업'도 실시하고 있다. 학생이 희망하는 경우 직업교육을 받을 수 있는 기관도 운영하며 이중 언어교육과 이중 언어 말하기 대회도 연다. 이외에도 모든 학생을 대상으로 문화이해교육, 반편견·반차별 교육, 세계시민교육을 하는 '다문화교육 중점학교' 120곳(2014년 기준)을 지정해 운영한다. 이렇게만 보면 국내에 이주자들이 증가할수록 관련 사업도 증가하며, 예산도 불어날 것으로 보인다.

하지만 유념해야 할 점은, 이것은 '정부가 만든 사업'일 뿐이지 이주로 인해 불가피하게 수반돼야 할 비용은 아니라는 것이다. 즉, 이주배경 학생들이 늘어난다고 해서 꼭 이들만을 위한 전문교육과 멘토링사업을 벌여야 할 필요는 없다. 이들에게 외국어를 일부러 가르쳐주는 '이중 언어교육'을 꼭 실시해야 하는 것도 아니다. 한마디로 이런 사업에 돈이 많이 들어간다면 이것은 이주배경 학생들 탓이 아니라 정부의 '사업 확장' 탓이라는 것이다.

한국 정부가 실시하는 전문교육과 멘토링사업 역시 사실 모든 학생에게 실시하면서 이주배경 학생도 포함시킨다면 별도의 비용이 많이 들어가는 것처럼 보이지 않는다. 다문화교육도 모든 학생에게 필요한 만큼, 꼭 이주배경 학생들로 인해 드는 비용은 아니다. 정부가 모든 학생을 대상으로 실시하거나 실시해도 될 사업들을 생색내기 식으로 '다문화사업'이라는 별도의 이름으로 분리하고 사업비를 책정하지 않는다면, 실제로 이주배경 학생들에게 들어갈 교육비는 적어도 필요 이상인 것처럼 과도해 보이지 않을 것이다.

이주자 유입, 이익과 손실의 경계

당신은 이렇게 반박할지 모른다. 이주자들을 받아들였을 때, 이들은 기초생활보장수급비나 기초연금 등 사회적 약자에게 지급되는 복지비용을 챙겨가기 어려울지 모르며, 이주자의 자녀에게 엄청나게 많은 교육비가 들어가지 않을 수 있다. 하지만 수많은 이주자들이 한국사회에 들어옴으로써 복지비용 외에 다른 여러 비용이 생겨나지 않을까?

이때 생각해볼 점은, 정부가 지출하는 비용 중 상당 부분은 '비非경합적'이라는 것이다. 인구가 늘어난다고 해서 정부가 쓰는 비용이 똑같은 수준으로 증가하는 것은 아니다. 국방예산이 가장 두드러진 예인데, 설령 하룻밤 사이에 나라의 인구가 2배가 된다고 해도 현재의 군시스템은 여전히 나라를 지킬 수 있다. 이주자들이 들어온다고 해서 국가가 지출해야 하는 비용도 같은 정도로 배가되는 것은 아니라는 것이다.

사회 곳곳에 들어가는 비용도 마찬가지다. 이주자의 수가 늘어난다고 해서 도로나 공공화장실 등을 더 넓혀야 하는 것은 아니다. 사회에 기본적으로 구축된 인프라는 사람 수에 크게 영향을 받지 않는다. 쉽게 말해서 혼자 자취를 하더라도 웬만한 가정용품은 모두 다 필요한데, 내가 사는 집에 한두 명이 추가로 입주해 생활한다고 해서 그들의 머릿수와 똑같은 양으로 가정용품이 배가돼야 하는 것은 아니라는 것이다. 이들은 본인의 수저 정도만 갖고 오면 같은 집에서 가정용품을 나눠 쓰면서 생활할 수 있다. 이주자들의 유입도 마찬가지다.

설령 이주자들이 늘어나서 이들로 인해 국가가 우리 사회에 지출해야 할 비용이 많아졌다고 치자. 이때 유념해야 할 점은 이주자들이 모두 '아무 비용도 지출하지 않고' 이 사회에서 생활하는 것은 아니라는 것이다. 한마디로, 이주자도 세금을 낸다. 일을 하면 당연히 그중 일부가 근로소득세가 포함된 '종합소득세'의 일환으로 세금으로 납부된다. 이주자들은 여러 가지 물건을 소비할 때마다 물건값에 포함된 부가가치세를 냄으로써 간접세도 낸다.

또 이주자들을 고용한 고용주는 이들을 고용함으로 인해 경제적인 이득을 얻고, 이와 관련된 세금을 납부한다. 고용주는 이주자를 고용해서 얻는 사업상 이익이 올라갈수록 얻는 소득이 많아지기 때문에 더 많은 세금을 내게 된다. 결국 이주자들의 수가 증가할수록 이들이 직접 내는 비용이건 타인이 이들로 인해 내는 비용이건, 세수 자체도 증가한다.

그럼에도 불구하고 분명한 사실은 이주자들은 정부에 어떤 식의 비용이라도 발생시킨다는 점이다. 이때, 당신은 알고 싶다. 이주자들은 우리나라에 순전한 이득인가 손실인가. 다시 말해 이주자들이 세금도 내고 비용도 발생시키는 것은 알겠지만, 그렇다면 이들을 받아들이는 게 이익이냐 손해이냐는 것이다. 우선 이주자들의 유입과 관련된 재정적인 비용을 측정할 때 주목해야 할 부분은 이주는 '다세대적인multigenerational', 즉 여러 세대가 걸친 현상이라는 것이다. 이주자가 아이를 낳으면 정부는 아이가 다닐 수 있는 공교육을 제공해야 한다. 이러한 이민2세대들은 향후 사회를 구성하는 시민이 될 수 있으며, 이들이 노동시장에 진입했을 때 세금을 내는 사람들이 된다. 이처럼 이주의 재정적인 영향에 대해 포괄적으로 연구하려면 단기적인 효과뿐 아니라 장기적인 효과까지 두루 살펴봐야 한다.

미국의 국립연구회의에서는 1997년에 이주의 영향에 대해 가장 포괄적이고 권위 있는 연구를 진행한 적이 있다. '새로운 미국인들: 이주의 경제적인, 인구학적인, 재정적인 효과The New Americans: Economic, Demographic, and Fiscal Effects of Immigration'라는 연구다. 이는 '조르단 위원회Jordan Commission'라는 이민개혁위원회Commission on Immigration Reform의 요청에 의해 연구된 보고서로, 뛰어난 경제학자들이 이주자의 교육 수준별로 이주한 당사자뿐 아니라 후손까지 고려해 미래의 재정적인 영향까지 내다볼 수 있게 이주의 모든 주요 요소를 측정했다. 전문가들은 이 연구가 오래전 자료이긴 하지만 이주의 재정적인 영향을 측정하는 데 굉장히 중요한 틀을 제공한다고 말한다. 이 연구에서 발견된 것은 여전히 유용한 벤치마킹 대상을 제공해주고 있다.

연구의 주요 결과를 소개하자면 다음과 같다.

첫째, 이주자들과 그들의 후손은 미국에 재정적인 순이익net fiscal gain이라는 것이다. 이주자와 그들의 후손들은 전체적으로 봤을 때 정부에 현재(연구 당시) 가치에 있어서 8만 달러라는 재정적인 이익을 보인다. 이주자가 고교교육보다 더 높은 교육을 받았을 경우 19만 8000달러, 고교 졸업장을 지녔을 경우 5만 1000달러의 재정적인 이익을 준다. 물론 고교교육보다 적은 교육을 받은 사람들은 1만 3000달러의 손실인 것으로 나타났다.

이주자 본인만 고려하면 전체적으로 3000달러의 재정적인 손실을 가져왔는데, 세부적으로는 고교교육을 못 받았을 경우 8만 9000달러, 고교교육까지 마쳤을 경우 3만 1000달러의 손실이었다. 하지만 고교교육보다 더 높은 교육을 받았을 경우 10만 5000달러의 이익이었다. 반면 이주자의 후손들은 이주자의 교육 수준에 관계없이 모두 순이익이었고, 전체적으로도 8만 3000달러의 이익이었다. 이주자의 교육 수준을 기준으로 봤을 때 후손들의 재정적인 영향은 고교교육을 마치지 못했을 경우 7만 6000달러, 고교교육까지 마쳤을 경우 8만 2000달러, 고교교육보다 더 높은 교육을 받았을 경우 9만 3000달러의 이익이었다.

둘째, 대부분 이주자들은 전형적인 미국인보다 교육을 덜 받았는데, 그들의 자녀들은 윗세대보다는 교육을 잘 받은 경향이 있다. 이주자들의 '더 잘 교육받은 자녀들'은 돈을 더 잘 벌고 더 많은 세금을 납부하는데, 이것은 그들의 부모가 은퇴함으로써 써야 하는 비용들을 되갚아주는 것을 돕는다. 즉, "세금을 내는 아이들은 그들의 이주자 부모의 생애주기와 겹치며, 그들이 자신들의 나이에 따라 내야 하는 공적인 비용을 내도록 돕는다."

셋째, 이주자들에게 들어가는 재정적인 비용이 눈에 띄는 것은 그들이 원주민들보다 더 많은 정부 서비스를 이용해서가 아니라 세금을 적게 내기 때문이다. 왜냐하면 이주자들은 평균적으로 적은 교육을 받았고 더 적게 돈을 벌기 때문에 세금도 적게 내는 것이다.

넷째, 이주자들은 정부가 공공재나 국방비, 기초연구, 국가 채무에 대한 이자 납부 등에 대해 인구 1인당 들이는 비용을 줄인다. 동시에 이주자들은 도로, 하수관, 경찰, 소방서, 도서관, 공항을 혼잡하게 한다.

다섯째, 이주자들은 그들이 일을 시작하는 시기에 이곳에 도착하는 경향이 있기 때문에, 사회보장과 같은 연방 정부의 은퇴 프로그램에 적당히 긍정적인 효과를 불러일으킨다. 이주자들은 '은퇴자당 노동자'의 비율이 감소하는 것을 늦추며 사회보장과 메디케이드건강보험의 지불능력을 연장시킨다.

요약하자면, 이주자들로 인한 재정 효과는 일정 부분 긍정적으로 평가되는데 그들은 일할 수 있는 젊은 연령대에 들어오는 경향이 있기 때문이다. 한편으로는 그들의 후손들은 더 높은 기술과 소득을 지닐 것으로 기대되고, 또 국방이나 연방 정부의 빚에 대한 이자와 같은 어떤 항목에 대해 세금을 내며(게다가 이런 항목들에 비용을 유발시키는 것도 아니며), 또 그들은 베이비붐 세대들이 나이가 들면서 지출될 공적인 비용들을 내는 것을 도울 수 있다.

한국에서는 아직 이주자들을 받아들이는 게 순전한 이득인지 손실인지에 대한 광범위하고 확실시할 만한 연구가 진행되지 않았다. 하지만 이주의 물결이 불어닥치고 있는 한국에서도 이제는 그 비용과 효과를 종합적으로 분석해볼 때다.

인종적 다양성이 증가할수록
복지국가가 축소된다?

어떤 사람들은 저개발국에 있는 외국인들이 선진국의 더 나은 복지시스템을 얻기 위해 이주를 택한다고 생각한다. 그렇기에 이들을 이득을 쏙쏙 빼가는 데에만 관심 있는 파렴치한으로 여기기도 한다. 물론 이주를 택하는 이유는 더 나은 삶을 살기 위해서며, 더 나은 삶을 위해서는 경제적으로 풍족해야 하기 때문에 경제적인 동기가 가장 높은 비율을 차지하는 것이 사실이다.

하지만 경제적인 동기에는 '스스로 돈을 벌거나', '국가에서 제공하는 혜택을 받거나' 두 가지 길이 있다. 현재까지 이주에 대해 진행된 연구에서는 이주자들이 전자에 비해 후자는 그다지 고려하지 않음을 보여준다.

미국의 한 사례를 살펴보자. 미국의 주州에서, 2000~2009년 외국에서 출생한 인구이주자가 가장 높은 비율을 차지했던 10개 주는 2009년 '공적인 원조'에 인구 1인당 평균 35달러를 지출해 가장 적은 금액을 지출한 것으로 나타났다. 같은 기간 이주자의 수가 가장 느리게 증가한 10개의 주는 1인당 평균 166달러를 지출했다.

좀 더 자세히 살펴보면 공적인 원조에 대해 1인당 가장 적은 돈을 지출한 10개의 주에서는 2000년부터 2009년까지 이주자의 인구가 31% 증가했다. 반면 공적인 원조에 가장 많은 재정을 지출한 10개의 주에서는 같은 기간 외국에서 출생한 인구가 13% 증가했다. 즉, 이주자의 인구가 가장 많이 증가한 곳에서는 공적인 원조를 적게 지출하고, 이주자의 인구가 가장 적게 증가한 곳에서는 공적인 원조를 많이 지출하는 경향을 보였다. 어떤 지역에서 이주자의 증가율과 공적인 복지재정 지출은 역[*]의 상관관계를 보였다는 것이다.

이를 바탕으로 미국 카토 연구소의 대니얼 그리스월드는 "만약 이주자들이 복지를 챙기는 것에 대해 주로 관심을 가졌다면, 그들은 켄터키, 테네시, 노스캐롤라이나, 사우스캐롤라이나, 조지아와 같은 주(복지재정 지출이 적은 주)에 머물지 않았을 것이다. 그 대신 오히려 미시간, 로드아일랜드, 버몬트와 같은 주(복지재정 지출이 많은 주)로 갔을 것이다. 하지만 복지재정 지출이 많은 주에서는 오히려 이주자들의 인구가 더욱 천천히 증가한 것으로 나타났다"고 말한다.

심지어 미국에서 불법체류자는 공적인 원조 지출이 평균 이하인 주를 선택하는 경향이 더 높았다. 미국 인구통계국의 자료(2011)에 따르면 2000~2009년 사이에 복지지출이 적은 하위 10개 주에서는 불법체류자가 85만 5000명(35%) 증가한 반면, 복지지출이 많은 상위 10개 주에서는 38만 5000명(11%) 증가했을 뿐이었다. 불법체류자들이 복지지출이 많은 주로 가지 않는 이유로는, 그들은 귀화한 이주자와는 달리 어떤 복지 프로그램도 이용할 수 없다는 점이 꼽히고 있다. 또 그들은 상당수가 적게 교육받았을 가능성이 크기 때문에 고숙련 이주자들처럼 뉴욕이나 일리노이, 캘리포니아와 같은 더 높은 수입을 올릴 수 있는 도심으로 가려는 경향이 적다. 고숙련 이주자들은 복지재정 지출이 많은 지역에 더 끌리는데, 그 이유는 사회적인 지출이 커서가 아니라 그곳에서는 자신들의 숙련

된 노동에 대해 더 많은 보상을 해주기 때문이다.

　결론적으로 이주자와 복지국가의 상관관계 대한 우려에도 불구하고, 이러한 연구 결과들은 미국이 이주자를 끌어당기는 이유가 복지제도의 수혜가 아니라 '경제적인 기회'임을 말해준다. 그리고 그것은 이주자들을 받아들이는 나라에서 태어난 세금 납부자들에게 나쁜 소식이 아니라 좋은 소식이라고, 그리스월드는 말한다.

　어떤 사람들은 이주자들이 많이 들어오면 사회 전반에 경제적인 수준이 낮은 사람들이 더 많아지기 때문에 어쩔 수 없이 복지재정 지출이 점점 늘어날 수밖에 없을 것이라고 우려한다. 하지만 여기서 또 한 가지 간과하고 있는 사실이 있다. 이주자가 늘어난다고 해서 복지지출이 늘어나는 게 아니라 오히려 그 반대일 수 있다는 것이다. 이주자의 증가는 오히려 복지제도를 축소시킬 수 있고, 복지재정을 덜 들어가게 할 수 있다.

　우선 미국의 사례를 보자. 앨버토 알레시나Alberto Alesina 미국 하버드대 교수팀의 연구(2001)에 따르면 복지국가의 정치·경제는 두 가지 모순돼 보이는 결론에 도달한다. 하나는 백인보다 비非백인이 복지국가를 더 지지한다는 것이고, 다른 하나는 인종적인 다양성이 증가할수록 복지국가가 축소된다는 것이다.

　왜 그럴까? 다양성은 '연대solidarity' 의식을 깎아내리는 경향이 있기 때문이다.

　사람들은 '자신들의 그룹' 구성원에 대한 복지는 찬성하지만 '다른 사람들'을 위해 세금을 내는 것에 대해서는 분개한다. 인종적으로 동질적인 사회는 부자이건 빈자이건 할 것 없이 복지 수혜자들이 도움을 받을 필요가 있다는 것에 동의하기 때문에 복지국가의 규모가 큰 경우가 많다.

하지만 미국과 같은 '인종적으로 혼합된' 사회에서는 서로 '이질적이기 때문에' 복지에 대한 합의가 적고, 비교적 규모가 작은 복지국가를 갖추고 있다.

실제로 사람들은 그 어떤 그룹보다도 이주자를 특별히 '외집단'으로 여기는 경향이 있다. 미국에서 이주자에 대해, 흑인이나 동성애자와 같은 다른 소수자에 대해서는 결코 사용하지 않았을 용어로 유독 공개적으로 불만을 표하는 사람들이 상당수 많은 이유다. 한국에서도 지역이나 종교, 가치관이 다른 그 어떤 집단보다도 이주자들에 대해서만큼은 유독 '다른 집단'으로 여기는 경향이 있다. 한 국가 내에 수많은 문화가 존재함에도 외국에서는 이주자에게 '다문화'라는 수식어를 붙이지 않지만 한국사회가 이주자와 관련된 용어에 '다문화'라는 수식어를 붙이는 것만 봐도 그렇다.

어떤 학자들은 "만약 사람들이 이주자로 하여금 '우리의' 공립학교에 아이들을 보내 공부시키게 하고 '우리의' 병원에서 치료를 받도록 하는 것, 이를 위해 정부가 비용을 지출하는 것을 반대하지 않는다면 다른 집단에 대해서도 반대하지 않을 가능성이 높다"고 말한다. 즉, 이주자에 대해 어떤 비용을 지출하는 것에 찬성한다면 다른 집단도 별 반감 없이 수용한다는 것이다. 이주자에 대해 외집단이라고 느끼는 '벽'이 다른 집단에 비해 그만큼 높다는 것을 시사한다.

알레시나 교수팀의 연구에서는 다음과 같이 설명한다.

"미국인은 가난한 사람이 자신과는 다른 그룹이라고 생각하는 반면, 유럽인은 가난한 사람이 자신의 그룹이라고 생각한다. 미국에서 가난한 사람과 가난하지 않은 사람의 인종적인 차이는 가난한 사람들을 '다른 사람'이라고 인식하게 만드는 경향이 있다. 하지만 지리적인, 혹은 사회적인 고립도 이런 경향을 낳을 것이다."

만약 이 가정이 맞다면, 이주는 복지국가를 축소하는 결과를 낳을 수 있다. 사회가 다양화될수록 사람들은 타인에게 돈을 지출하는 것을 '외집단'에 지출하는 것으로 느낄 것이고, 관대한 복지제도를 반대할 것이기 때문이다. 물론 이주자들은 확대된 복지국가를 선호할지 모른다. 하지만 이주자의 존재는 복지에 대한 원주민의 지지를 감소시킴으로써 실제로는 복지국가를 축소하는 결과를 낳게 된다.

불법체류,
통제와 관리의 충돌

모든 종류의 이주자들 중 가장 세금을 적게 내면서 혜택을 많이 받을 가능성이 높은 사람은 불법체류자다. 만일 영악한 불법체류자들이 있어서 한국사회에서 혜택만 쏙쏙 빼가면서 세금은 거의 내지 않는다고 가정해 보자. 월급은 철저히 사장과의 개인적인 거래로만 받으며 정부에 근로소득세를 내지 않는다. 지출도 거의 하지 않는데, 밥을 먹을 때는 회사 내에서 먹거나 아니면 무료급식소를 찾아가서 먹기 때문이다. 필요한 의료 서비스는 정부지원의 소외계층 의료지원사업을 이용하거나 외국인노동자 무료진료소를 찾는다. 아이를 낳아 키우면서, 아이가 어릴 때는 시민단체의 도움을 받고, 자란 뒤에는 공교육을 이용한다. 이럴 경우, 최대한 불법체류자들을 철저히 단속해 이들을 추방하는 게 국익에 부합하는 것일까?

사실 사회·경제적인 측면에서 보면 불법체류자 추방이 꼭 능사는 아니다. 우리는 이주자들이 사회경제에서 하는 역할을 지나치게 단순화시키는 경향이 있는데, 이주자들은 단지 노동자일뿐만 아니라 소비자이자 세금 납부자이기도 하기 때문이다. 다시 말해 이주자들은 돈을 벌기만 하는 것뿐 아니라 돈을 쓰기 때문에 경제성장과 일자리 창출에 기여한다는 것이다.

데이비드 베세라David Becerra 미국 애리조나주립대 교수팀에 의하면 학교에 등록하는 불법체류자 자녀들이 많아지면 교사뿐 아니라 행정인력, 보조교사, 버스운전사, 스태프 등 교육과 관련된 다른 서비스들의 일자리도 늘어나고, 이것은 결국 지역경제에 도움이 된다. 게다가 이들은 교육과 관련된 교재도 구입하고, 가족들은 전반적으로 소비를 통해 간접세도 납부하게 된다. 당장 불법체류자들을 모두 쫓아낸다면, 저숙련 원주민노동자의 임금은 올라갈지 몰라도 그로 인해 국가 전체적으로는 많은 직업이 사라지며 경제적인 손실을 입게 된다는 것이다.

고든 핸슨 미국 샌디에이고 캘리포니아주립대 교수는 저숙련 이주를 줄이는 것의 문제가 '무無비용'이 아니라는 점을 지적한다. 불법체류 인구를 줄이는 데에는 노동시장과 출입국 전반을 관리 감독할 인력과 자원이 더 많이 필요하기 때문이다. 비용만큼 제재가 잘 되는 것도 아니다. 미국에서는 멕시코에서 건너오는 불법이주자들을 단속하기 위해 미국과 멕시코 국경의 직원들을 2배 이상으로 늘렸음에도 불구하고 불법입국은 계속됐다. 이 때문에 마이클 처토프Michael Chertoff 미국 전 국토안보부 장관은 2006년 3월에 이주 제한과 관련해 "(이주 제한을 위해) 경제적 비용을 지급하려고 노력한다면, 그것은 값비싼 대가를 치러야 할 어려운 과정이며 대부분 실패할 것이다.When you try to fight economic reality, it is at best an expensive and very, very difficult process and almost always doomed to failure"라고 지적했다.

이뿐만 아니라 미국 UCLA 북미통합발전센터 NAID, North American Integration and Development Center 의 라울 히노조사-오제다 Raul Hinojosa-Ojeda 는 미국에서 불법체류자의 수는 미국 연방 정부가 이주 관련 강제조치 immigration enforcement 에 비용을 많이 들였음에도 불구하고 1990년대 초반 이후 급격히 증가했다고 지적한다. 미국 국토안보부가 미국과 멕시코 사이의 국경 제한에 쓴 연간 예산은 1992년부터 2009년까지 3억 2600만 달러에서 27억 달러로 8배 이상 증가했다. 미국 남서부 국경에 배치된 국경 순찰 직원 수도 1992년 3555명에서 2009년 1만 7415명으로 4배 이상 늘었다. 하지만 동시에 미국에서 불법체류자 수도 최근 20년간 거의 3배가 됐는데, 1990년에는 350만 명이었지만 2008년에는 1190만 명으로 늘었다.

이처럼 불법체류자의 수를 감소시키는 데에 대체로 실패하는 이유는 대부분의 불법체류자는 정부가 수많은 비용을 지출해가며 이를 제재하더라도 어떻게든 자신이 목표로 하는 국가에 들어가는 데 성공하기 때문이다. 웨인 코닐리어스 Wayne Cornelius 미국 샌디에이고 캘리포니아대 교수의 저서 『이민 통제: 국제적인 시각 Controlling Immigration: A Global Perspective 』(2004)에 따르면 대다수의 불법체류자는 그들이 국경을 넘는 데 성공할 때까지 계속해서 시도한다. 코닐리어스 교수는 "1993년 이후의 국경 제한 강화 정책은 이주자들이 미국에 들어오고자 하는 의지를 좌절시키지 못했다. 국경 순찰대에 의해 체포당할 확률이 더 높다거나 사막이나 산을 통한 은밀한 입국의 위험성이 높아졌음에도 이주자들의 유입은 막지 못했다. 미국에서 일할 수 있는 일거리가 있는 한 이주자 유입 제한은 쉽지 않다"고 결론 내렸다.

보통 불법체류는 '법을 어기는 것으로 인한 위험'보다 '불법체류로 인해 얻는 경제적인 이익'이 더 클 때 발생한다. 핸슨 교수가 연구(2009)에서 인용한 퓨 히스패닉 센터의 자료에 따르면 미국 노동시장에서 불법이주자들의 수는 2003년 630만 명에서 2007년 850만 명으로 늘면서 정점에 이르렀지만 2008년에 830만 명으로 살짝 줄었다. 2002~2007년의 경제적인 팽창은 불법이주자들의 고용을 늘렸고, 불법적으로 거주하는 이주자들의 수는 경기가 침체됐을 때 정체됐다. 즉, 이주자를 원하는 수요자들이 있고, 외국인이 본국에서보다 훨씬 더 많은 돈을 벌 수 있는 기회가 있다면 이주자들은 어떤 방식으로든 입국할 것이다.

이러한 속성으로 인해 제재 위주의 정책은 의도치 않는 풍선 효과를 낳기도 한다. 미국 UCLA 북미통합발전센터의 라울 소장이 말하는 '의도치 않은 결과'는 다음과 같다.

첫째, 미국 남부의 국경을 더 치명적으로 만들었다는 것이다. 불법체류자들은 이전에 이용하던, 비교적 안전한 도시의 통로로 오기보다는 극도로 위험한 산과 사막을 통해 오게 됐다. 이것은 이주자 사망이 급증하도록 하는 데에 기여했다. 미국 카토연구소의 스튜어트 앤더슨 Stuart Anderson 이 연구(2010)에서 인용한 미국 이민 당국의 자료에 따르면 1998~2009년 국경을 넘다가 숨진 이주자의 수는 4375명에 달했다. 국경에서 숨진 연간 이주자의 수는 1998년 263명, 2002년 320명, 2006년 454명 등 대체로 증가하는 추세를 보였다. 미국 의회조사국 Congressional Research Service 은 "1995년에 발효된 '억제 deterrence 를 통한 예방' 정책 국경 통제를 강화한다는 의미 이후 국경 통과는 더 위험해졌으며, 이것은 남서부 국경에서 불법이주자들의 죽음을 증가시켰다"고 결론 내렸다.

둘째, 밀수업자들에게 더 새로운 기회를 만들어주었다. 국경 제한이 강화되면서 밀수업자들은 안전하고 성공적으로 밀입국을 하기 위해 더 필요한 존재가 됐다. 이전에는 밀수업자를 이용하는 게 예외적인 경우에 속했다면, 이제는 보편적인 방편이 됐다. 코닐리어스 교수의 연구(2004)에 따르면 멕시코 농촌 지역에서 온 불법체류자 10명 중 9명은 국경을 넘기 위해 밀수업자를 고용했다. 밀수업자들이 부과하는 비용도 오르기 시작했다.

셋째, 불법체류자들이 미국에서 더 영구적으로 정착하게 한다. 미국에 들어오는 게 돈도 많이 들고 물리적으로도 여러 위험이 따르기 때문에, 미국에서 머무는 기간을 더 연장하려고 하는 강한 유인을 갖게 된다. 더 오래 머물수록 영구적으로 정착할 가능성도 높아진다.

넷째, 저임금 노동시장을 위축시킨다. 제한정책을 강화하는 것은 불법체류자들이 더 음지에서 일하게 하고 낮은 임금을 받도록 만드는데, 아이러니하게도 이것은 불법체류자들에 대한 더 많은 수요를 만들어냈다. 회사가 불법체류자를 고용함으로써 임금을 낮추면, 경쟁 회사도 불법체류자를 고용해 임금비용을 줄이는 혜택을 더 누리려 한다는 것이다.

그렇다면 불법체류의 패턴을 끊기 위해서는 어떻게 해야 할까?

미국은 1986년 '이민개혁통제법IRCA, Immigration Reform and Control Act'을 통해 불법체류자들이 합법적인 지위를 얻도록 했다. 이민개혁통제법은 미국에서 기존에 나라에 들어와 있던 사람들을 합법화하는 프로그램을 시행하며, 동시에 새로운 불법이주자들을 차단하는 정책을 실행한, 불법이주자 이슈에 시행한 가장 포괄적인 첫 정책이라고 평가받고 있다. 이민개혁통제법은 합법화를 충족하기 위한 두 가지 종류의 요건을 만들어냈다. 첫 번째는 얼마나 관대하고 보편적인 사면이 제공돼야 하느냐에 관한 오랜 시간의 정치적인 논쟁의 산물이었고, 두 번째는 농업 노동자에 대한 최후의 합의 결과였다. 합법화 정책을 찬성하는 사람들은 당장 영주권을 주는 프로그램을 꿈꿨는데, 논의 끝에 최종적으로는 2단계로 나눠진 과정이 법제화됐다. 지원자들은 먼저 일시적인 거주를 할 자격이 주어져야 하고, 그다음에 영주권을 얻도록 했다. 그들은 영주권을 얻을 때까지는 공공혜택을 얻을 수 없었다.

먼저 '일반 합법화 프로그램General Legalization Program'을 통해 1982년 1월 1일부터 거주하고 있는 불법체류자들이 일시적으로 체류할 수 있는 자격 조건을 얻었다. 이들은 185달러의 행정비용을 제출하고, 그들이 '도덕적으로 괜찮은 성품이라는 것범죄경력이 없다는 것'과 생활보호 대상자public charge가 되지 않을 것이라는 점을 증명해 보여야 했다. 일시적 거주는 18개월간 지속됐으며, 그다음에 합법화된 이주자들은 영주권에 지원할 수 있었다. 이 단계에서 이주자들은 미국 시민권에 대한 지식과 영어능력을 입증해 보여야 했다. 약 175만 명의 사람들이 합법화 프로그램에 지원했고 이 중 94%가 일시적인 거주를 허가받았다.

'특별노동자 프로그램Special Agricultural Worker Program'은 1985년 5월부터 1986년 5월 사이에 60일의 계절 농업에 노동 경험이 있음을 입증해 보여야 했다. 이 프로그램의 지원자에게는 일반 합법화 프로그램과는 달리 시민이나 언어 요건은 요구되지 않았으며, 별도의 기금으로 지원된 까닭에 지원자의 행정비용도 필요하지 않았다. 약 130만 명의 사람들이 지원했고, 이 중 25만 명 이상이 허가를 받았다.

이민개혁통제법의 혜택을 본 이주자들은 더 많은 교육을 받도록 스스로에게 투자했으며, 따라서 더 높은 임금과 나은 직업을 가질 수 있었다. 미국 노동부의 설문조사에 따르면 이민개혁통제법의 합법화 프로그램을 통해 합법적인 지위를 얻은 이주자들의 시급은 1987년 또는 1988년으로부터 1992년까지 4, 5년 동안 15.1%가 올랐다. 평균적으로 남성들은 임금이 13.2% 상승했으며 여성들은 임금이 20.5% 오르는 것을 경험했다. 더 높은 임금은 세금도 더 많이 내고 구매력도 향상됐다는 것을 의미하며, 이는 미국 경제에도 이득을 가져다주었다. 이민개혁통제법의 경험은 '불법체류의 합법화'가 기존의 불법체류자로 하여금 본인과 지역사회, 궁극적으로는 미국 경제 전반에 더 많이 투자할 동기를 상당히 끌어올린다는 점을 시사한다.

그러나 이민개혁통제법은 '이주의 미래'에 정책적인 제한을 가하는 데에는 실패했다. 즉, '불법의 합법화'는 이주에 대한 제도적인 제재를 어렵게 했다. 실제로 미국에서 이민개혁통제법 이후 25년이 지난 2011년, 불법체류 인구는 1100만 명으로 증가했다. 이것은 2007년 경기침체가 시작되기 직전인 1200만 명보다는 줄어든 것이지만, 1986년 사면정책으로 인해 합법적인 지위를 얻은 사람들의 수보다는 4배 이상 많다.

이민개혁통제법에서는 '불법체류인 줄 알면서 불법체류자를 고용한 고용주'들에게 벌금을 부과함으로써 고용주에게 제재를 가했고, 이를 통해 불법이주를 중지하려고 시도했다. 하지만 고용주는 노동자를 고용하는 동안 정부로부터 체류문서를 확인하지 않은 채 고용 대상자가 이민법에 의해 미국에서 일하는 게 적합하지 않다는 것을 알면서도 불법으로 고용하기도 했다.

이민개혁통제법도 불법이주를 완전히 막지는 못했다. 법적인 제한을 넘어선 수준으로 이주자들의 노동에 대한 수요가 증가하고 있었기 때문이다. 또 고용주들이 '알면서' 불법체류 노동자들을 고용했다는 사실을 입증하기는 근본적으로 어려웠으며, 결국 사기 신원 서류를 제공하게 하는 결과를 가져왔다. 결과적으로 불법체류자들은 이민개혁통제법 이후

(초기에는 약간 감소했음에도 불구하고) 다시 많아졌다. 게다가 이민개혁통제법은 이주자의 수 자체를 증대하는 결과를 낳았다. 이민개혁통제법의 수혜를 얻은 사람들은 영주권을 갖고 있었기 때문에 배우자와 아이, 친척 등을 초청할 수 있었다. 이로 인해 이민개혁통제법의 혜택을 본 사람들이 친척을 보증해 초청하는 등 체류허가를 받는 사람의 수가 급증하는 결과를 초래했다.

즉, 불법체류자를 합법화하는 것은 불법체류자를 줄이지도 못하면서 이주자들의 수만 불어나게 하고 이주에 대한 제재를 어렵게 했다. 법치주의를 훼손하며 합법적인 경로의 이주를 위해 대기하는 사람들에게 공정하지 못한 조치라는 지적도 받았다. 게다가 불법체류를 하고도 합법적인 지위를 얻을 수 있는 길이 있다는 것을 보여줌으로써 잠재적으로는 불법체류자를 더욱 양산하는 결과를 가져올 수도 있다. 아울러 사면정책을 갖고 있다는 것은 미래에 추가적인 사면을 기대하게 만들고, 결국은 지속적인 불법이주 유입을 촉진시킬 수 있다.

하지만 합법화를 지지하는 사람들은 현실적인 해결책을 강조한다. 불법체류자를 감소시키는 데에는 합법화가 저비용, 고효율의 해결책이며 사회와 경제에 도움이 된다는 것이다.

마크 로젠블룸Marc Rosenblum 미국 이주정책연구소MPI, Migration Policy Institute 박사는 어떤 제도가 불법을 성공적으로 합법화시켰는지 판별하기 위해서는 네 가지 기준이 있다고 제시한다. 첫 번째는 '포괄성inclusiveness'이다. 합법화 프로그램이 가능한 한 많은 불법체류 외국인을 대상으로 하는지다. 두 번째는 '공정성fairness'이다. 합법화 프로그램이 나쁜 행위가 과도하게 보상받는 것을 방지하고 있는지를 보자는 것이다. 세 번째는 '비용 효율성cost effectiveness'이다. 합법화 프로그램이 경제적으로 긍정적인 효과를 창출하고 있는지다. 세 번째는 '자력이행 self-enforcement'이다. 합법화 프로그램이 부적합한 외국인이 체류자격을 취득하도록 하거나 불법체류를 양산하지 않는지다.

결국 불법체류자에게 합법화 프로그램을 제공할 때는 다양한 요소를 종합해서 판단해야 한다. 경제적인 이득이 있지만, 그에 따른 비용도 있기 때문이다.

많은 학자들은 장기적으로 불법체류자를 줄이기 위해서는 합법적인 체류에 대한 접근성을 강화하고, 불법체류 노동자에 대한 수요를 낮춰야 한다고 지적한다. 피아 오레니어스 Pia Orrenius 미국 댈러스 연방준비은행 수석경제학자 겸 연구원은 "국경 제한을 더 강화하는 것은 생산적이지 못한데, 이것은 불법체류 노동자들에 대한 수요와는 관련이 없기 때문이며 심지어 불법이주 유입을 막는 데에도 특별히 효과적이지 못하기 때문"이라고 설명한다.

카토 연구소 정보정책연구 담당 짐 하퍼 Jim Harper도 "이민법이 지켜지지 않고 무너지는 것은 그것이 제대로 가해지지 않아서가 아니라 인간들의 의지와 부합하지 않기 때문"이라고 지적한다. 사람들은 인생에서 더 나은 기회를 얻기 위해 이주를 하고자 하는 본능적 욕구가 있고, 이것은 물리적이거나 법적인 제재나 억제만으로는 막을 수 없다는 것이다. 위험을 감수할 만큼 경제적인 기회가 많다면 그것을 감행하려는 의지도 클 수밖에 없다. 국가 간 커다란 경제와 삶의 질의 격차가 있는 이상, 물리적인 통제만으로는 늘 실패할 수밖에 없다.

한국도 사회가 발전하고 경제가 성장할수록 더 많은 외국인이 입국할 것이고 불법체류자도 늘어날 소지가 크다. 물리적인 제재 외에, 불법체류

의 유인을 감소시키고 효과적으로 관리하기 위해서는 어떻게 하는 것이
최적의 대안인지 생각해볼 시점이다.

이주와 경제,
국가의 경쟁력

3

인재를 원하는 나라,
인재는 오지 않는 나라

이주의 시대를 맞아 많은 사람들이 궁금해하는 것은 이주자들이 그들을
받아들이는 나라의 경제에 어떤 영향을 끼치는지, 원주민들의 고용기회
에 어떤 영향을 끼치는지, 그리고 이주자들을 받아들이는 나라는 어떤 이
민정책을 펴는 게 가장 이득인지다. 그렇다면 국가 입장에서는 가능한 한
경제에 긍정적인 영향을 미치고 원주민의 고용기회에 이득을 가져다주
며, 국가 발전에 기여하는 이주자를 받아들이는 게 이득일 것이다. 더불
어 이주자가 새로 정착한 나라에 보탬이 되려면 업무적인 생산성도 높아
야 하고 주변 환경에도 빠르게 적응해야 한다. 소득 수준이 높으면 세금
도 많이 낼뿐더러 정부 서비스에 의존할 가능성이 낮기 때문에 이주자에
게 지출해야 하는 비용을 최소화할 수 있다.

　캐나다는 이러한 취지로 이주자를 '포인트시스템점수제도'을 토대로 관리
해왔다. 이주지원자를 교육 수준, 나이, 언어기술, 직업 또는 고용상태 등
을 바탕으로 평가하는 것이다. 포인트시스템은 고숙련 이주자를 선발하
는 데에 집중하고 있는데, 1990년대부터 캐나다로의 이주는 교육을 많이
받은 사람들을 주요 대상으로 삼아왔다. 이들이 변화하는 노동시장과 사
회에 빨리 적응할 것으로 예상됐기 때문이다. 그 결과 캐나다에 입국하는
15세 이상 이주자 중 대학 학위를 가진 사람은 1980년대에는 10% 정도

였지만 2005년에는 45%로 늘었다.

사실 선진국에서 고숙련 이주노동자들을 받아들이려 하는 이유는 단순히 그들이 똑똑하거나 돈을 많이 벌기 때문은 아니다. 원주민 중에도 똑똑한 인재가 많이 있고 이들의 일자리가 부족하기도 한데, 한정된 파이를 굳이 똑똑한 '외국인'에게 할당할 필요는 없기 때문이다. 하지만 외국인 고숙련 이주자가 '다다익선'인 분야도 있다. 바로 STEM^{Science·과학,} ^{Technology·기술, Engineering·공학, Mathematics·수학} 관련 직업을 가진 사람들이다. 그들은 단순히 돈을 많이 벌고 세금을 많이 내며 국가 서비스를 적게 이용하고 원주민들에게 피해를 주지 않는 것에 그치지 않는다. 이에 더해 혁신적인 기술을 창조하고 변화를 유도하는데, 이것이야말로 경제성장의 동력이 된다. 윈도우 운영체제, 아이폰, 연비가 좋은 자동차와 같은 '세계를 뒤흔드는' 기술들은 생활을 좀 더 편하고 고차원적으로 만들어주기도 했지만, 전 세계를 상대로 거대한 소비시장을 창조하기도 했다. 모두 STEM에 종사한 사람들이 강도 높은 연구를 실시한 결과다. 이런 창조물은 국가 경제에 거대한 이득을 가져다주고, 국가의 복지 수준을 높일 수 있다.

비벡 와드화^{Vivek Wadhwa} 미국 듀크대 교수팀의 연구(2007)에 따르면 1995~2005년 미국에서 시작한 공학과 기술 분야 회사의 25.3%는 최소 1명의 주요 설립자가 외국에서 출생했다. 주요 설립자가 외국인인 회사의 비율이 가장 높은 곳은 캘리포니아 주(39%), 뉴저지 주(38%), 조지아 주(30%), 매사추세츠 주(29%) 순이었다. 2005년을 기준으로 미국에서 이주자들이 설립한 회사는 520억 달러의 매출을 올렸고 45만 명의 노동자를 고용했다. 연구팀이 1995~2005년 캘리포니아의 실리콘밸리^{Silicon Valley}와 노스캐롤라이나의 연구단지인 리서치트라이앵글파크^{Research Triangle Park}를 분석했을 때도 이주자들의 활약은 두드러졌다. 전체 스타트업 중 주요 설립자의 1명 이상이 이주자인 비율은 실리콘밸리는 52.4%, 리서치트라이앵글파크는 18.7%였다.

그 어떤 혁신적인 기술이라도 제조품을 공급하거나 물품을 생산하기보다는 기술을 창조하는 주체가 가장 이득을 본다. 제이슨 데드릭[Jason Dedrick] 미국 시러큐스대 교수는 미국에 본사를 둔 애플의 아이패드와 아이폰의 가치가 세계적으로 어떻게 배분되는지를 연구했다. 애플에서 아이패드와 아이폰은 가장 수익을 많이 가져다주는 제품으로 꼽힌다.

데드릭 교수의 연구(2011)에 따르면 애플이 2010년을 기준으로 16GB 아이패드의 경우 소매가격의 30.1% 만큼의 이득을, 아이폰4의 경우 판매가격의 58.5% 정도의 이득을 가져가는 것으로 추정된다. LG나 삼성과 같은 한국 기업들은 아이패드와 아이폰의 액정화면과 메모리칩을 공급하고 있는데, 아이패드와 아이폰 가격의 각각 4.7%, 6.8%의 이익을 가져갈 뿐이다. 애플은 일본이나 대만의 부품도 대안적으로 이용하는데, 아이폰과 아이패드에 대해 일본은 각각 0.5%와 1.4%, 대만은 0.5%와 1.4%의 혜택을 챙겨갈 뿐이다. 또 전체 가치[value]에서 중국의 노동력에 들어가는 비용은 아이패드는 1.6%, 아이폰은 1.8%로 중국은 물품 생산 과정에서 자국 노동자들에게 지급되는 임금의 형식으로 주요 혜택을 취한다. 결론적으로 애플의 성공은 그들의 주주와 노동자, 미국 경제에 가장 큰 혜택을 가져다준다는 것이다.

브라이언 캐플란 미국 조지메이슨대 교수는 노동의 생산성이야말로 장기적으로는 임금을 향상시키는 추진체이며, 이것은 혁신과 기술 발전에 달려 있다고 말한다. 즉, 과학, 기술, 공학, 수학 분야에서 높은 교육을 받은 이주자가 혁신을 가져오면 이들은 궁극적으로 1인당 노동 생산성과 임금을 올린다는 것이다.

혁신과 기술적인 변화야말로 경제적인 동력일뿐 아니라 사회 다수에게 이득을 가져다주는, 이주에서의 최적의 선택이 된다. 여러 선진국에서 전 세계에서 가장 명석하고 똑똑한 인재를 자신들의 나라로 끌어오기 위해 애쓰는 이유다. 심지어 미국에서는 고숙련 노동자를 적게 받아들이는 것을 '국가적인 자살national suicide'로 묘사하기도 한다. '이민자의 나라'인 미국에서는 이주자가 국가 발전에 기여한 정도가 다른 나라에 비해 유난히 높기 때문이다.

미국 국가과학재단NSF, National Science Foundation에 따르면 1975년부터 2005년까지 미국에서 박사학위를 취득한 사람의 수가 증가한 것은 외국에서 출생한 사람들, 즉 이주자들 때문이다. 현재도 미국에서 과학 또는 기술 분야에 종사하고 있는 박사의 절반은 외국에서 출생한 사람들로 집계되고 있다.

제니퍼 헌트Jennifer Hunt 캐나다 맥길대 교수팀의 자료(2009)에 따르면 2000년을 기준으로 미국에서 외국 출신 인구는 12%였다. 하지만 1990년에서 2000년까지 미국에서 노벨상을 받은 사람들의 26%는 이주자였다. 또한 미국 회사를 후원한 공공 벤처를 만든 사람의 25%, 2006년 100만 달러 이상의 매출을 낸 새로운 최첨단 회사의 25%가 이주자였다. 아울러 2003년 미국의 전국 대학 졸업생 설문조사National Survey of College Graduates에 따르면 이주자들이 취득한 특허권이 원주민의 2배로 나타났다. 이것은 이주자들이 과학과 공학 분야에서 학위를 얻는 학생들 사이에서는 불균형적일 만큼 많은 비중을 차지하기 때문이다.

만약 외국 출신의 기술 개발자들이 원주민 개발자들을 몰아내는 것이라면 이런 현상은 이주로 인한 이득을 과대평가하는 것이 될 수 있다. 하지만 이주자들이 원주민 개발자들에게 부정적인 영향을 끼치지 않고, 오히려 긍정적인 영향을 주며 그 수가 넘쳐난다면 이야기가 달라진다. 헌트 교수팀은 1950년에서 2000년까지의 패널 자료를 이용해 이주자들이 원주민 개발자들을 내몰지 않는다는 것을 증명해 보였다. 이주자의 수가 넘치는 것은 긍정적이었는데, 이주자 출신 대학 졸업생들이 1%씩 증가할 때마다 인구 1인당 특허 취득이 15%씩 증가한 것으로 나타났다. 이는 연구진이 다른 임의적인 요소를 보정하고 연구했을 때도 마찬가지였다.

물론 이것은 전적으로 교육에 의한 것이다. 연구진이 응답자들이 취득한 가장 높은 학위를 제외하고 연구했을 때, 이주자가 원주민보다 특허를 취득하는 비율은 0.9~1% 적었다. 즉, 높은 수준의 교육을 받은 이주자들이 국가 발전에 기여하고 있다는 것이다. 이런 까닭에 미국은 똑똑한 이주자를 끌어들이는 게 핵심 자산이자 경쟁력이라고 인식한다. 미국 대학들도 대학원에 가장 명석한 인재들을 데리고 오는 데에 관심을 두고 있다.

미국 국가과학재단에 따르면, 2011년 기준 공학 박사학위의 56%, 컴퓨터과학 박사학위의 51%, 물리학 박사학위의 44%, 경제학 박사학위의 60%는 외국 학생들이 취득했다. 미국의 여러 대학 가운데 외국 대학원생이 더 많이 다니고 있는 곳은 더 많은 학술 연구물을 펴내고, 연구 결과가 더 많은 곳에서 인용되고 있다. 미국에서 교육받은 이주자들이 졸업한 후 일자리를 가질 경우 이런 노동자들을 끌어당긴 미국의 도시들은 전기와 기계, 의약, 화학 등과 관련된 산업, 그리고 다른 기술 집약적인 생산에 있어서 더 많은 특허를 생산하게 된다.

2011년을 기준으로 교육 분야를 제외한 과학, 공학 분야의 직업에 종사하는 노동자들 중 외국에서 태어난 사람의 비율은 21%로, 전체 인구 중 외국 출생의 비율(13%)에 비해 훨씬 높았다. 대학 졸업 학력만 따로 놓고 봐도 해당 직업에 종사하는 사람들 가운데 외국에서 태어난 사람은 26%로 더욱 높았고, 이 수치는 2000년(22%)에 비해 올랐다. 과학, 공학 분야에서 박사학위를 받고 졸업 당시 임시거주 비자를 받은 외국인들 중 학위를 받은 이후 5년 뒤에도 미국에 머무는 사람의 비율은 2005년을 기준으로 67%였다. 2008년 세계 금융 위기 때는 다소 떨어지긴 했지만 2011년에 다시 66%로 올랐다.

그렇다면 한국의 현실은 어떨까? 2013년을 기준으로 국내에 체류하는 외국인은 157만 6034명으로, 이 중 취업자격을 갖고 체류하는 외국인은 54만 9202명이다. 하지만 이 중 소위 '전문인력'이라고 분류되는 비자를 지닌 외국인은 5만 166명밖에 되지 않는다. 하지만 전문인력이라고 해서 모두 국가발전의 원동력이 되는 기술 발전을 촉진시킬 수 있는 분야에 근무하는 것은 아니다. '전문인력'으로 분류된 비자를 갖고 있는 외국인들 중에는 회화지도(E-2) 비자를 갖고 있는 사람이 2만 30명으로 가장 많은데, 이들은 흔히 우리가 말하는 '전문인력'과는 거리가 있다. 자세히 뜯어보면 한국에 '연구(E-3)' 비자를 받고 온 사람은 2997명, 기술지도(E-4) 비자는 222명, 전문직업(E-5) 비자는 667명이다. 교수(E-1) 비자를 받은 2637명을 포함한다고 해도 1만 명이 채 안 된다. 이 중 'STEM'이라고 불리는 과학, 기술, 수학, 공학 분야에 종사하는 사람들을 추려내보면 훨씬 더 적을 것이다. 한국이 이주자들 중 미래의 성장 동력을 대비할 만한 인재를 끌어모으는 데에는 아직 갈 길이 먼 셈이다. 우리도 고숙련 이주자들이 왜 한국을 정착하기에 매력적인 나라로 느끼지 않는지, 왜 한국은 아직 STEM 분야에 종사하는 이주자들을 많이 유치하지 못했는지, 이들을 유치하기 위해서는 어떻게 해야 하는지 진지하게 고민해볼 시점이다.

두뇌 유출,
인재의 이탈인가 지식의 확산인가

모든 사안에는 동전의 양면이 있다. 우수한 이주자가 많이 오게 된다면 그들을 받아들이는 국가에는 이득일지 모르지만 이들을 내보내는 국가는 손해를 볼지 모른다. 특히 정보기술^{IT} 분야에 종사하는 인재들이 많이 빠져나가는 인도, 외국에서 온 인재들이 많이 정착하는 미국이 그렇다. 마이클 클레먼스$^{Michael\ Clemens}$ 미국 국제개발센터$^{Center\ for\ Global\ Development}$ 연구원은 연구(2010)를 통해 2007년과 2008년에 단기 숙련노동자 비자를 받아 미국에 온 인도 출신의 노동자가 단순히 '일하는 국가'가 어디냐에 따라 임금과 생산성이 어떻게 달라지는지를 살펴봤다. 연구에 따르면 미국에서 일하는 인도 태생의 소프트웨어 노동자들은 같은 기술을 지녀도 단지 '일하는 국가'가 인도가 아니라는 이유만으로 인도에서 일하는 사람보다 훨씬 더 많은 돈을 벌었다. 주요 다국적 소프트웨어 회사에서 일하는 사람을 놓고 봤을 때, '일하는 국가'라는 한 요소는 미국과 인도의 임금 격차 중 4분의 3을 차지했다. 이런 경제적인 격차를 감안하면 미국과 인도의 생활비 차이쯤은 감수하고 이주하는 게 이득일 수 있다. 심지어 자녀 교육 여건이나 생활환경도 미국이 낫다면 인도에 머물 유인이 전혀 없게 된다. 이런 이유로 저개발국에서 태어난 많은 인재들이 본국을 떠나 일하며, 심지어 여건이 닿는 한 대학 때부터 선진국에 가서 공부를 하고 졸업 후 해당국에 정착하는 것을 택한다.

　미국에 사는 인도 출신 사람은 1960년에 1만 2296명이었는데 1990년에는 45만 406명으로 부쩍 늘었다. 2000년에는 102만 2552명으로 10년

전에 비해 2배를 넘었다. 이 중 절반 이상은 25~44세였다. 반면 원주민 중에는 30%가, 다른 외국 출생의 거주자 중에는 44%가 이 연령대였다. 1994~2001년 사이 미국에서 대학교 학사학위 이상을 갖고 있는 사람은 원주민 중에는 26.5%였지만 인도 출신 중에는 70.8%로 훨씬 높은 것으로 나타났다.

명석한 이주자들은 자원이 될 수 있고 무역과 투자, 아이디어를 촉진할 수 있다. 하지만 '최고의, 가장 명석한' 부분을 잃는다는 것은 '이주자를 보내는' 국가에 부정적인 영향도 미친다. 재능 있는 사람들이 빠져나간다면 해당 국가는 외국의 투자 대상국으로서 덜 매력적이게 되고, 대학과 같은 연구기관의 장기적인 연구 역량이나 발전을 저해할 수도 있다.

물론 우리 모두는 자신이 가진 기술이나 능력이 가장 최고의 대우를 받길 원하며, 그런 곳을 선택할 것이다. 고숙련 이주자 역시 자신의 기술에 대해 가장 많은 대가를 지불해주는 곳을 찾아 떠난다. 그렇다면 고숙련 이주자를 받아들이는 입장에서는 이득이겠지만, 이들을 내보내는 나라는 기술 발전이 더욱 지체되고 세수도 줄어들게 되는 것이 아닐까?

수많은 인도인이 미국으로 이주하지 않았다면 본국인 인도의 세금 수입에 순수한 기여자가 됐을 것이다. 이들의 부재는 남아 있는 사람들에게 더 많은 세금 부담을 부과하는 것일 수 있다. 미히르 더세이Mihir Desai 미국 하버드대 교수팀이 인도 출신 미국 거주자들(고숙련 노동자들)로 인한 인도의 재정적인 손실을 연구한 결과, 2001년 인도 국내총생산GDP에서 0.24~0.58%를 차지하는 것으로 나타났다.

더세이 교수팀의 연구에 따르면 고숙련 이주자들은 새로 정착한 나라의 원주민들보다 평균적으로 더 많은 기술력을 갖추고 있었다. 미국에 거주하는 사람들 중 인도 출신은 원주민들보다 대학원 학위를 갖춘 확률이 4배에 달할 정도였다. 인도 출신의 평균 소득은 원주민의 평균 소득에 비해 16% 높기도 했다. 미국으로 이주한 사람은 인도 인구의 0.1%밖에 차지하지 않았지만, 이들이 버는 수입의 총액은 인도 국가 수입의 10%를 차지했다. 그들이 인도에 머물면서 돈을 벌었다면 그만한 재정적인 효과가 있었을 것이다. 이러한 현상은 저개발국 대학생들이 서구의 국가에 있는 대학원에 진학하면서 더욱 심해지는 경향이 있다. 선진국에서 공부한 뒤 본국으로 돌아오는 사람이 현저히 적기 때문이다. 수십 년 전에는 이런 경향이 더욱 심했는데, 비엠 퀵Viem Kwok 박사팀이 연구(1982)에서 인용한 대만 교육부 자료에 따르면 1960년부터 1979년까지 해외로 대학원 공부를 하러 떠난 대만 학생은 5만 2613명에 이르렀지만, 이 기간에 6200명만이 본국으로 돌아왔다.

세계화 시대의 이주가 '두뇌 유출brain drain'이라는 문제에 직면하는 것도 이런 이유에서다. 인도의 정보기술 개발자뿐 아니라 아프리카 지역의 의료 인력, 유럽 지역의 과학 관련 종사자들이 미국으로 유입되면서 이들 본국의 두뇌 유출 문제는 더욱 주목받고 있다.

프레데릭 독퀴에르 벨기에 루뱅 가톨릭대 교수는 2000년 기준 인구가 400만 명 이상인 나라를 대상으로 대학 졸업생 가운데 이주한 사람의 수를 조사했다. 그 결과 개발도상국 중에서는 필리핀(111만 1704명), 인도(103만 5197명), 멕시코(94만 9476명), 중국(78만 3881명), 한국(61만 3909명) 순이었고 선진국 중에서는 영국(147만 9604명), 독일(94만 4579명), 캐나다(52만 3916명) 순으로 많았다.

각 국가별 대학 졸업생 중 다른 나라로 빠져나간 사람의 '비율'을 살펴보면 두뇌 유출의 문제가 좀 더 확연해진다. 이런 '두뇌 유출의 비율'

은 아이티(83.4%), 시에라리온(49.2%), 가나(44.7%), 케냐(38.5%), 라오스 (37.2%) 등의 순으로 높았다. 이들 국가에서는 대학 졸업자 10명 중 3~4 명, 많게는 8명 이상이 외국으로 이주하기를 택한다는 것이다.

특히 공학자, 교사, 의사, 간호사, 정보기술 전문가들의 두뇌 유출은 더 욱 심각한 문제다. 세계보건기구[WHO] 아프리카 지역사무소 인적자원개발 부 지역고문 마그다 아와시스[Magda Awases] 연구팀의 보고서(2004)에 따르면 2002년 아프리카대륙 6개국[카메룬, 가나, 세네갈, 남아프리카공화국, 우간다, 짐바브웨]의 의료 관 련 전문인력을 대상으로 설문조사한 결과, 평균 50%는 더 나은 임금과 근무환경, 생활을 위해 이주하는 것을 고려하고 있다고 답했다. 이같이 응답한 비율은 짐바브웨(68%), 가나(61.6%), 남아프리카공화국(58.3%) 에서 특히 높았고, 그다음으로는 카메룬(49.3%), 세네갈(37.9%), 우간다 (26.1%) 순이었다. 이유로는 후천성면역결핍증[HIV, AIDS] 환자의 위험성, 의 료 인력이 받는 낮은 임금 등이 거론된다.

의료 인력과 관련된 두뇌 유출에서 따져볼 점 하나는 '의료 두뇌 유출 [MBD, Medical Brain Drain]'이 아프리카의 나쁜 건강 수준에 책임이 있냐는 것이다. 의료 인력의 두뇌 유출은 의사의 양뿐 아니라 해당 대륙에 남은 의사들의 질에 관한 것이기도 하기 때문이다. 물론 의사나 간호사들의 외국 이주가 유아 사망률을 상승시키는 원인이 된다는 뚜렷한 증거는 없다. 하지만 의 료 두뇌 유출이 아이들의 건강 관련 지표를 상당히 저하시킨다는 연구 결 과도 있다. 가장 재능이 뛰어난 의료 인력들이 외국의 자격을 취득해 떠 나기 때문이다. 독퀴에르 교수팀의 연구(2008)에서는 의료 인력의 두뇌 유출이 2배가 될 때마다 에이즈로 죽는 성인의 수가 20%씩 증가한다는 점이 발견되기도 했다.

하지만 두뇌 유출이 마냥 나쁘다고 보기는 어렵다. 고숙련 노동자가 새로운 나라로 떠나는 게 개인뿐 아니라 본국에도, 상대국에도, 전 세계적으로도 더 이득일 수 있기 때문이다. 같은 학생이라도 어느 학교에서 어느 선생님을 만나 배우느냐에 따라 배움의 성장 속도가 다를 수 있고, 같은 아이라도 어느 부모를 만나느냐에 따라 자신의 잠재력을 발굴하고 얼마나 키울 수 있을지가 달라질 수 있다. 마찬가지로 저개발국의 고숙련 노동자도 본국의 여건과 환경이 열악할 때 그곳에 머물면 자신의 재능을 온전히 펼치기 어렵다. 어쩌면 이들이 지닌 기술이나 잠재력 중 일부는 쓰지 못하게 될지도 모른다. 마냥 본국에 머무르면 '두뇌 유출'이 아니라 '두뇌 낭비brain waste'를 초래할지도 모른다는 것이다. 반면, 이주를 택할 경우 자신이 가진 기술을 가장 잘 활용할 수 있는 곳을 만날 가능성이 높아진다.

과거에는 고숙련 인력들의 유동성이 높아지면 이들의 본국에 부정적인 영향을 미친다는, '두뇌 유출에 대한 우려'가 우세했다. 개발도상국의 핵심 두뇌들이 보다 나은 보상을 받고 발전할 기회를 얻기 위해 선진국으로 이동하면서 유출국의 인적자원이 고갈되고 발전 역량이 저해된다는 우려였다. 특히 인재들이 새로운 나라로 이주하면 모국과의 네트워크가 단절되는 경향을 보였기 때문에 순수하게 인재를 뺏기는 관점으로 보는 경우가 많았다.

하지만 인력의 유동성은 두뇌를 유출하는 국가에도 긍정적인 영향을 미친다는 견해가 점점 우세해지고 있다. 해외의 고임금으로 고급 기술을 획득하고 관련 기술을 학습할 동기가 증대되며, 기술 발전을 이룰 가능성이 높아지기 때문이다. 고학력자의 실업 가능성도 감소되며 해외 취업자들이 고임금을 받아 외화를 송금함으로써 경제성장의 발판도 마련할 수 있다. 모국과 지속적으로 네트워크를 유지한다면 해외의 선진기술과 학문성과도 전수받을 수 있다.

많은 전문가들은 '일시적인 고숙련 이주'는 이주자들의 본국에도 도움이 된다고 말한다. 특히 고숙련 이주자들이 해외에서 기술을 습득한 뒤본국으로 돌아갈 경우에 그렇다. 여기에는 요건이 있다. 이주자들의 본국보다 외국에 더 많은 기술이 충분히 축적돼 있어야 한다. 쓰핑 뤄 Siping Luo 중국 청화대 교수는 "최근 관심사는 '지적인 귀환자들 intellectual returnees에 의해 촉발된 본국의 혁신'으로 옮겨갔다. 경제가 발전된 곳에서 공부하거나일했던 고숙련 인력 상당수가 본국으로 돌아가 기술과 관련된 활동을 하고 있다"고 지적한다.

국가가 지속적인 성장을 하기 위해서 꼭 돌파구가 될 만한 혁신이 필요한 것은 아니다. 중국의 경우 더 부유한 국가들로부터 새로운 기술을 유입하고 상당한 수준의 혁신을 체득하면서 꾸준히 소득의 증가를 유지해왔기 때문이다. 돌아온 이주자들은 본국에 인적자원과 벤처자본, 다국적기업의 발달된 시스템과 문화적인 연결고리를 제공한다. 국제이주기구 IOM, International Organization for Migration와 이주정책연구소가 펴낸 자료(2012)에 따르면 대만 정부는 1980년에 첨단기술 육성을 위해 신주공업단지 Hsinchu Science Park를 열었다. 이곳은 캘리포니아의 창의적인 전문가들이 밀집된 실리콘밸리를 본뜬 곳으로, 실제 실리콘밸리는 수많은 대만 출신의 전문가들이일하는 곳이기도 하다. 대만 정부는 이곳에 회사를 위한 주변 환경을 조성하고 혜택을 주기 시작했는데, 예를 들면 서양식 집과 학교, 상업 서비스를 지원하는 식이었다. 공업단지는 2000년에 10만 2000명을 고용하고 280억 달러의 매출을 올릴 정도로 굉장히 성공적이었다. 이곳은 외국인뿐 아니라 이주 경험이 있는 대만인들에게 매력적인 장소가 됐다. 그해를 기준으로 공업단지에 있는 289개의 회사 중 113개는 미국에 기반을 둔 대만인들의 소유였고, 이 중 70개는 실리콘밸리에도 회사를 유지하고 있었다. 또한 외국에서 돌아온 사람들은 굉장히 높은 교육을 받고 있었는데, 그중 500명은 박사학위를 갖고 있었다.

뤄 교수팀은 연구(2013)에서 1998~2008년 중국의 광전지^{PV, Photovoltaic} 회사 806곳 이상을 대상으로 중국과 국제적인 특허국 기록, 해당 회사들의 특허활동을 조사했다. 연구진은 회사와 산업, 언론의 리포트를 통해 해당 회사들의 각 연도별 CEO 혹은 이사회구성원들의 대학교육과 직업경험을 조사했는데, 이는 누가 해외에서 공부를 하거나 훈련을 받았는지 파악하기 위해서였다.

그 결과 국제적인 경험이 있는 리더가 속한 회사가 그렇지 않은 다른 회사에 비해 특허를 138~379% 더 많이 취득하는 것으로 나타났다. 이사회구성원 중에 해외 경험이 있는 사람이 있을 경우 특허를 취득하는 정도는 89~165% 높았다. 연구개발^{R&D}활동에 대한 지출을 보정하더라도, 회사에서 리더 역할을 하는 '지적인 귀환자들'이 여전히 더 많은 특허를 취득하는 데 기여하는 것으로 나타났다.

그렇다면 고숙련 이주자들이 본국에 돌아가 기여하도록 하려면 어떻게 해야 할까? 이들이 본국으로 돌아갈 가능성은 그들이 가진 기술이 많이 보상받을 때, 그리고 본국의 성장 전망이 높을 때 올라갈 것이다. 즉, 자신들이 가진 우수한 기술에 대한 보상도 미미하고 본국이 점점 나아질 것이라는 전망도 없다면 돌아갈 유인이 적어진다는 것이다. 물론 두뇌 유출을 경험한 개발도상국이 새로운 기술을 받아들이기 위해서는 돌아온 이주자들이 강한 기술력과 전문성을 갖추고 있어야 하지만, 해당 나라에도 고차원적인 과학자들과 공학자들이 있어야 한다. 이주자들이 자신의 역량을 펼 수 있는 밑바탕이 제대로 갖춰져 있어야 한다는 것이다. 해당 국가의 혁신은 혁신을 주도하는 나라와의 교류, 연구개발에 대한 공적인 투자와 더 높은 수준의 교육, 정책의 질에도 달려 있다.

두뇌 유출은 전 세계적으로 고급 기술과 지식이 확산되는 것을 도와서 전체의 발전을 야기한다. 인도의 두뇌 유출의 경우도 수많은 메커니즘을 통해 '지식의 확산'을 도왔다는 지적이 제기되고 있다. 인도 출신 이주자들이 미국에서 자신들의 기술을 한 단계 높인 뒤 본국으로 돌아올 경우 '두뇌 순환brain circulation'을 일으킨다. 인재가 빠져나간 게 아니라 오히려 더 많은 것을 보고 배운 후 향상된 상태로 본국에 돌아와 기여한다는 것이다.

사실 혁신이라는 것은 지식에 대해 얼마나 가까이 접근할 수 있는지와 관련이 있다. 윌리암 커William Kerr 미국 하버드대 교수의 연구(2008)에 따르면 중국인들이 본국과 유지하고 있는 '디아스포라 채널'은 자국 제조업의 생산성에 긍정적인 영향을 미친다. 높은 기술을 요하는 분야의 생산성에도 마찬가지다. 이주한 사람들이 새로운 곳에서 기술을 배우면 자국에 해당 기술을 확산시키고, 궁극적으로 생산성을 높이는 효과가 있는 것이다.

미국 캘리포니아 공공정책기관Public Policy Institute of California의 애나리 색스니안AnnaLee Saxenian 박사팀이 2001년 5~7월 실리콘밸리에 있는 중국과 인도 출신 이주자들을 샘플 조사한 연구(2002)에 따르면 이들은 본국과 상당히 강력한 유대관계를 맺고 있음이 나타났다. 최근 3년간 자신이 출생한 나라에 사업상의 목적으로 평균적으로 얼마나 자주 방문했느냐는 질문에 중국 출신 이주자의 44%, 대만 출신 이주자의 64%, 인도 출신 이주자의 52%가 연간 1번 이상이라고 답했다. 출생국에 있는 친구, 교우, 사업 관계자들과 정기적으로 기술technology에 대한 정보를 교환한다고 응답한 중국 출신 이주자는 20%, 대만 출신 이주자는 19%, 인도 출신 이주자는 33%

였다. 자문을 하거나 계약을 마련하는 방식으로 출생국의 사업을 도와본 적이 있느냐는 질문에도 상당수가 그렇다고 답했다. 자문의 경우 중국 출신 이주자의 15%, 대만 출신 이주자의 24%, 인도 출신 이주자의 34%가 그렇다고 답했으며 계약 마련arranging a contract에 대해서는 중국 출신 이주자의 34%, 대만 출신 이주자의 42%, 인도 출신 이주자의 46%가 그렇다고 답했다. 출생국의 벤처기금이나 스타트업에 자신의 돈을 투자해봤다는 응답자는 중국 출신 이주자는 10%, 대만 출신 이주자는 17%, 인도 출신 이주자는 23%였다. 아울러 출생국에 돌아갈 의향이 있다는 응답자는 중국 출신은 43%, 대만 출신은 25%, 인도 출신은 45%로 적지 않았다.

고숙련 이주자들의 확산은 전 세계에 해당 나라의 평판을 높이는 효과도 가져다준다. 독퀴에르 교수는 심지어 고숙련 노동자들이 선진국에서 정착하더라도 기술의 확산을 촉진할 수 있다고 말한다. 이들은 외국인직접투자FDI, Foreign Direct Investment와 교류를 촉진시키기 때문에 국내의 기관들이 성장하는 데 기여하기 때문이다. 독퀴에르 교수는 인도의 두뇌 유출은 외국 투자자들에게 인도의 노동력에 대한 정보를 가져다줬다고 말한다. 인도 출신 이주자들을 경험하지 않은 나라들에게도 인도의 정보기술 전문가들에 대한 수요, 인도에서 수출된 정보기술 서비스에 대한 국제적인 수요를 만들어낸 것이다. 실제로 Y2K밀레니엄 버그. 컴퓨터가 2000년 이후의 연도를 제대로 인식하지 못해 일상 업무에 일대 혼란을 일으키게 되는 결함 문제가 떠올랐을 때 많은 기업은 우선 인도 출신 직원들이 이 문제를 해결하도록 하는 경향을 보였다. 인도의 두뇌 유출은 인도인 혹은 인도 출신 기술자들에 대한 수요와 평가를 높인 셈이다.

물론 국제이주를 택한다고 두뇌 낭비가 발생하지 않고 모든 재능이 효과적으로 쓰이는 것은 아니다. 독퀴에르 교수는 "사람들이 자신의 기술에 투자하더라도 그것을 이용하지 않게 된다면 설령 국제이주를 택하더라도 '두뇌 낭비'가 발생할 수 있다"고 말한다.

예를 들어 필리핀에서 의사였던 사람이 영국 런던에 와서는 간호사로 일한다거나, 도미니카공화국에서는 지질학자였던 사람이 미국 뉴욕에 와서는 택시운전사로 일하는 것이다. 대학 전공이나 본래 기술과는 관계없이 해외에서는 한인 슈퍼마켓을 운영하거나 세탁소, 한인 식당을 운영하는 이주자들도 마찬가지다. 이런 식의 두뇌 낭비는 해외 직업시장의 기회에 대한 정보가 부족하거나 해당 인적 자본의 기술이 제대로 평가받지 못할 때 발생한다. 어떤 사람들은 이주할 기회를 높이기 위해 일부러 자신들의 기술을 활용하지 않는 경우도 있다. 고숙련 노동과 관련된 비자를 받아 이주하기에는 절차도 까다롭고 쉽지 않으니 의도적으로 가장 쉬운 이주 방법을 택해 스스로 두뇌 낭비를 선택한 것이다.

하지만 이제는 고숙련 인력의 국제이주에 있어 '두뇌 순환'이라는 실용적인 관점에서 접근할 필요가 있다. 국제이주를 통해 고급 기술에 대한 연구 네트워크와 지식 교류를 확대하고 이주자들의 긍정적인 영향을 최대한 확대해 이주자 유입국과 송출국이 상생할 수 있는 방안을 모색해야 한다.

이주자의 송금과
국제 빈곤 문제

현재 많은 선진국이 국제원조의 차원에서 제3세계를 돕고 있고, 세계은 행도 아프리카에 도움을 주고 있다. 공식적인 기구 외에 수많은 비정부기구NGO, Non Governmental Organization도 저개발국 원조활동을 펼치고 있다. 국제연합도 새천년개발목표MDGs, Millennium Development Goals에서 절대 빈곤을 2015년까지 절반으로 줄이겠다는 야심찬 목표를 세우기도 했다. 과거 해외원조를 받았던 한국도 이제는 '받는 나라'가 아닌 '주는 나라'로서 국제원조에 주목하고 있다.

하지만 외국에서 저개발국으로 돈과 각종 물품을 보내주는 게 실제로 그 나라 사람들의 삶을 향상시키는 데 얼마나 도움이 되는지에 대해서는 회의적인 시각이 있다. 벤저민 파월 미국 텍사스공대 교수는 국제원조에 대해 이야기하며 "그런데 그곳저개발국은 발전하는 게 아니라 오히려 더 가난해지고 있다"고 지적한다. 그는 가난한 나라가 장기적으로 부유해지기 위해서는 외부에서 도움을 주는 것만으로는 안된다고 진단한다. 외부에서 할 수 있는 것은 한계가 있기 때문이다. 게다가 외부원조만으로 빈곤을 감소시키기 위해서는 오로지 계속 원조에 대한 재정지출을 늘려야 한다.

이런 까닭에 파월 교수는 '국제원조'라는 측면에서 이주를 주목한다. 이주자들이 본국에 송금하는 금액이 이주 당사자와 본국에 국제원조 못지않은 실질적 효과가 있기 때문이다. 세계은행의 '이주와 개발 개요(2013)'에 따르면 개발도상국에 지원되는 공식적인 원조에 비해 이들 나라 출신 이주자들이 본국에 송금하는 금액이 거의 3배에 이른다. 개발도상국으로 들어가는 송금액은 계속 증가해왔는데, 2013년을 기준으로 4040만 달러에 이르렀다. '이주와 개발 개요(2014)'에 따르면 개발도상국으로 들어가는 송금은 향후 3년간 연평균 8.4%로 증가할 것으로 예상되며, 2016년에는 5160만 달러가 넘을 것으로 보인다.

선진국에서 국제원조사업을 하는 이유는 저개발국 사람들이 보다 잘 살게 하기 위해서다. 그런데 외부에서 돈을 쏟아붓는 것이나 이주를 허용하는 것이나 그 나라 사람들이 잘 살게 되는 결과는 똑같다. 심지어 국제원조를 실행하려면 단순히 돈만 필요한 게 아니라 인력이나 기구, 행정 등 복잡한 추가비용이 필요하다. 게다가 개발도상국 인구에게 기본적인 서비스를 제공하는 게 단순히 공식적인 개발 원조를 하는 것만으로 달성될 수 있는 것도 아니다. 이런 맥락에서 외국으로 이주한 사람들이 본국에 보내는 송금은 국제원조의 측면에서 관심을 받고 있다.

사실 이주는 그 자체만으로 이주자들의 본국의 빈곤에 직간접적인 영향을 미친다. 이주자들이 가난한 집안을 떠났을 때, 그 가정의 예산으로 지원받아야 하는 사람이 줄어들기 때문에 직접적으로 해당 가정의 생활수준을 높일 수 있기 때문이다. 만약 해당 이주자가 집을 떠나기 전에 일을 하고 있지 않았다면 이런 효과는 더욱 명백해진다. 아울러 저개발국에서 이주한 노동자들은 선진국과 본국의 임금 차이가 많이 나기 때문에 선진국에서 번 돈의 일부를 본국으로 송금하는 경향이 있다. 사실 이들 중 상당수가 선진국에 나와서 일하는 이유는 단순히 선진국에서 돈을 벌면서 먹고살기 위해서가 아니다. 선진국에서는 얼마 되지 않는 돈이라도 본국에서는 큰 액수이기 때문에, 이를 본국에 송금해 가족들을 돕거나 선진국에서 돈을 모아 본국으로 돌아가서 잘 살아보려고 하는 것이다.

송금은 정치적인 장벽이나 제한에 구애를 덜 받기 때문에 돈의 흐름이 더욱 자유롭다. 송금은 거대하고 관료적인 개발 프로그램이나 국제원조에 비해 더욱 효과적인 소득 재분배가 가능하다. 리처드 애덤스 Richard H. Adams 팀이 세계은행의 후원으로 진행한 연구(2005)에서 71개의 저소득 혹은 중간 정도 소득 수준을 지닌 나라의 이주와 송금, 빈곤, 불평등에 대해 조사한 결과, 국제이주와 송금은 개발도상국의 빈곤의 심각성과 수준, 깊이를 상당히 낮추는 것으로 나타났다. 연구에서 다른 여러 요소를 보정했을 때도, 국가의 인구에서 국제이주자의 비율이 10% 증가할 때마다 그 나라에서 하루에 1달러 미만으로 생활하는 사람들의 비율이 2.1% 감소했으며 아울러 국제이주자가 1인당 공식으로 본국에 송금하는 금액이 10% 증가할 때 빈곤층의 비율이 3.5%씩 하락하는 것으로 나타났다.

실제로 개발도상국에서는 송금이 외부자원 가운데 주요자원이 되고 있다. 세계은행의 '이주와 개발 개요(2014)'에 따르면 세계에서 가장 큰 시장이 생겨나고 있는 인도에서도 2013년 기준 송금을 통해 얻는 금액은 수출액의 15%, 수입액의 12%에 맞먹는 수준에 이르렀다. 심지어 그해 인도에서 송금으로 얻는 금액은 정보기술 서비스를 통해 얻는 수입을 넘어서기까지 했다. 같은 해 방글라데시의 경우 외부에서 들어오는 송금이 의류 수출액의 84%에 맞먹는 수준이었고, 나이지리아에서는 송금의 유입이 석유 수출로 인해 받는 금액의 22%에 이르는 금액이었다.

어쨌거나 송금은 빈곤을 감소시키는 '사적인 외국원조'의 역할을 하는데, 이것은 보내는 쪽에서 복잡한 관료제나 프로그램 운용비용이 따로 들지 않고서도 정말 돈이 필요한 사람에게 금액을 보낼 수 있기 때문이다. 게다가 시골 등 곳곳에 있는 다양한 사람들에게 돈이 전해지게 할 수 있다. 이런 까닭에 저개발국에서는 송금만큼 '아래에서부터 위로bottom-up' 복지를 재분배하고 한 단계 끌어올릴 수 있는 효과적인 방법이 없다고 평가받고 있다.

많은 학자들은 이주자들이 외국에 나가서 돈을 번 뒤에 본국으로 돈을 송금하는 것이 해당 국가를 부유하게 만들 수 있다는 점에 주목한다. 외국이 원조 형식으로 무작정 돈을 쏟아붓는 것보다는 이주자들의 송금을 이용하는 게 실제 그 나라 국민들의 피부에 와 닿도록 도움을 줄 수 있는 방법이라며 '이주'와 '개발'을 연계하는 것이다.

한국에서도 본국과 연결고리를 지니고 있는 이주자들 중 상당수는 송금을 하는 것으로 나타났다. 법무부의 보고서(2010)에 따르면 외국인 근로자의 임금에서 송금이 차지하는 비중이 57.4%, 저축이 21.7%로 조사됐다. IOM이민정책연구원의 '외국인 근로자의 송금 요인 분석(2013)'에서는 2010년 '체류외국인 실태조사' 원자료를 바탕으로 고용허가제를 통해 입국한 비_非전문취업 이주근로자 1000명, 방문취업제_{특례고용허가제}를 통해 입국한 외국국적 동포 800명, 그리고 구직 중인 중국동포 200명을 대상으로 분석했다. 이들의 월평균 송금 액수는 51~100만 원이 45.1%로 가장 많았고 100만 원을 초과한다는 응답은 13%이었다. 송금하지 않는다는 응답은 8.1%에 불과했다.

이주자들 중 단순히 노동자들만 본국으로 돈을 송금하는 것은 아니다. 저개발국에서 주로 경제적인 이유로 맞선을 통해 선진국으로 시집을 가는 결혼이민자들도 본국으로 돈을 송금하는 경향이 있다. 특히 중국, 베트남, 필리핀, 캄보디아 등에서 시집오는 결혼이민자들이 많은 한국의 경우 더욱 그렇다. 한국보건사회연구원의 「다문화시대를 대비한 복지정책 방안 연구: 다문화가족을 중심으로」(2008)에 따르면 본국 가족에게 생활비를 송금한다는 응답은 41.5%로 거의 절반에 가까웠다. 특히 생활비를 송금한다는 비율은 도시(39%)보다 농어촌(45.4%)이 높았으며 결혼이민자가 본국에 보내는 송금액은 연간 평균 558만 4000원이었다.

물론 이주를 통한 개발이 쉽지만은 않다. 즉, 이주를 한다고 해서 무조건 다 본국으로의 송금을 통해 국제개발이 되는 것은 아니다. 이주에는 '비용'이라는 장벽이 있기 때문이다. 국제이주는 목적지에 도달하기까지 비싼 값을 치러야 하고 설령 어느 장소에 도착한다고 해도 일을 찾기 위해서는 추가비용이 뒤따른다. 이 때문에 이주는 내재적으로 위험을 수반하는데, 이주 이전에 직업을 확보할 수 있다면 이런 위험은 완화되는 경향이 있다. 또 가족 등이 이주자의 목적지에 있거나 직업을 찾는 데 도움을 줄 수 있거나 새로운 나라의 문화나 언어에 적응하는 데 도움을 줄 수 있을 때 이주의 과정이 더욱 쉬워진다.

이주자가 가난할 경우에는 두 가지 측면에서 이주비용이 장벽으로 작용한다. 우선 이주를 통해 도달한 목적지에서 직업을 구할 수 있다고 해도 가난한 가정은 이주 자체에 대해 재정적인 지원을 할 수 없다. 재산도 없고 돈을 빌릴 만한 신용도 없다. 이주를 하고 싶어도 이주하지 못할 가능성이 크다. 아울러 이주에 대한 정보를 얻을 수 있는 네트워크는 가난한 사람에게는 미치지 않을 가능성이 크다. 즉, 이주와 관련된 정보와 도움을 얻을 수 있는 조직이 있더라도 가난한 사람들은 그 혜택을 받지 못할 소지가 크다. 이 때문에 가난한 사람들은 목적지에 도달하더라도 직장을 찾으려면 더 많은 비용을 치러야 한다. 결국 여행비용이 많이 들고 외국에서의 기회에 대한 정보가 부족한 것을 감안하면, 가난하고 취약한 가족은 이주를 선택하기 어렵다. 합법적인 이주를 위해서는 여권과 비자가 필요한데, 가난한 사람들은 여기에 필요한 정보와 연결고리가 부족한 경우도 상당수다.

어쩌면 더 중요한 것은, 이주 대상국들이 때때로 고용을 통한 합법적인 이주를 어렵게 하는 정책을 입안한다는 것이다. 예를 들면 대부분의 선진국은 특정 기술이나 교육 수준을 가진 이주자들에 대해서는 비자 쿼터를 제한하고 있다. 이런 정책들은 저숙련 이주자들이 오로지 많은 위험과 비용 등이 수반되는 불법이주만을 선택할 수 있도록 한다. 이 과정에서 이주를 돕는 중재자 혹 중개인은 과도한 비용을 요구하고 이주자는 빚을 지게 된다. 결국 설령 이주를 하더라도 노동 인권을 침해받거나 생활이 어려워질 수 있다.

심지어 이주자들의 송금이 국제개발에서 중요한 역할을 한다고 해서 모든 이주자가 부치는 돈이 그러한 것은 아니다. 이주자라고 해서 모두 자국의 발전에 필요한 만큼 돈을 많이 부치는 것은 아니기 때문이다. 많은 연구에서는 고숙련 노동자들의 이주는 개발도상국에서 그들의 가장 희소자원 중 하나인 '인적자원'을 앗아간다는 원망을 듣는다고 지적한다.

물론 어떤 학자들은 고숙련 이주자들의 송금이 두뇌 유출로 인한 부정적인 효과를 상쇄시키는 효과가 있다고 보았는데, 고숙련 이주자들이 본국에 많은 금액을 송금함으로써 이 돈이 교육에 대한 투자로 쓰이고, 결국 본국의 인재 양성에 도움이 된다는 것이다. 이러한 가정이 성립하려면 고숙련 이주자들이 본국에 많은 금액을 송금해야 한다. 물론 고숙련 이주자일수록 본국에 더 많은 금액을 송금할 가능성은 높다. 더 많이 교육받은 사람들이 소득이 많을 가능성이 높고 불법체류할 가능성은 적으며, 은행 계좌를 갖고 있는 데다 저렴한 방법으로 계좌이체를 할 가능성이 높기 때문이다. 마리 캉가스니에미 Mari Kangasniemi 영국 서식스대 교수팀의 연구(2004)에 따르면 영국에 있는 외국 출신 의사들을 대상으로 한 설문조사 결과, 응답자의 45%는 본국으로 돈을 송금한다고 답했고 이들은 수입의 평균 16%를 보내고 있었다.

반면, 리카르도 파이니 Riccardo Faini 이탈리아 로마대 교수는 연구(2006)에서 "종종 송금으로 인한 바람직한 효과에 의해 두뇌 유출의 부정적인 측면이 완화된다는 주장들이 있지만, 이것은 일반적으로 사실이 아니라는 것을 증명했다"고 말한다. 두뇌 유출은 오히려 송금이 적게 되는 것과 연관돼 있기 때문이다. 그는 덧붙여 "고숙련 이주자들은 전통적으로 비교적 많은 돈을 벌고, 그렇기에 다른 사정에 변함이 없다면 더 많이 송금할 것이다. 하지만 고숙련 노동자들은 비교적 부유한 집에서 오는 경향이 있고 그들이 송금하려는 경향은 상대적으로 낮다. 또 그들은 해외에서 더 많은 시간을 보낼 가능성이 높고, 그 나라에서 가까운 가족들과 재결합하려는 경향이 있다. 이 두 요소는 고숙련 인력으로부터 비교적 적은 돈이 흘러오는 것과 연관이 있다"고 말한다.

이러한 이유로 학자들은 고숙련 노동자의 이주로 인한 본국의 손실은 송금, 이주자의 귀환, 통치 방식의 질, 교육에 돌아오는 높은 보상 등에 비할 수 없을 정도로 크다고 말한다.

송금이 국제이주에서 원조 못지않은 역할을 하는지 알기 위해서는 이주자들이 송금을 하는 이유와 송금이 어떻게 활용되는지도 살펴봐야 한다. 송금이 진행되더라도 생산적으로 활용되지 않으면 본국에서는 오히려 외국에서 유입되는 불로소득에 의존하고 게으름을 피우며 과시적인 소비를 하는 경향이 생기는 등 도덕적 해이가 발생할 수도 있기 때문이다. 일각에서는 이주자들이 보내는 송금은 대부분 집이나 차, 옷을 사거나 연회를 여는 등의 소비에만 지출되고 생산적인 기업에 투자되는 경우는 별로 없다는 비판도 제기되고 있다. 결국 자국의 노동력은 감소하고 과소비만 늘어날 경우 임금과 물가 상승이 발생할 수도 있다.

더불어 송금 과정이 경제성이 있는지, 송금이 비용 효과 측면에서 잘 진행되고 있는지도 살펴봐야 한다. 그러기 위해서는 송금 과정도 효과적이어야 하고 수수료도 투명하게 집행돼야 한다. 세계은행의 '이주와 개발 개요(2014)'에 따르면 송금에 드는 비용이 2014년 1분기를 기준으로 송금액의 평균 8.4%인데, 이는 1년 전(9.1%)에 비해 조금 떨어진 수치다. 송금에 드는 수수료가 낮으면 이주자들은 더 많은 금액을 송금할 수 있다. 2009년 한 연구에서는 미국과 엘살바도르 간 송금비용이 1달러가 낮아질 때마다 송금액이 290달러씩 증가한다고 나타남에 따라 비용 효율적인 관점에서 국가 간 수수료 인하도 논의되고 있다.

송금은 국가 간 정상회담 주제로 상정되기도 한다. 2009년 G8정상들은 송금에 드는 비용을 (5년 뒤인) 2014년까지 5%까지 인하할 것을 목표로 하는 '5×5 Objective'를 선언하고 각국 정부, 업계와 협업해 수수료 인하를 추진하기도 했다. 같은 맥락에서 세계은행도 2008년 '송금비용데이터베이스Remittance Prices Worldwide'를 구축해 송금 수수료에 대한 정보를 공유하고 비교할 수 있게 하는 한편, 분석 보고서를 발간하고 있다.

전문가들은 이주와 송금 자체가 자동적으로 이주자 출신국의 발전을 이끄는 것은 아니라고 말한다. 영국 옥스퍼드대 국제이주연구소 하인 드 하스는 "이주와 송금은 잠재적으로 개발에 기여할 수 있지만 이주자들을 보내는 나라와 받는 나라의 구체적인 정치·경제·사회적인 상황이 이러한 잠재력이 잘 활용되는지를 결정한다"고 말한다. 우리가 어떤 상황이 이주와 개발을 더욱 긍정적으로 연관되게 하는지를 물어야 하는 이유다.

개발에는 제약요소들이 있다. 나쁜 인프라, 부패, 거시경제의 불안정성, 적절한 공공정책교육, 보건, 토지개혁의 실종, 시장 실패, 무역 장벽으로 인한 국제 시장 접근의 어려움, 정부에 대한 낮은 신뢰와 법적인 안정성의 부족 등이다. 이런 것들은 이주자의 가정이 송금을 받아도 이를 생산적인 곳에 투자하기를 꺼리게 하는 요인이 될 수 있다. 즉, 바람직하지 않은 요건하에서 송금은 투자나 발전으로 이어지기 힘들고, 오히려 이주자의 가족들이 송금으로 인해 사회·경제적인 활동을 하지 않도록 후퇴하게 만들 수 있다.

수십 년 전 독일이 광부, 간호사 등 자국의 인력이 부족한 분야에 대해 외국 인력을 수입하고 이를 통해 인력난을 해소하면서 한국의 경제성장에도 기여했음을 상기해볼 필요가 있다. 당시 '이주를 통한 개발'은 꽤나 성공적이었다. 과거 '성공적으로 받는 나라'였던 한국은, 지금은 '주는 나라'로서 얼마나 성공적인 역할을 하고 있는지 분석해봐야 한다.

이주의 또 다른 단초
'세계화 대학'

선진국, 특히 미국에서 유학생활을 하는 인재들 중 상당수는 그곳에서 정착하기로 결정한다. 유학생활 당시만 해도 '공부'라는 목적이 있었지만, 결국은 유학이 이주의 단초가 된 셈이다. 실제로 전 세계 유학생들을 보면 상당수가 애초에는 이주 자체를 목적으로 하진 않았더라도 추후 장기 이주자로 탈바꿈하곤 한다.

학계에서 두각을 나타내는 우수한 인재가 이주를 선택할 경우, 그를 받아들이는 국가는 굉장한 자산을 얻게 된다. 반면 유학생들의 정착으로 인한 해외 이주에 대한 고민은 '인재 유출국' 입장에서는 심각한 문제다.

하이정 리 Haizheng Li 미국 조지아공대 교수의 연구(2010)에 따르면 중국에서는 1978년 경제개혁 이후 정부가 학생들과 학자들을 외국에 보내기 시작했다(이전 시기인 1950~1966년에도 중국 정부는 1만 678명을 25개 국가에 보낸 적이 있었지만, 대부분이 구소련과 동유럽 등 공산주의 국가였고, 1966~1976년 1629명이 유학을 떠나긴 했지만 대부분이 외국어를 배우기 위해서였다). 개방 직후인 1979년에는 1950명의 사람들이 공부를 위해 외국으로 파견됐는데, 이 중 74%는 방문 학자였다. 어쨌거나 이들 중 82.5%는 자연과학을, 16.1%는 언어를, 1.3%는 사회과학을 공부했다. 외국으로 떠나는 학생과 학자의 수는 2006년에는 13만 4000명으로 증가했고, 1978~2006년 사이에는 총 90만 명에 이른다.

2009년 중국 「광저우일보廣州日報」는 "최근 중국은 해외유학이 급증하고 유학 후 돌아오지 않는 유학생들이 많아 21세기 인재 확보 전쟁에서 실패하고 있다. 이는 중국의 미래와 국가 발전에도 큰 악영향을 미치고 있다"며 중국 엘리트의 해외체류를 우려했다.

과거에는 조국의 발전을 위한다는 애국심과 민족주의에 호소하는 것이 일부 유학생들에게는 귀국의 동인이 됐다. 하지만 이주의 시대에서는 누구나 언제든 떠나고 돌아오는 게 일상화된 데다, 국경의 개념이 흐릿해져가기 때문에 더 이상 효력을 잃고 있다.

물론 한국으로 들어오는 외국인 유학생도 빠르게 늘고 있다. 통계청이 'e나라지표' 웹사이트에 공시한 교육부의 '유학생 현황' 자료에 따르면 학위나 연수를 목적으로 국내에 들어온 유학생은 2008년 6만 3952명, 2010년 8만 3842명, 2012년 8만 6878명, 2014년 8만 4891명으로 약간의 등락은 있더라도 전반적으로 느는 추세였다. 2013년을 기준으로 출신 지역별로 보면 아시아 지역에서 온 학생들이 87.6%, 국가별로는 중국이 58.6%로 과반수를 차지한다. 그다음으로는 몽골, 일본, 베트남 순이었다.

한국으로 들어온 외국인 유학생들이 급증한 이유에는 여러 가지가 있다. 우선 대학들은 우후죽순 늘어나고 있는데 저출산으로 인해 학령 인구는 계속 줄어들고 있어 대학들이 학생 수를 채우지 못하자 유학생들을 유치할 필요성이 생긴 것이다. 중국이 개방되고 중국인들의 소득과 교육열이 증가했다는 것도 주요 이유 중 하나다. 엄청난 수의 중국 학생들은 세계 곳곳으로 뻗어나가고 있다. 한국의 경우 중국과 지리적으로 가깝고 문화적인 이질성도 적으며 한류 등으로 젊은 세대의 호감을 사고 있어 중국 학생의 유입이 많은 편이다.

　그렇다면 유학생은 그 자체로 모두 우수인재 혹은 우리 사회가 필요로 하는 인력일까? 아니다. 한국에서는 '세계화 대학'이라는 기치로 국제화 지수를 높이기 위해 단순히 유학생의 양만 늘리는 데 급급한 곳이 많았다. 이 때문에 학문·기술적으로 국가 발전에 기여할 수 있는 분야의 연구에 매진하는 유학생보다는 학적만 걸쳐놓은 뒤 한국에서 아르바이트를 하면서 생계를 이어가는 '생활인'에 가까운 유학생들도 많아졌다. 한국어나 영어 등 수업을 수강하는 데 필요한 언어도 제대로 구사하지 못하는 유학생도 많다. 무늬는 유학이지만 학업이 목적이 아니라 다른 목적으로 한국 유학을 선택하는 경우도 많다는 것이다.

　실제로 한국노동연구원이 전문조사회사에 의뢰해 국내에 온 유학생과 석·박사 대학원생 1400명을 대상으로 한 실태조사 보고서(2010)에 따르면 한국으로 유학을 온 이유로는 '한국어를 배우고 한국문화를 경험하기 위해서(29.2%)'나 '본국의 한국 관련 기업에 취직하거나 한국 관련 사업을 하기 위해서(17.1%)'가 가장 많았다. '한국의 교수진과 커리큘럼이 좋아서'라는 응답은 9.8%에 불과했는데, '다른 나라나 본국의 대학에 입학하는 게 어렵거나 한국의 대학이 졸업하기 쉬워서'라는 응답은 9.8%로 이와 맞먹었다. 즉, 한국의 교육 서비스나 일자리가 경쟁력이 있어서가 아니라 다른 목적으로 들어오는 경우가 많은 것이다.

　또 학업에 집중하지 않는 유학생도 많다. 이 조사에서 유학생 431명을 대상으로 한 결과에 따르면 한국 유학 중에 보수를 받으며 일해본 경험이 있다는 응답은 30.8%로 3명 중 1명꼴에 달했다. 일의 종류로는 '편의점, 식당, 대형 할인마트, 주유소 단시간 근로'가 50.4%로 가장 많았다. 그다음으로는 '모국어 지도(20.5%)', '통역, 번역, 여행가이드(11.9%)' 순이었다. 행정보조, 사무보조, 조교 등 기타 업무는 17.2%를 차지했다.

물론 외국인 유학생들의 학업 중에 국내에서 취업해 일을 하는 게 꼭 나쁜 것만은 아니다. 상점이나 식당, 외국어 관련 업무도 국가 운용에 있어서 꼭 필요한 산업인 것도 맞다. 이들이 취업 당시에 긍정적인 경험을 할 경우 졸업 후 한국 기업에 취업하고 싶어 하는 의사를 높일 수 있고, 국제적으로도 한국 기업에 대한 인식이 향상돼 인지도와 브랜드 가치를 높이는 효과를 볼 수 있다. 또 유학생들은 학교에서 공부하면서 한국어와 한국문화를 익혔기 때문에 한국 기업에 취업할 경우 조직문화에 더 빨리 적응할 수 있다는 장점이 있다.

하지만 사실 이러한 업종은 굳이 유학생 인력으로 채워지지 않아도 충분히 수요가 많다. 저숙련 인력이나 노인 인력 등의 내국인들로 얼마든지 보충할 수 있고 때로는 수요하기까지 하는 분야인데, 유학생들이 이런 일자리를 잠식하는 것은 고용주가 저렴한 가격에 아르바이트생을 부릴 수 있게 하는 것 외에는 사회 전체적으로 그다지 이득이 없을 수 있다. 결국 학문적인 지식과 연구로 국가에 기여할 유학생을 받아들이는 게 아니라, 저숙련 단순노무 노동자를 받아들인 셈이 되기 때문이다.

이런 반론이 있을 수도 있다. 유학생이라도 학업에 대한 열의가 있고 영특하지만, 생활비를 댈 형편이 안 돼서 아르바이트와 공부를 병행하는 경우도 있다고 말이다. 하지만 이런 반론은 한국사회가 영입하는 유학생들의 학업 수준이 어느 정도 보장될 때 성립할 수 있다. 유학생들이 한국에서의 학업을 수행하기에는 부족한 실력을 갖고 있다면 처음부터 유학을 할 만한 학업적인 능력도, 경제적인 능력도 제대로 검증받지 않고 입국한 셈이다.

실제로 한국노동연구원이 위의 연구에서 150개 대학을 상대로 조사한 결과에 따르면 국내 대학들이 학부생 외국인 유학생의 입학 자격 기준으로 요구하는 한국어 구사력은 대학교의 57.3%, 대학원의 43.1%가 한국어능력시험TOPIK, 한국어능력평가시험KLPT 3급 이상이었다. 3급은 일상생활이 가능한 정도의 수준으로 두 시험 다 4급 정도는 돼야 강의를 듣거나 보고서를 작성할 수 있는데, 학업을 수행하기에는 부족한 기준을 제시한 것이다. 학교 현장에서는 교수들이 유학생들의 눈높이를 맞춰주기 위해 강의 수준을 낮추는, 하향평준화도 발생하고 있다.

학업도 학업이지만, 그에 못지않게 큰 문제는 유학생들이 졸업을 하더라도 한국의 산업이 필요로 하는 일자리를 가질 역량이 안 된다는 것이다. 즉, 한국인 인력으로도 충분히 대체할 수 있는 돈 계산이나 음식물 서빙 등 단순노무 직종이야 얼마든지 가질 수 있지만, 정말 한국에서 유학생들이 기여할 수 있는 산업의 일자리를 가질 역량은 안 된다는 것이다.

위의 조사에서도 국내 기업에 취업이 가능하다고 평가되는 외국인 유학생의 비율은 17.69%, 국내에서 전문인력으로 취업이 가능한 외국인 유학생의 비율은 26.78%로 낮았다. 유학생 당사자들도 비슷한 평가를 내리고 있다. 한국에서 취업을 결정할 때 가장 한계점으로 작용하는 요인에 대해 물어본 결과, 의사소통이 어렵다는 응답이 41.1%로 가장 높았다. 그다음으로는 '자신의 전문성으로 취업할 수 있는 기업을 찾기 힘듦(25.2%)', '한국의 직장문화에 적응하기 힘듦(24.8%)' 순이었고, 임금 수준 및 근로 조건이 낮다는 응답은 8.9%였다. 한국에서 대학 공부를 해도 여러 면에서 이주에는 부적합한 상태에 머문다는 것이다.

그렇다면 학업능력이 우수하지 않은 유학생은 무조건 유치하지 않는 게 이득일까? 그렇지는 않다. 한국에 일시적으로 방문하는 관광객들이 한국의 내수시장을 며칠간 진작시켜주는 존재들이라면, 유학생들은 최소한 수년간 한국의 소비자가 될 사람들이기 때문이다. 이들은 관광객들이 구매하는 기념품이나 옷, 액세서리, 화장품뿐만 아니라 생필품도 구매한다. 비교적 장기적으로 거주해야 이용할 법한 미용실, 병원을 이용하고 집세를 내며, 교육비도 납부한다. 또 각종 교통수단과 관광지 등 유흥시설도 이용하고 음식도 사먹는다. 이처럼 경기가 침체되고 소비심리가 위축될 때, 유학생들을 많이 유치하는 것만으로도 소비를 끌어올리고 지역경제를 활성화하는 데 효과가 있는 셈이다.

게다가 유학생들을 유치해 이들로부터 등록금을 얻을 경우, 학교는 내국인 학생들의 등록금을 올리지 않고도 외부 수익을 통해 학교 시설에 투자해 교육 인프라를 높일 수 있다. 그들은 우수한 인재로서 정착해 사회에 기여할 수도 있지만, 한국에서 삶을 살아가는 그 자체로서 국가 경제에 기여할 수 있다. 한국에서 생활하면서 한국인이 이용하는 재화와 서비스를 똑같이 수요하고 지출해 내수시장을 확대해주기 때문이다. 유학생을 상대로 상품과 서비스를 판매하는 사람들이 생겨나면 일자리가 창출되는 효과도 있다.

한국노동연구원은 '유학생 시장의 특성과 정책과제(2010)'에서 외국인 유학생의 생활비와 학비 송금액, 취업유발계수 등을 고려해 유학생 유치가 일자리 창출에 얼마나 효과가 있는지를 산출했다. 그 결과, 2008년 기준 유학생 1만 명당 1456명의 일자리가 창출되는 효과가 있는 것으로 나타났다. 궁극적으로 외국인 유학생을 유치하면 이들 수의 15%에 달하는 일자리가 창출된다는 것이다. 이들이 일자리를 늘리는 것은 각종 재화와 서비스를 소비하기 때문이다. 특히 한국처럼 인구가 적은 나라에서는 내국인의 국내 소비를 증가시키는 데 한계가 있다. 제한된 수요를 증가시키기 위해서는 외국인이 국내에서 많이 소비하도록 하는 수밖에 없다. 이것은 해외 소비자를 확보한다는 측면에서 국내에 있는 서비스를 해외로 수출하는 효과가 있다.

선진국에서 양질의 유학생을 받아들이는 것은 다양한 이점이 있다는 점에 공감한다. 영국의 싱크탱크Think Tank, 두뇌 집단인 '브리티시 퓨처British Future'와 대학 관련 단체인 '유니버시티즈 유케이Universities UK'가 펴낸 자료(2014)에 따르면 영국은 2012~2013년에 유럽연합EU 이외 국가의 대학생들을 30만 명 유치하고 영국을 제외한 EU 국가에서는 12만 5000명의 대학생을 유치했는데, 미국을 제외하고는 전 세계 학생들을 가장 많이 끌어모으고 있다. 심지어 이주자 유입에 대해서 부정적인 의견을 갖고 있는 사람들조차 유학생 유입에는 긍정적인 의견을 나타낸다. 이주자는 그 수를 제한해야 한다고 보는 사람들도, 유학생은 도움이 되기에 확보해야 한다고 생각할 정도다.

영국 '통제된 이주를 위한 보수주의자들Conservatives for Managed Migration' 그룹의 마크 필드Mark Field 이사장은 "최고의 외국 학생들과 학문은 우리의 대학들이 국제적인 지식, 기술, 혁신에서 최첨단에 머물 수 있게 해준다. 그들이 학교생활에 가져오는 다양성은 영국 학생들의 교육적인 경험을 풍부하게 해주고, 미래에 다른 나라들과 더욱 강력한 관계를 형성하게 해준다. 그들은 70만 달러에 달하는 수익도 가져다준다"고 말한다.

장기적으로 보면 유학생들은 국가 미래에 상당한 도움이 된다. 이들이 맺고 있는 국제적인 네트워크를 통해 한국의 상품과 서비스에 대한 인지도도 높일 수 있다. 유학생이 설령 본국으로 귀국하게 되더라도 이들이 한국을 이해하고 한국에 우호적인 태도를 갖게 될 경우 향후 고숙련 인력을 유치하고, 국가 브랜드를 높여 성장 잠재력을 끌어올리는 데 도움이 된다. 또 한국에 오지 않은 외국인을 대상으로도 한국 상품에 대한 수요를 창출하게 할 수 있다. 세계 각국이 유학생들을 유치하기 위해 각고의 노력을 기울이는 것도 이 때문이다.

영국의 토니 블레어 Tony Blair 수상은 1999년, 유학생에 대해 다음과 같이 말하기도 했다.

"여행을 할 때마다 영국에서 공부한 전 세계 리더들을 만납니다. 우리가 높은 수준의 교육과 훈련을 제공하기 때문에 영국을 택한, 다이내믹하고 똑똑한 사람들입니다. 이것은 영국에게 좋은 소식입니다. 여기서 교육받은 사람들은 우리나라와 지속적인 유대를 갖고 있습니다. 그들은 영국을 세계에 선전하고 우리의 무역과 민주주의를 돕습니다."

미국에서 국방부 장관을 지낸 윌리엄 페리 William J. Perry 는 2003년 국제교육자협회 Association of International Educators 가 펴낸 간행물에 다음과 같은 메시지를 넣었다.

"요즘 같은 세상에 외국 학생들에 대한 개방이야말로 미국 안보의 핵심입니다. 이 보고서 프레임워크의 핵심은 세계의 미래 리더를 양성하는 것이 문제의 일부가 아니라 테러리즘 해결책의 일부라는 것입니다. 교육 교류야말로 하버드대 학자 조지프 나이 Joseph Nye 가 말한 '소프트파워 soft power'의 일부입니다……. 이런 학생들에 대한 개방성이야말로 위험한 의도를 갖고 오는 사람들을 파악하기 위한 굉장한 정밀조사로서 우리 안보에 필요합니다. 국제 학생들을 우리나라에서 환영하는 것은 미국 리더십과 안보에 중요한 장기적인 투자입니다. 이 같은 개방성은 미국의 외교정책에 방어벽이 돼왔으며, 오늘날 우리가 마주하고 있는 위기의 중심에 있는 알려지지 않은 편견, 두려움, 무관심에 맞서기 위한 수단인 것으로 입증됐습니다."

호주의 경우 1996년부터 2007년까지 재직한 존 하워드 John Howard 총리가 이끄는 정부에서 고숙련 인력 이주와 해외 유학생 유치 프로그램을 강화하는 방안을 적극적으로 추진해왔다. 호주 정부는 1990년대 후반에 국가가 필요로 하는 외국인 유학생들을 성공적으로 유치하기 위해 나름대로의 정책 결정을 내렸다. 이들이 일시적으로만 거주하는 게 아니라 고숙련 이주 프로그램을 통해 호주에 영구적으로 정착할 수 있도록 길을 열어준 것이다. 이때부터 호주에 일시적인 근로나 학생 비자로 오는 사람들이 빠르게 늘기 시작했다.

물론 당시 해외 유학생들이 영주를 위해 특정 직업과 관련된 교육 분야로만 몰리면서 호주의 기술 수요와 미스매치 현상이 발생하는 부작용이 생기기도 했다. 하지만 어쨌거나 유학생들은 호주 경제에 굉장한 자금을 유입하는 한편, 꾸준히 노동력을 생산해왔다. 호주 통계국 자료에 따르면 국제교육 부문은 호주 경제에서 굉장히 중요한 부분으로 여겨지며, 교육서비스는 호주의 가장 큰 서비스 수출산업의 한 부분이기도 하다. 호주 내부에서의 활동만 봐도 2010~2011년 호주 경제에 163억 달러를 기여한 것으로 나타났다. 심지어 많은 교육기관은 모든 학생에게 질 높은 교육을 제공하기 위해 국제 학생들이 내는 비용에 의존하고 있는데, 2009년 기준 호주에서 대학교육을 받고 있는 학생 5명 중 1명꼴인 22%는 외국

학생으로 집계된다. 또한 호주 사교육 및 훈련청Australian Council for Private Education and Training에 따르면 외국인 유학생들의 활동은 2007년과 2008년에 12만 2000명에 맞먹는 전일제 근로자들을 양산하는 데 기여했다.

전통적으로 유학생들을 많이 유치해오던 미국이나 영국, 호주뿐 아니라 중국, 일본, 싱가포르, 말레이시아 등도 유학생 유치를 위해 경쟁하고 있다. 중국은 2020년까지 유학생을 30만 명으로 확대한다는 계획을 세웠고, 일본은 2025년까지 유학생 100만 명을 유치한다는 야심찬 계획을 세웠다. 싱가포르도 2000년에 교육부 장관이 자국을 '동양의 보스턴'으로 만들겠다며 전략적으로 유학생 유치를 위해 노력했다. 특히 싱가포르를 세계 교육시장의 허브로 육성시키겠다고 노력해 MIT, 스탠퍼드대 등 10개 세계 정상급 대학들을 유치하기도 했다. 싱가포르는 등록금을 부담하는 유학생들을 2015년까지 15만 명 이상 유치하기 위해 유학생들에 대한 보조금을 늘렸다. 다만 유학생들은 보조금을 받는 대가로 교육부의 '등록금 보장tuition grant' 의무를 지는데, 졸업 후 3년간 싱가포르 관련 회사에서 일을 해야 한다. 이 의무를 이행하고 싶지 않다면 학비를 전액 자비로 부담해야 하는 식이다.

경제협력개발기구OECD 자료(2013)에 따르면 2000~2011년 사이에 외국 학생의 수는 2배 이상이 됐으며, 오늘날 450만 명이 자신의 시민권과 다른 나라에 등록돼 고등교육을 받고 있다. 외국에서 유학하는 학생들은 중국, 인도, 한국 출신이 가장 많은데 이들은 전체 유학생의 53%를 차지하고 있다. 유학생 유치는 2011년을 기준으로 OECD 국가가 전체 유학생의 77%, 미국(17%), 영국(13%), 호주(6%), 독일(6%), 프랑스(6%) 순이다. 캐나다(5%), 일본(4%), 러시아연방(4%), 스페인(2%)도 꽤 많은 유학생을 유치한 나라다. 특히 영어를 주요 언어로 구사하는 미국과 영국, 호주가 전체 유학생의 36%를 차지했는데, 2000년 39%에서 다소 줄어든 수치다. 미국에서 유학하는 외국 학생들의 비율도 2000년 23%에 비하면 2011년 (17%)에는 줄었다.

한국은 외국 학생 유치에 양적으로는 성공했다는 평가를 받는 편이다. 한국이 유학생 유치에 있어 국제 교육시장에서 차지하는 비율은 2000년 0.2%에서 2009년 1.4%로 늘어나 OECD 국가 중 가장 빠르게 비율이 팽창한 것으로 나타난다. 물론 대부분 유학생들이 인접한 아시아 국가에서 오고 있기는 하지만 말이다.

그렇다면 한국이 양질의 유학생을 유치하고, 이들을 유치함으로써 얻는 효과를 극대화하기 위해서는 어떤 전략이 필요할까? 우선 무엇보다도 우리나라가 유학생을 유치하는 목적을 명확히 해야 한다. 유학생 유치를 향후 이주자 유입과 연계하는 것이라면, 유학을 매개로 우리 사회가 필요로 하는 이주자들을 끌어모을 수 있도록 전략을 세워야 할 것이다.

그런데 유학생을 유치하는 게 어떤 목적이 됐든 부정할 수 없는 게 있다. 유학생은 이주자와 떼려야 뗄 수 없는 관계라는 것이다. 어떤 목적을 갖고 유학생을 유치하든, 유학생은 한국에 들어오는 이주자의 일부가 된다. 혹은 유학생 본인이 직접 한국에 들어오지 않더라도 한국에서의 삶을 본국이나 국제사회에 어떤 방식으로든 전파할 것이며, 이는 한국으로의 이주를 결심하는 외국인들에게 직간접적인 영향을 미칠 것이다. 결국 유학생제도를 어떻게 관리하고 운용하느냐는 한국이 어떤 이주사회를 그릴 것인가와 밀접한 관련이 있다. 유학생을 둘러싼 제도와 환경 등을 면밀히 설계하는 것이 선택이 아닌 필수인 이유다.

우리 사회에 필요한 유학생을 유치하기 위해서는 해당 유학생을 거르는 제도를 마련하기에 앞서 이주자 유입정책에 기초한 장기적인 계획이 필요하다. 일단 국내 대학이 국제적인 명성을 쌓고 외국인들이 공부하기에 적합한 환경을 갖춰야 우리가 필요로 하는 유학생들이 한국의 문을 두드릴 것이다. 대학에서는 적합한 기준을 세우고 우리 사회가 원하는 유학생을 선발할 수 있는, 적절한 유학생들을 골라낼 수 있는 제도를 갖춰야 한다. 우수한 성적으로 학업을 마친 외국인 유학생들이 한국에서 일자리를 가질 수 있도록 제도적인 여건을 만드는 한편, 기업과의 연계도 도와야 한다. 설령 유학생이 졸업 직후에 본국으로 돌아간다고 하더라도 언제든 여건이 닿는다면 한국에 들어와 일할 수 있도록 '졸업생 네트워크'를 강화하는 등 사후관리를 잘해야 함도 물론이다.

결혼이민자와
저출산·고령화의 관계

현재 한국에 온 이주자들 중 가장 눈에 띄게 이슈화가 된 존재는 결혼이민자들이다. 이들은 '농촌 총각 장가보내기' 붐이 일었던 2000년대부터 주목받기 시작했다. 당시 시골에서 부모님을 모시고 농사를 지으면서 사는 나이 많은 노총각에게 시집을 오려는 한국 여성들이 많지 않았던 만큼, 국제결혼을 통해 짝을 찾아 가정을 이루는 남성들이 생겨나기 시작했다. 이들은 대부분 중개업체를 통해 결혼했고, 조용하던 시골 마을에 아기울음 소리가 들리기 시작했다는 소식이 퍼졌다. 이때부터 각종 지자체의 결혼지원이 봇물처럼 터져 나왔다. 통상적으로 국제결혼 중개업체를 통해 결혼하려면 1인당 적게는 수백만 원, 많게는 1500만 원 이상의 비용이 소요된다. 농촌의 저출산·고령화가 심화되면서 인구가 줄어드는 것에 골머리를 앓던 지자체는 이를 해결하기 위해 나름대로 예산을 마련해 결혼을 통한 인구 유입에 나선 것이다.

2007년 6월, 한 언론이 최순영 당시 민주노동당 의원실의 자료를 인용해 보도한 바에 따르면 농촌 총각 결혼지원사업을 하는 곳은 전국 246개 기초지자체 중 4분의 1에 가까운, 60곳에 달했다. 그해에만 예산이 28억 4850만 원에 달했으며 수혜대상은 총 547명이었다. 사업은 '선의'에서 시작됐지만 막상 시작하자마자 온갖 뒤탈이 생기기 시작했다. 명목은 개인적으로 지출해야 할 결혼비용을 국가에서 대줘서 결혼을 더 촉진하자는 것이었지만, 사실상 결혼지원비용은 결혼을 희망하는 남성을 통해 국제결혼 중개업체에게 전달되는 루트를 따르게 됐다. 국제결혼지원사업이 중개업체의 배만 불린다는 지적이 나오게 된 이유다.

국제결혼 중개업체 입장에서는 최대한 많은 남성을 회원으로 유치하고, 다수의 커플을 결혼에 골인시켜야 돈을 많이 벌 수 있다. 지자체가 비용을 지원하기 전에도 결혼 희망자를 확보하는 데 열을 올리고 있었는데, 경제적인 능력이 안 되는 사람도 지자체의 지원에 따라 업체의 문을 두드릴 수 있게 되면서 업체는 더 많은 사람들을 유치할 수 있게 됐다. 이런 와중에 2007년 3월 제주특별자치도의회가 '농어민 국제결혼 비용지원조례'를 통과시키자 이주노동자 인권활동을 하는 '(사)제주외국인평화공동체'가 성명을 발표하고 "국제결혼 비용지원조례는 국제결혼 중개업을 양산하는 결과만 초래할 것"이라며 반발했다.

결혼이라는 것은 양 당사자가 평생을 함께하기로 서약하는 엄중한 의식인 만큼, 서로 간의 충분한 이해와 사랑이 전제가 돼야 성립된다. 이런 의식이 '다수 성사'라는 정량적인 목표를 지닌 업체의 수익 창출의 방편이 되면서 엇박자를 보이기 시작했다. 실제 결혼생활이 시작되기 전까지는 농촌 총각은 결혼에 대한 바람이 앞서 일단 신붓감을 맞아들이는 것에만 집중하고, 신붓감도 선진국인 한국에 가서 한국인 남편과 생활한다는 환상에 눈이 멀어 현실을 직시하지 못한다. 업체 역시 일단 두 사람의 맞선이 성사돼 돈을 벌 수 있다는 욕망을 앞세워 '진정성'과 같은 무형의 가치는 내버려둔다.

성급하게 결혼을 하고 나서, 이들 삼자에게 급급했던 '결혼 성사'라는 거대한 목표가 해소되고 나면 그때부터 현실이 눈에 들어오기 시작한다. 맞선비용을 감당할 경제적인 능력조차 없었던 사람들은 겨우 지자체의 지원으로 외국인 신부를 맞이하지만, 막상 배우자와 함께 생계를 일궈나갈 형편이 어려운 경우가 많다. 외국인 배우자 역시 한국에 들어오니 자신이 상상했던 결혼생활과 실제 자신이 살아가는 삶이 다르다는 것을 깨닫게 된다.

중개업체는 이렇게 '눈 먼 결혼 당사자들' 사이에서 빠르게 잇속만 챙기고, 지자체는 국제결혼지원사업 실적 쌓기에만 급급하면서 여러 문제도 발생했다. 2007년 6월, 전남 해남군에서 수행한 '농어촌 장가보내기사업'도 이런 문제로 구설에 올랐다. 대표적인 사례가 국제결혼 중개업체가 부당한 비용을 요구하는 것이었다. 결혼중개업체 K사는 남성들이 결혼하기로 한 신부의 얼굴도 보지 못했는데, 합동결혼식 명목으로 추가비용을 요구했다. 업체가 실적 쌓기에 급급해 서로를 충분히 이해하지 않은 사람들을 일단 결혼부터 시키고 보는 것도 문제였다. K사가 결혼이 성사됐다고 보고한 사람들은 40명이었는데, 이 중에는 장애를 지닌 남성이 4명 포함돼 있었다. 베트남 여성들은 이를 제대로 알지 못한 채 결혼했다가 결혼 직후 "속았다"며 이내 이혼하고야 말았다. 이들은 당장 결혼 실적에는 통계가 잡힐지 모르지만, 결과적으로 보면 결혼중개업체 외에는 모두 손해를 본 셈이다. 물론 이러한 문제가 불거지자 일부 지자체는 예산지원에 단서를 달기도 했다. 충남 연기군의 경우 관내에 3년 이상 거주한 농촌 총각이라도 국제결혼을 한 외국인 배우자가 외국인 등록증을 받은 다음 지원금을 신청해야 300만 원을 줬다. 외국인 등록증을 받으려면 한국에서 일정 기간 거주해야 하기 때문에 속성 결혼의 부작용을 일부 막을 수 있다는 것이다.

하지만 여기서도 이쪽 문제를 막으면 다른 쪽 문제가 불거지는 '풍선효과'가 발생한다. 일부 중개업체들은 결혼 성사를 위해 외국인 배우자에게 '결혼하면 3년간 고국으로 갈 수 없다'는 확약서를 받는가 하면, 한국인 남편 가족에게 여권을 맡기라는 요구까지 하기도 했다. 진정성이 없는, 돈을 매개로 한 '속성 결혼'이라는 근본적인 문제가 해결되지 않다 보니 수익을 추구하는 중개업체들이 겉으로만 문제를 봉합하며 생긴 현상이다.

더욱 논란이 된 부분은 외국인 배우자를 '농촌의 저출산 문제를 해결하는 수단'으로 바라보는 것이었다. 외국인 배우자도 엄연히 인권이 있고, 한 인간으로서 행복한 삶을 추구할 권리가 있다. 하지만 농촌의 출산율을 높이기 위해 이들과 결혼하는 비용을 지원해준다는 것은, 여성을 자신의 삶을 선택할 권리를 지닌 주체로서 인식하는 게 아니라 출산 도구로 바라본다는 것이었다. 아울러 한국 여성들이 시골에서 사는 것을 기피하는 현실 때문에 국제결혼을 지원한다는 것은, 자국민 여성이 싫어하는 것을 외국인에게 떠넘기는, 즉 나는 이 일이 싫기 때문에 다른 사람이 하도록 유도하는 것이라는 윤리적인 문제도 제기된다.

비유하자면 다음 상황과 같다. 수험생들로 가득한 학교 교실에서, 누군가는 창가 자리에 앉아서 공부에 집중해야 한다. 창가 자리는 겨울이면 춥고 여름에는 햇볕이 따가워서 공부에 집중하기 어렵기 때문에 누구도 앉기를 선호하지 않는다고 치자. 학생들은 자신은 그 자리에 앉지 않으면서, 집이 어려운 학생에게 돈을 주면서 "그 자리에 앉으라"고 권유한다. 그 학생은 집이 어렵기 때문에 그렇게 해서라도 경제적인 수익을 창출하기 위해 선택을 하겠지만, 그 역시 똑같이 공부를 해야 하는 엄연한 학생의 신분이다.

그렇다면 자신이 창가 자리에 앉기 싫다는 이유로 다른 사람에게 그 자리를 권유하는 행위는 윤리적인가? 마찬가지로, 한국 여성들이 생활환경이 녹록지 않은 농촌에서 살기를 꺼리기 때문에 형편이 어렵고 세상 물정에 어두운 외국 여성들을 데려다가 농촌에서 살도록 하는 것은 과연 윤리적인가? 한국 여성이 거동이 불편한 시부모를 수발하며 하루 종일 농사일과 집안일을 하는 것을 원치 않는다고 해서 외국 여성들에게 이를 권장하고, 이를 수행하는 결혼이민자들을 칭찬하고 격려하는 것이 과연 윤리적인지도 곰곰이 생각해봐야 한다.

아울러 실제로 국제결혼을 희망하는 남성들이 정말 '시골에 사는 노총각'인가 하면 그렇지도 않다. 새누리당 이자스민 의원실이 입수한 법무부 자료에 따르면 2010년 10월부터 2012년 10월까지 국제결혼 안내 프로그램을 이수한 3만 2916명 중 과거에 혼인경력이 있는 사람은 1만 2816명(38.9%)이었다. 재혼이 1만 22명(30.4%), 삼혼이 2292명(7%), 사혼이 398명(1.2%), 오혼 이상이 104명(0.3%)으로 3분의 2는 노총각이 아니었다. 즉, 결혼을 못하는 사람이 아니라 혼인경력이 있는데 국제결혼을 원한 셈이다. 직업도 농부, 어부가 대다수인 것도 아니다. 수강자들을 직업별로 살펴보면 회사원이 1만 4604명(44.4%)으로 가장 많았고, 그다음은 자영업자가 6434명(19.5%)으로 뒤를 이었다. 농업은 2370명(7.2%)으로 전문직 수강자 2238명(6.8%)과 비슷한 수준이었다. 프로그램 이수자들의 나이는 40~44세가 1만 521명(32%)으로 가장 많았고, 45~49세가 6677명(20.3%), 35~39세가 6530명(19.8%)으로 그 뒤를 이었다. 이외에도 50대 5206명(15.8%), 60대 1033명(3.4%), 70대 이상 182명(0.6%) 등이었다.

결혼이민자들은 저개발국에서 온 가난한 사람들이 많고 제대로 교육받지 못한 경우도 많았다. 한국에서의 결혼생활은 물론이고 배우자에 대한 정보도 제대로 파악하지 못한 채 들어오는 데다, 한국어도 구사하지 못해 인권을 침해받는 경우도 빈번히 발생했다. 대표적으로 2010년 한국 사회를 뒤집은 베트남 출신 결혼이민자 고故 탓티황옥 씨(당시 20세) 사건을 들 수 있다. 결혼 8일 만에 정신 병력이 있는 남편 장 모 씨(당시 47세)에 의해 살해당한 여성이다. 탓티 씨는 베트남 농촌 지역인 '껀터'시에서 살고 있었다. 가정형편이 가난해 제대로 교육을 받지 못했고, 호치민 시로 나가서 가정부로 돈을 벌면서 두 달에 한 번씩 집으로 돈을 부쳤다. 그러던 중 결혼중개업체를 통해 장 씨를 소개받았다. 장 씨는 경기도 수원시의 결혼중개업체 소개로 호치민으로 갔고, 베트남 여성 수십 명 중 탓티 씨를 선택해 결혼했다.

당시 국제결혼 관행은 대체로 그랬다. 한국 남성들이 중개업체를 통해 외국에 가면 수십 명의 여성들이 줄지어 있었고, 남성은 그중 1명을 선택해 하루 정도 같이 지낸 뒤 결혼을 했다. 말이 안 통하는 것은 당연지사였

고 이름과 나이, 얼굴 정도만 알고 며칠 만에 '속성 결혼'을 하는 게 보통
이었다. 그런데 장 씨는 8년간 무려 57차례에 걸쳐 정신병원에 입원한 전
력이 있는 정신질환자였고, 맞선을 보러 가기 전에도 닷새 동안 입원을
했었다. 탓티 씨는 이를 전혀 알지 못한 채 장 씨와 결혼했고, 말이라도
통했다면 정상적인 대화가 불가능하다는 것을 알아챘겠지만, 그러지 못
했다. 뿐만 아니라 병력이나 전과, 부양능력 등에 대해서도 전혀 알지 못
했다. 이때 결혼중개업체는 결혼 성사에만 관심을 둘 뿐이었다. 탓티 씨
는 본인보다 27살이나 많은 남편과 결혼한 후 한국에 입국했다. 하지만
일주일 만에 저녁을 먹다가 장 씨로부터 무차별 폭행을 당했고, 흉기에
찔려 숨지고 말았다. 사건 당시만 해도 결혼중개업자는 맞선 당사자들에
게 상대방에 대한 정보를 제공할 의무가 없었다. 하지만 그해 11월 18일
부터는 개정된 '결혼중개업의 관리에 관한 법률'에 따라 국제결혼 중개업
자는 신랑과 신부의 혼인경력, 건강상태, 범죄경력을 자국어로 제공해야
했다.

　문제는 국제결혼 맞선이 해외 현지에서 진행된다는 것이었다. 결혼중
개업체의 경우 최대한 많은 커플의 결혼을 성사시켜야 하기 때문에 돈만
받으면 '묻지마 주선'을 해주고 속성 결혼을 시키곤 했다. 설령 법에 따라
각종 서류를 당사자의 모국어로 제공하도록 한다고 해도 그것이 현지에
서 실제로 지켜지고 있는지는 제대로 확인하기가 어려운 게 사실이었다.
상대방의 신상에 관한 정보가 적힌 문서를 주고받는다고 해도 그것 역시
전부가 아니었다. 양 당사자는 주로 언어조차 통하지 않는 상태에서 일주
일도 안 돼서 결혼을 택하기 때문에, 서로에 대해 모르는 상태에서 일단
결혼식부터 올리는 현상이 횡행했다. 이 때문에 대화나 교감이 존재하지
않는, 육체적으로만 같이 사는 결혼생활이 지속되기 일쑤였고 부부싸움

이나 가정폭력이 행해지는 경우도 잦았다. 가정파탄이 나는 경우도 상당 수였다.

또 다른 문제는 국제결혼 중개업체를 통해 결혼식을 올리는 남성이 큰 비용을 지불하고 신부를 소개받는데, 상당수가 경제적인 이유나 물리적인 여건으로 인해 한국 여성과는 결혼하기 어려운 상태인 사람들이라는 것이다. 일부는 없는 형편에 빚을 내서 결혼비용을 마련하기도 했다. 이경우 전 재산을 바치다시피 해 여성을 만난 것이므로 '돈을 주고 사왔다'는 인식을 갖고 여성을 상품 취급하기도 했다. 여성을 자아와 주체성을 지닌 존재가 아닌, 자신의 소유물로 취급하는 것이다.

손바닥도 마주쳐야 소리가 난다고, 이런 기형적인 결혼방식이 계속 성립할 수 있었던 것은 동남아 저개발국 여성들에게 '코리안 드림'이라는 환상이 있었기 때문이다. 이들은 자국에서는 힘들게 돈을 벌어봤자 가난을 벗어나지 못하고, 친정으로 돈을 많이 부치지도 못한다. 하지만 한류 열풍을 몰고 온 한국 드라마를 보면, 그 속에 그려진 한국은 굉장히 발달한 나라인 데다 남자들도 자상해 보인다. 한국 남성에게 시집갈 경우 크게 고생하지 않고 살면서 비교적 많은 금액을 본국으로 송금할 수 있어 빈곤을 탈출할 수 있을 것으로 보인다.

한국사회도 한동안 이런 기형적인 문화에 별다른 문제의식을 갖지 못했다. '농촌 총각 장가보내기'라는 미명하에 무차별식 맞선을 통한 속성 결혼을 미화하고 장려하기까지 했다. 결혼이민자가 한국인 노총각과 결혼해주고 이들의 자녀를 낳아줄 뿐 아니라 농촌의 가계를 이끌어간다는 이유로 무작정 온정으로 포용하자는 식의 캠페인이 활개 치기도 했다.

한국에서는 2000년대 초반부터 '드라마 속의 환상'과 여성을 돈으로 살 수 있다는 '천민 자본주의적인 인식'이 결합돼 기형적인 국제결혼 문화와 그 부작용이 지속돼왔다. 2007년 6월, 베트남 출신 결혼이민 여성 후안마이 씨(당시 19세)는 술에 취한 40대 남편으로부터 갈비뼈 18개가 부러질 정도로 맞아서 숨지고야 말았다. 그해 3월, 베트남 여성 레티김동 씨(22세)는 집에 감금된 채 살다가 남편이 출근한 사이에 아파트 난간을 통해 9층 아파트에서 커튼으로 만든 밧줄을 타고 내려가다가 떨어져 숨지기도 했다. 이러한 사건이 계속 발생하자 베트남 주석은 한국 대사에게 "베트남 신부들을 잘 대해 달라"고 부탁하기까지 했다.

사실 한국의 주요 국제결혼 상대국인 베트남, 필리핀, 캄보디아, 중국 등에서는 현지 법률로 업체를 통한 영리 목적의 국제결혼 중개를 불법으로 규정하고 있다. 그럼에도 불구하고 한국 업체와 현지 업체들은 암암리에 음지에서 외국인 여성 수십 명과의 맞선을 진행했다. 급기야 캄보디아 정부는 캄보디아인과 한국인의 국제결혼을 잠정 중단시키기도 했다.

정부의 규제 강화에도 불구하고 국제결혼 중개업체들의 불법영업은 끊이지 않았다. 2014년 5월, 서울지방경찰청 국제범죄수사대는 서울과 경기도 지역 국제결혼 중개업체 60여 곳을 단속한 결과 37곳의 불법행위를 적발하고 업주와 직원 총 67명을 결혼중개업법 위반으로 불구속 입건했다고 발표했다. 경찰에 따르면 업체들은 남성 가입자 1명당 1200~2000만 원을 받았고 2박 3일 코스로 맞선을 진행했다. 한 중개업체는 2013년 7월에 38세 회사원에게 17세의 미성년인 베트남 여성의 나이를 속인 채 소개했다가 경찰에 적발됐다. 현행법상 국제결혼을 중개할 때는 한국 남성은 물론이고 외국인 여성의 신상 정보를 자국어로 번역해 공증을 받아 제공해야 하지만, 적발된 업체들은 서류 발급 시간이 오래 걸리고 비용이 많이 든다는 이유로 이를 무시했다. 법상으로 남성 1명이 동시에 여성 수십 명을 상대로 고르면서 맞선을 보는 것도 금지돼 있었지만 업체들은 이 역시 무시하고 있었다. 이런 방식으로 결혼을 치러서인지 결혼이민 여성의 가출도 빈번히 발생해왔다.

해외에서의 제재가 전무했던 것은 아니다. 2013년 6월, 필리핀의 불법 국제결혼 중개업체를 통해 현지 여성들과 맞선을 보던 한국인 2명과 현지 중개인 4명이 경찰에 체포되기도 했다. 필리핀에서는 영리를 목적으로 한 국제결혼 중개를 인신매매로 규정해 엄격하게 처벌하고 있기 때문이다. 이처럼 현지 경찰이 체포하는 경우 종종 적발되기도 하지만, 외국에서 일어나는 불법행위를 한국에서 일일이 단속해 적발하기는 거의 불가능했다. 설령 단체 맞선을 하지 않는다고 해도 문제는 여전히 남아 있었다. 가족을 부양할 능력이 안 되는 사람들도 누구나 신부를 데리고 올 수 있었기 때문이다. 파산자, 신용불량자 등만 아니면 기초생활보장수급자라도 일단 빚을 내서라도 중개업체를 통해 신붓감을 찾으면 한국으로 데려올 수 있었다. 결혼생활을 해나갈 만한 제대로 된 주거공간이 없더라도 말이다. 이 때문에 국제결혼가정이 가정파탄으로 이어지는 등 각종 사회문제가 발생했다.

그렇다면 어떻게 해야 서로 잘 알지도 못하는 남녀가 속성으로 결혼하는 것을 막고, 결혼이민자의 한국인 배우자가 가족을 부양할 수 있는 최소한의 요건을 갖추도록 할 수 있을까? 사실 맞선과 혼인신고 자체는 개인적인 영역이기 때문에 정부가 일일이 개입해 관리하기는 쉽지 않다. 이 때문에 정부가 고심 끝에 내놓은 대책이 바로 '결혼이민 비자심사 강화'다. 즉, 결혼이민 비자를 발급하는 단계부터 '혼인의 진정성'과 '서로에 대한 충분한 이해'를 확인할 수 있도록 각종 조건을 충족할 것을 요구하겠다는 것이다. 법무부는 그렇게 2014년 4월 1일부터 국제결혼 비자발급

심사기준을 강화한 출입국관리법 시행규칙 개정안을 적용했다. 당초 법은 2013년 10월 10일에 개정됐지만, 6개월의 유예기간을 두고 시행됐다.

개정안에서는 부부간 의사소통이 되지 않는 경우 비자발급을 제한했다. 결혼이민 비자를 신청한 외국인은 기초수준 이상의 한국어를 구사하거나 부부간 한국어 외의 언어로 의사소통이 가능하다는 것을 입증해야 했다. 한국어능력의 경우 한국어능력시험 1급 이상을 취득했다는 증명서, 지정된 교육기관에서 한국어 초급과정을 이수했음을 입증하는 이수증, 대학 또는 대학원에서 (받은) 한국어 학위 취득 관련 서류, 결혼이민자가 외국국적 동포임을 입증하는 서류, 한국에서 과거 1년 이상 연속해 체류한 기록 등 그중 하나를 제출하도록 했다.

만약 한국인 배우자가 결혼이민자의 모국어를 사용할 수 있거나 부부가 공통으로 사용하는 제3의 언어가 있을 경우 어떻게 해당 언어를 구사할 수 있게 됐는지 기재해야 한다. 해당 언어가 사용되는 국가에서 1년 이상 거주한 경우, 한국인 배우자가 귀화자이며 귀화하기 전 국적의 언어가 결혼이민자의 모국어와 동일한 경우 등에는 요건이 충족된 것으로 판단한다. 그리고 부부 사이에 출생한 자녀가 있는 경우에는 한국어 구사 요건을 면제하도록 했다.

또 한국인 배우자는 과거 1년간 얻은 소득(세전)이 법무부 장관이 매년 정해서 고시하는 소득 요건을 충족해야 비자가 발급되도록 했다. 2014년에는 최저생계비의 120%를 기준으로 정했다. 즉, 한국인 배우자는 2인 가구를 기준으로 최저생계비보다 20% 많은 금액을 벌어야 외국인 배우자를 결혼이민 비자를 통해 초청할 수 있도록 하는 것이다. 소득 요건 역시 부부 사이에 출생한 자녀가 있는 경우에는 면제되도록 했다.

결혼이민자가 입국한 후에 거주할 최소한의 주거공간도 갖추도록 했다. 한국인 배우자 또는 그와 주민등록상 세대를 같이하는 직계가족 명의로 소유하거나 임차한 곳이 있어야 한다는 것이다. 고시원, 모텔 등 가족이 안정적으로 살기 어려운 곳은 비자가 거부된다. 또 한국인이 외국인 배우자를 결혼이민 비자로 초청하는 것은 5년에 1번만 허용되고, 결혼이민으로 한국국적을 얻은 사람은 3년 후에 외국인 배우자를 초청할 수 있도록 했다.

발표 당시 법무부는 "기존의 관행대로 짧은 기간 안에 혼인신고부터 성사시킨 뒤 비자발급 요건을 갖추면 된다고 홍보하는 업체는 각별한 주의를 요하며, 혼인신고 후 비자발급이 되지 않아 배우자 미입국 등의 불이익이 발생할 수 있으니 반드시 유의하라"고 공지했다.

법무부의 발표 직후 국제결혼 중개업체들은 강력하게 반발하고 나섰다. 이들은 일정 소득 요건을 갖춘 사람만 외국인 배우자를 초청할 수 있도록 하는 것은 경제적으로 상위에 있는 계층만 가정을 이루고 행복하게 살 수 있는 환경을 보장해주는 발상이라고 주장했다. 어려운 환경에서도 꿋꿋이 살아가는 평범한 서민의 인권과 행복추구권을 침해하는 것이라는 주장이다.

국제결혼 비자발급을 5년 내에 1회로 제한하는 규정에 대해서도 반발이 제기됐다. 국민의 자유로운 결혼에 대해 정부가 횟수까지 제한할 필요가 있느냐는 것이다. 한국인의 경우 결혼과 이혼에 제한이 없는데, 왜 외국인 배우자의 결혼이민은 일괄적으로 규제를 하느냐며 이는 기본권과 행복추구권을 제한하는 조치라고 지적했다.

한국어 구사 요건을 갖추도록 하는 것에 대해서도 불만이 쏟아져 나왔다. 국제결혼을 택하는 여성들은 저개발국에서 교육을 받지 못하고 자란 경우가 많기 때문에 본국의 글도 제대로 못 쓰는 경우가 대부분이다. 게다가 명석하지 못한 경우도 많은데, 나이가 20대가 된 후에 갑자기 전혀 모르는 외국어를 공부해 자격을 취득하기가 쉽지 않다는 것이다. 당장 빠른 시일 내에 언어를 익히진 못하더라도 한국에 입국해서 실제 생활 속에서 한국어를 배우면 훨씬 빨리 배울 수 있는데 무엇하러 현지에서 한국어를 공부하게 하냐는 것이다. 아울러 한국어 요건이 도입되면서 외국인 배우자가 한국에 들어오는 데 필요한 시간이 증가해 국제결혼이 어려워진다는 주장도 있었다. 또 외국인 배우자가 현지에서 한국어를 배우고 시험을 치를 때까지 한국인 배우자가 비용을 대야 해 결혼비용이 늘어난다는 지적도 있었다.

혼인의 진정성에 대해서도 일부 의견이 엇갈렸다. 일각에서는 서로 충분히 알고 사랑하는 상태에서 결혼해야 가정해체와 사회문제를 막을 수 있다고 하지만, "결혼생활을 하면서 사랑하는 마음을 키워가면 되지 않느냐", "처음부터 사랑하는 사람이 어디 있느냐, 같이 살면서 정이 들고 좋아하게 되는 것 아니냐"고 주장하는 사람들도 있었다.

하지만 법무부는 다음과 같이 반박하고 나섰다. 우리나라는 남녀의 의사가 합치되면 신고만으로 결혼할 수 있는 '혼인신고제' 국가이므로, 결혼이민 비자심사 기준을 강화하는 것이 국제결혼 자체를 금지하는 게 아니라는 것이다. 즉, 설령 비자 기준을 충족하지 못하더라도 결혼 자체는 할 수 있으며 다른 종류의 비자를 받고 한국에 입국하면 된다.

경제적인 빈곤층은 결혼을 하지 말라는 것이냐는 질문에는 각종 사회문제가 빈발했던 점을 근거로 들었다. 결혼이민자는 국내에 정착할 가능성이 높고 한국인 배우자의 경제적인 부양이 필수적이다. 하지만 가족을 부양할 능력이 충분치 않은 사람들이 결혼이민자를 초청하다보니 '다문화가정은 빈곤층'이라는 인식이 자리 잡게 됐고, 이들의 정착을 국가가 예산으로 지원하는 구조로 인해 국민들 사이에 역차별 논란도 야기됐다. 이러한 문제를 해결하고 한국인 배우자에게 최소한의 부양책임을 부여하기 위해 부양능력을 심사한다는 것이다.

한국어 구사 요건 도입에 대해서도 속성 결혼의 부작용을 이유로 들었다. 부부간 의사소통이 되지 않는 상태에서 단기간에 속성 결혼을 하면 입국 후 가정폭력 등 사회문제가 발생할 가능성이 높다는 것이다. 또 외국인이 국제결혼을 국내 입국 수단으로 악용하는 사례도 있는 만큼, 이를 예방하기 위해서라도 속성 결혼을 방지할 필요가 있다는 것이다. 또한 법무부는 한국어 구사 요건이 비자발급 기준에 포함되면 외국인과 결혼하려는 한국인은 비자발급 가능성을 고려해 기초적인 한국어 구사가 가능한 사람을 찾게 될 것이라고 주장했다. 이 경우 한국어교육에 필요한 추가비용이나 입국 대기 시간이 증가되진 않으며, 중개업체도 기초적인 한국어를 구사할 수 있는 사람을 중개해야 하므로 지금처럼 무분별한 중개 행위는 일정 부분 예방된다는 것이다. 또 제도 개선에도 불구하고 의사소통이 되지 않는 외국인과 속성 결혼을 하려는 사람은 한국어교육비용에 대한 부담을 지게 됨으로 속성 결혼을 예방할 수 있으며, 해외에서는 부부간 의사소통이 되지 않는 상태에서 결혼하는 경우 위장결혼의 가능성이 높다고 보고 비자발급을 하지 않는다고도 덧붙였다. 어쨌거나 한때 우리 사회가 열광적으로 권장했던 결혼이민이 비자심사 강화를 계기로 한풀 꺾였다.

많은 사람들이 저출산·고령화 사회의 대책으로 결혼이민자 유입을 정당화했지만, 사실 이주가 과연 출산율을 높여서 저출산·고령화의 해법이 될 수 있을지도 면밀히 따져봐야 한다.

엄밀히 말하면 출산율은 단순히 가임 여성이 많다고 해서 곧장 오르는 것은 아니다. 통상적으로 출산율은 산업화에 많은 영향을 받는다고 알려져 있다. 농경사회에서는 여성이 가정에 기반을 둔 농업에 종사하거나 가부장적으로 통제되는 가정에서 집안일만 하는 경우가 많았다. 하지만 산업화 사회에서는 개인적으로 외부 노동에 종사하고 물건을 구매하게 되면서 결혼이나 성 관념, 임신에 있어서 가치관과 관습에 많은 변화를 가져왔다. 한국에서도 상당히 많은 가임기 여성이 있지만, 그들의 수가 많다고 해서 모두 출산율이 높은 것은 아니다. 교육을 많이 받고 소득 수준이 높은 여성들 중에는 결혼하지 않는 경우도 많고, 결혼을 하더라도 아이를 갖지 않고 자신만의 삶의 즐기는 경우도 많다.

그렇다면 과연 이주자들은 그 숫자가 늘어난다고 해서 출산율을 높일 수 있을까? 이주와 성별, 임신과 출산의 관계에 관한 연구는 충분히 진행되진 않았지만 여러 가설이 있다.

첫 번째는 '사회화 가설socialization hypothesis'로 이주는 출산율에 영향을 미치지 않는다는 주장이다. 여성의 출산에는 어린 시절 습득한 사회화가 가장 많은 영향을 미친다. 이민1세대는 출신국의 임신 행태에 영향을 많이 받는데, 출신국이 아이를 많이 낳는 풍습을 지니고 있다면 그렇게 할 것이지만 그게 아니라면 아이를 많이 낳지 않을 것이다. 아울러 이민2세대는 새로운 나라에서 태어나고 자랐기 때문에 그 나라의 관습에 영향을 받을 것이다. 이 경우에는 원주민들의 출산율과 별반 다를 바 없는 행태를 보일 것이다.

두 번째는 '선택 가설selection hypothesis'이다. 이주자들은 아이를 갖는 데에 있어서 다른 사람들과는 구별된 특성을 갖는, 특별한 집단이라는 것이다.

즉, 이주를 택하는 사람들은 아이를 적게 가질 확률이 높은 사람들이다. 보통 이주는 적어도 초등학교 이상의 학력을 가진, 도시 지역에 사는 사람들이 택할 확률이 높다. 그들은 출신국에서도 이미 출산율이 낮은 그룹이다. 이 가설에서는 누가, 어떻게 이주를 하는지가 중요하지 이들을 둘러싼 국가는 중요치 않다.

세 번째는 '혼란 가설Disruption Hypothesis'이다. 이주자들이 새로운 나라에 가기 직전과 도착한 직후에 출산율이 낮아진다는 것이다. 왜냐하면 이주 경험은 이주자의 삶을 혼란스럽게 만들기 때문이다. 그 이유로는 두 가지가 있다. 첫째, 남편과 아내가 오랜 기간 분리될 수 있다. 둘째, 이주를 위한 준비와 기대, 새로운 장소에 적응하는 데 어려움을 겪을 수 있는데, 이것은 남녀가 아이를 갖는 것을 미루게 만든다.

네 번째로는 '적응 이론Adaptation theory'이 있다. 이것은 이주자들이 출신국 사람들과는 다른, 새로 정착한 나라의 사람들과 비슷한 출산율을 기록할 것이라는 이론이다. 여기서는 출산에는 자원과 문화적인 규범이라는 두 가지 요소가 중요하게 작용할 것이라고 가정한다. 해당 국가에 정착한 여성이 자녀를 갖기로 결정하는 데에는 물가, 노동 등 이주자들을 받아들이는 국가에서의 삶이 중요한 영향을 미친다는 것이다. 또 개인의 신념과 욕망은 새로운 환경에서 만난 친구나 또래, 동료 등과의 소통이 형성하는 데, 부모가 되는 것의 의미나 자녀를 갖는 것의 가치에 대한 생각도 이들의 영향을 받게 된다.

실제로 이주자들을 받아들이는 국가의 상황은 이주에 여러 가지 영향을 미친다. 삶의 질의 측면에서 경제상황이나 건강보험 등 복지제도에 대한 접근성은 더욱 중요시 여겨진다. 이주자들의 경우 직업의 안정성이 낮은 분야에서 종사하는 경우도 많기 때문에 경제상황이 좋은지, 복지제도가 어떻게 설계돼 있느냐에 따라 출산 결정이 달라질 수 있다.

배리 에드먼스턴Barry Edmonston 캐나다 빅토리아대 교수에 따르면 이주가 출산율에 미치는 효과는 좀 더 복잡한 양상을 띠고 있다. 이주자들은 특정 나라의 인구에 계속 머무는 게 아니라 왔다 갔다 하는 경향이 있으며, 이주는 국가 간 외에 국가 내부에서도 다양한 방식으로 일어날 수 있을 뿐더러 이주자들의 구성 역시 나이나 성별에 따라 다양하기 때문이다. 그러므로 단순히 이주자가 많다고 해서 출산율이 올라가고 저출산·고령화를 타파할 수 있는 게 아니라 이주자들의 구성을 면밀히 살펴야 한다.

또 이주와 저출산의 연관관계를 이해하기 위해서는 이주자들의 이주 시기도 중요하게 살펴봐야 한다. 즉, 이주자들의 출산율은 여성이 삶에서 어느 때에, 무슨 목적으로 이주하느냐에도 달려 있다. 여성이 공부나 일을 하기 위해 이주를 택할 경우 그 목적을 이루기까지 일정 시간이 소요되기 때문에 출산율이 당장 오르지 않을 수 있다. 반면 결혼을 하기 위해 이주를 택할 경우 도착 직후 아이를 가질 확률이 높아 이주자들의 출산율은 오를 수 있다. 기존 연구에 따르면 여성이 노동시장에 접해 있을 경우 학생이거나 실업상태, 혹은 다른 이유로 노동시장에 참여하지 않을 때보다 아이를 가질 가능성이 높았다.

커크 스콧Kirk Scott 스웨덴 룬드대 교수가 스웨덴에서 이주자들의 출산율을 연구한 바에 따르면 저개발국에서 온 여성들은 스웨덴 원주민에 비해 출산율이 높았다. 물론 출신 국가별로 차이는 있다. 이주자들이 새로 정착한 나라가 선진국일 경우 발전된 국가에서 온 여성일수록 빨리 적응하는 경향이 있었다. 그들은 스웨덴에서 오래 살수록 아이를 가질 확률이 원주민들과 비슷해졌다. 반면 저개발국에서 온 사람들일수록 기존의 관습을 유지하기 때문에 오래도록 본국의 출산행태를 간직할 가능성이 높았다.

이런 맥락에서 보면 이주자들이 유입된다고 하더라도 이들이 새로운 나라에 적응하면 출산율은 원주민들과 점차 비슷하게 된다. 그 나라의 경제상황이나 제도적인 요소가 임신을 둘러싼 환경을 구성하기 때문이다.

이주자들의 자녀, 이민2세대의 경우에는 이러한 경향이 더욱 뚜렷해진다. 그들은 이민1세대나 1.5세대에 비해 그 나라의 규범과 관습의 영향을 더욱 많이 받는다. 그렇기에 주변에 있는 다른 원주민의 자녀와 비슷한 출산율 패턴을 보이게 된다. 아울러 임신은 육아휴직 등 복지시스템과도 연관돼 있어 다른 여느 원주민처럼 사회시스템에 영향을 받는다. 결과적으로 출산율은 시간이 지나면 이주자와 원주민 사이에 거의 비슷해진다.

그렇다면 당장 출산율을 높이기 위해 이주자들을 대폭 받아들일 경우, 단기적으로 봤을 때 생산가능 인구는 많아질 수 있다. 그러나 시간이 많이 흘러 몇 세대가 거치고 나면 한국의 경제상황, 사회제도에 따라 이주자와 그 후손들의 출산율은 한국 원주민들과 비슷해질지 모른다. 결국 부양해야 할 대상만 더 많아지고 장기적으로 출산율은 제자리걸음이 되는 것은 아닐지 따져봐야 한다. 인구정책의 미래를 그려볼 때, 이주사회의 미래를 고려하는 것은 필수적이다.

생산가능 인구와 지속가능 인구정책

많은 선진국에서는 '저출산·고령화 사회'로의 진입을 걱정하며 전전긍긍하고 있다. 특히 15~64세 생산가능 인구의 감소를 우려하며 그로 인한 경기침체를 걱정한다. 인구 문제는 경제와 자주 결부돼 회자되는데, 일각에서는 한국이 북한과 통일될 경우 인구가 7천만 명이 넘게 되고, 내수시장과 노동력이 창출돼 사회기반시설 SOC, Social Overhead Capital 투자가 활발해질 것이라고 예측했다. 다시 말해 노동시장 참여 인구가 많을수록 미래가 긍정적일 거라고 전망한다.

이쯤 되면 모든 국가가 노동시장에 참여하는 젊은 인구를 많이 확보하는 데에 혈안이 돼 있을지 모른다. 생산가능 인구가 감소하는 것이야말로 주된 걱정거리이며, 노동하고 소비할 인구가 많아져 경제도 활성화된다면 누구나 젊은 인구를 최대한 많이 유입하려고 할 것이 아닌가? 그렇다면 모든 선진국이 이주자들을 유입하기 위해 애써야 할 것으로 보인다.

하지만 그렇지 않다. 이민의 역사가 긴 선진국은 당장 출산율이 바닥을 치고 고령화가 급속도로 진행됐을 정도로 '인구 수혈'이 필요한 게 아니라면 오히려 신중하고 제한적인 이민정책을 펴고 있다. 프랑스에서도 2006년 니콜라 사르코지 Nicolas Sarkozy 당시 내무부 장관이 이주에 대해 더 많은 제한을 가하도록 허용하는 내용이 담긴 새로운 이민통합법을 통과시켰다. 2005년 당시는 파리 교외에서 이주배경 청년들의 폭동이 일어난 직후로, 프랑스에서 이주자들의 실업이 증가하면서 사회통합 실패와 이로 인한 사회적인 불안이 문제가 되고 있었다.

새로운 이민통합법에서는 외국인들의 프랑스 입국과 거주를 보다 까다롭게 했다. 오로지 기술과 재능을 지닌 사람만 체류를 허용하고 외국인들은 프랑스에서 일하는 것만 허용되며 복지혜택에 의존해서 살 수는 없도록 했다. 가족 간 결합을 위해 입국하는 외국인 배우자는 주거 카드 증명를 얻기 위해 더 오랫동안 기다려야 하고, 이주자들은 모두 프랑스어를 배우며 프랑스적인 삶을 존중한다는 '계약서'에 서명해야 한다. 기존에는 노동자들이 프랑스에 10년을 체류하면 시민권을 얻을 수 있도록 했지만, 이러한 조항도 폐기했다.

당시 파리 도심에서는 이러한 법안에 반발해 체류권 보장을 요구하는 대규모 집회가 열리기도 했다. 프랑스의 새 법안에 대해 반대하는 시위대 1만여 명은 아프리카 북소리에 맞춰 "모든 사람에게 체류권을, 누구에게도 국경이란 철조망을 드리우지 말자"고 외쳤다. 아프리카 언론도 새로운 법안에 대해 비판의 목소리를 냈다. 마다가스카르 일간지「르누벨Le Nouvel」은 "이제 프랑스로 유학하고자 하는 학생들은 천재거나 비범한 실력을 갖췄다는 것을 증명해야 한다. (프랑스가) 1차 세계대전 기간 가장 건장한 아프리카 사람을 선택했다면 오늘날은 똑똑한 사람만을 고르고 있다"고도 지적했다.

사실 프랑스는 아프리카 출신 이주자들을 가장 많이 받아들이는 국가 중 하나다. 아프리카 출신 이주자들은 최근 20년간 급격히 늘었는데, 이들의 출산율은 원주민들에 비해 훨씬 높았다. 프랑스 국립 인구문제 연구소INED, Institut national d'études demographiques 로랑 툴몽Laurent Toulemon 팀이 진행한 연구(2008)에 따르면 1991~1998년 여성 1인당 갖는 아이의 수는 프랑스에서 태어난 여성은 1.7명이었고, 이주자 여성은 2.16명으로 이보다 높았다. 이주자들의 출신국별로 보면 여성 1인당 갖는 아이의 수는 터키(3.21명), 모로코(2.97명), 튀니지공화국(2.9명)이 가장 높았고, 아프리카의 다른 나라(2.86명)도 높은 편이었다.

어쨌거나 이렇게 변화된 법은 이주자들의 가족 형성과 출산에 가장 많은 영향을 미쳤다. 그들은 단순히 프랑스의 가족생활에 대한 기본적인 가치를 존중해서 되는 게 아니라, 언어를 습득하고 시민교육에 출석하면서 통합에 대한 진정한 의지를 내보여야 했다. 그들은 일하거나 공부하고 있지 않으면 사회보장제도 혜택에 접근할 수 없었다. 거주허가를 얻기 위해 오랫동안 기다려야 했고 결혼이민자도 시민권을 얻기 위해 4년(2006년 기준)을 기다려야 했다. 프랑스는 단순히 인구를 증대시키는 것 자체보다 인구의 구성과 이들의 유입이 사회 전반에 미치는 영향을 중시했던 셈이다.

그렇다고 단순히 고숙련 이주자들의 유입, 그 자체에만 신경을 써서도 안 된다는 사례가 있다. 2005년 6월 5일 미국 「뉴욕타임스The New York Times」는 캐나다 이민정책의 문제점에 관한 기사를 보도했다. 고학력 이주자들이 캐나다로 물밀듯이 쏟아졌는데, 이들이 일자리를 못 찾거나 박봉의 월급으로 고생하다가 결국 본국으로 돌아가는 상황이 발생하고 있다는 것이다.

당시 캐나다는 땅덩어리는 넓었지만 인구밀도는 km^2당 3명으로 전 세계에서 가장 낮은 축에 속했다. 국가 차원에서 이주자를 적극적으로 유치하기 위해 이주에 대한 법·제도적인 장벽을 낮췄고 의사, 간호사, 기술자 등 전문직 이주자들이 대거 유입됐다. 한국을 비롯해 인도와 중국 등 아시아권을 중심으로 해마다 20만에서 25만 명의 이주자들이 유입됐다. 한때는 '이주자의 천국'이라고 불릴 정도였지만 곳곳에서 문제점이 발생되기 시작했다. 가장 큰 문제는 고학력 이주자들이 적절한 직장을 얻지 못해 자신의 실력을 발휘할 기회조차 얻지 못하고 있는 것이다. 언론이 보도한 조사에 따르면 대졸 이상 이주자의 25%는 운전기사, 공장 노동자, 경비원 등 고졸 학력만으로도 구할 수 있는 직장에서 일하고 있는 것으로 나타났다. 언론이 인용한 인도 출신 환경과학자 기안 상하 씨(당시 55세)는 독일에서 박사학위를 받고 미국 대학에서 강의까지 한 인재였지만, 10년 동안

100여 곳이 넘는 곳에 이력서를 내고도 퇴짜를 맞아 사무실 서기로 연명하고 있었다.

이에 캐나다사회가 고학력 이주자들의 실력을 신뢰하지 않는다는 점이 문제로 제기됐다. 캐나다에서 의사나 간호사가 부족한데도 해당 자격증을 지닌 이주자들의 취업을 사실상 막고 있는 것이다. 이 때문에 의료진이 턱없이 부족한 아프리카, 아시아 국가로부터 '활용하지도 않을 거면서 왜 유치했느냐'는 비난의 목소리를 듣기도 했다. 캐나다 원주민과 이주자들 간 소득 격차가 커지는 것도 문제로 제기됐다. 대졸 학력의 남성 이주자의 경우 1980년대에는 원주민에 비해 연간 소득의 80% 정도를 벌었지만 2000년대 중반에는 70%에 머물렀다. 이 때문에 캐나다를 떠나는 이주자들도 빠르게 늘어났고 캐나다로의 이주를 꺼리는 이주자들도 늘기 시작했다. 뒤늦게 캐나다 정부는 향후 5년간 이주자 재교육과 취업 알선을 위해 2억 5000만 달러를 쓰겠다고 나서기까지 했다. 고숙련, 생산가능 인구 이주자들을 받아들이는 것만 아니라 적정한 정책이 뒤따라야 하는 셈이다.

이주자들을 받아들이는 것은 출산율 제고 효과도 있지만, 제대로 된 설계와 관리가 뒤따를 경우 단순히 '인구 숫자'를 넘어서 더 큰 자산이 될 수 있다. 미국의 경우 이주자들로 인해 한국이나 중국, 싱가포르, 러시아, 일본 등보다 출산율이 높지만, 더 큰 효과는 이주자들이 혁신적인 기업을 만들어내 시장을 넓히고 고용을 창출해냈다는 것이다. 즉, 생산가능 인구가 국가 경쟁력을 향상시키는 데에도 보탬이 된 것이다. 전문가들도 교육을 잘 받고 기업가적인 기질을 갖춘 이주자들은 변화하는 국제 경제에서 독특한 자산이 될 수 있다고 말한다.

미국의 경우 이주자 사회통합에 대해 여러 문제가 있음에도 가장 성공적인 사례로 종종 회자된다. 조엘 콧킨 Joel Kotkin 채프먼대 선임연구원은 "이주자들은 미국을 다른 나라와 다르게 하는 많은 것을 나타내왔다"고 말한다. 예를 들어 유럽에서는 원주민에 비해 모슬렘 이슬람교도 이주자들의 실업률이 2배로 나타나는 등 모슬렘들이 깊이 소외돼온 반면, 미국의 모슬렘들은 경이로울 만큼 빠르게 사회에 통합되는 것처럼 보인다는 것이다. 5분의 4 이상은 투표를 하기 위해 등록하는 등 시민사회에 참여하는 모습을 보였다.

사실 이주자들은 더 나은 삶을 위해 삶의 터전을 옮긴 사람들이기 때문에 다른 사람들에 비해서는 비교적 기업가적인 기질을 가진 사람이 많다. 저출산·고령화로 인해 경제가 침체돼 있을수록 이주자들을 받아들여 새로운 사업을 창출해내는 것이 더욱 중요해진다. 많은 사람들이 외국인 인재를 유치하기 위해 애쓰는 이유다.

그렇다면 저출산·고령화 시대를 맞은 한국에서 우리가 원하는 이주자 유입은 무엇인지 생각해봐야 한다. 단순히 생산가능 인구 숫자를 유지하는 것인지, 아니면 같은 생산가능 인구라도 국가에 필요한 인재를 어떻게든 더 많이 유치하는 것인지 말이다. 아울러 인재를 유치했다고 해도, 어떻게 이들을 적절하게 활용하고 효과적으로 육성할 수 있을지에 대한 고민도 뒤따라야 한다.

이주의 정치,
다문화의 역설

4

본국에 드리운
빛과 그림자

조선시대 말기에 서양 문물을 체계적으로 기록한 『서유견문』을 쓴 유길준^{1856~1914}은 누구보다도 선진국에 대해 폭넓은 지식을 갖고 있었다. 그는 1881년 어윤중의 수행원으로 신사유람단에 참가하며 일본을 방문했고, 최초의 일본 유학생이 됐다. 이후 서방세계에 보내는 사절단인 '보빙사'로 미국에 가서 최초의 미국 유학생이 되기도 했다. 하지만 조선에서 갑신정변이 일어나자 귀국하라는 고종의 친서를 받고 귀국길에 올랐다.

유길준은 1885년 대서양을 건너 영국, 포르투갈 등 유럽 여러 나라를 시찰하고 인도양을 건너 싱가포르, 홍콩, 일본을 거쳐 귀국했다. 하지만 귀국 직후 개화당으로 몰려 체포되어 구금됐는데, 구금기간에 집필해 1889년 탈고한 책이 바로 『서유견문』이다. 이 책은 당대 최고 수준의 서양 입문서이자 서양문화 소개서라고 평가받는다. 세계의 바다와 강, 호수, 인종, 물산 등뿐만 아니라 '나라의 권리', '국민의 교육', '국민의 권리', '정부의 정치제도', '세금 거두는 법규', '납세의 의무' 등을 소개하고 있으며 교육제도, 군대를 양성하는 제도, 화폐의 근본, 법률의 공도, 경찰제도 등 제도와 관련된 내용도 담고 있다. 유길준은 우리가 서양과 교류하면서 그들을 몰라서는 안 되겠기에 이 책을 썼다고 소개하며, 자신이 가진 개화사상을 설파했다. 그는 조선의 실정에 맞는 자주적인 '실상개화'를 해야 한다고 주장했다. 이 개화이론은 유길준이 1894년 갑오개혁으로 갑오내각에 참여하면서 이론적인 배경이 됐다. 이후 그는 평생교육과 계몽사업에 헌신했다.

유길준이 서구 문물을 탐험하고, 선진국에서 유학하지 않았다면 '개화사상가'가 될 수 있었을까? 아마도 아닐 것이다. 그가 해외에서 앞선 제도와 문물을 배웠기에 이것을 본국 발전에 어떻게든 활용하자고 생각하게 된 것이다. 선진적인 제도를 알지 못했더라면 애초부터 개화사상 설파나 계몽사업도 불가능했다는 것이다. 유길준이 미국에서 짧게나마 유학생활을 했던 것은 본인뿐 아니라 조선사회 전체의 발전에 영향을 미친셈이다.

유길준이 미국에 머문 기간은 2년 남짓에 불과했지만 그는 당대 미국으로 이주를 떠났다 돌아온 '귀환자'였다. 그는 이주를 통해 새로운 문물을 접하고 배워왔으며, 이를 본국에 전수하기 위한 책을 남김으로써 본국의 제도와 정치 발전에 도움을 준 것이다. 뿐만 아니라 서양 문물을 배우러 유학을 떠났다 돌아온 다른 사람들도 마찬가지였다.

현대 사회에서도 이주자들로 인해 비슷한 현상은 지속적으로 발생하고 있다. 특히 정치제도가 더 발달한 나라에 갔다온 사람들은 항상 무언가 더 나은 것을 배워서 오고, 그것을 자신이 사는 나라에 설파해 기여하고자 한다. 그 방식은 후세대에 대한 교육이 될 수도 있고, 아니면 본인이 직접 제도권에 진입해 행사하는 것일 수도 있다. 아니면 본인 스스로의 삶과 사고방식을 조금씩 변화시키는 것이 될 수도 있다. 어쨌거나 시민사회가 더 발달한 나라를 경험하는 것은 어떤 방식으로든 사회에 흔적을 남긴다.

그동안 많은 사람들은 이주로 발생하는 '경제적인 효과'에 주목해왔다. 이주자가 보내는 송금, 돌아온 이주자가 설립한 회사의 수익, 외국의 투자 촉진, 국제교역의 증가 등을 통해 '수량적인' 발전이 어떻게 진행되는지를 살펴보는 것이다.

하지만 유길준의 사례에서 보듯이 이주는 당장 눈에 보이지 않더라도 나라가 발전하는 데 중요한 영향을 미칠 수 있다. 이주자로 인해 본국의 국가 제도와 국가 경영도 변할 수 있다는 것이다. 각종 제도의 발전은 경제성장과도 연결될 수 있다는 점에서 이주와 정치의 관계는 꽤나 중요하게 여겨진다.

단순히 개발도상국에 사는 이주자가 선진국으로 이주하면 본국의 정치 발전에 무척이나 도움이 될 것처럼 보인다. 하지만 꼭 그렇지만은 않다. 이주는 발생하는 맥락에 따라 정치제도와 시민사회의 발달에 도움이 될 수도, 해악이 될 수도 있다. 개발도상국 출신이 선진국으로 이주했을 때 본국의 정치 발전에 긍정적인 역할을 못 할 수도 있다는 것이다.

일례로 A라는 사람이 본국에서는 한 달에 20만 원을 버는데, 새로운 나라로 이주했을 때는 200만 원을 번다고 치자. 그는 그중 일부는 본인이 생활비로 쓰겠지만 나머지는 본국에 있는 가족에게 송금을 하거나 저축을 할 것이다. A가 100만 원만 송금한다고 하더라도 이것은 본국에서는 누군가가 다섯 달을 벌어야 받을 수 있는 금액이다. A의 가족은 선진국에서 일하는 가족구성원을 뒀다는 이유만으로 최소한 몇 달은 땀 흘려 일하지 않고도 편안히 생활비를 벌 수 있다. 즉, 가만히 앉아서 경제적인 풍요와 생활의 안락을 누릴 수 있다.

어떤 측면에서 정치 개혁이라는 것은 시민들에게 뭔가 사회적인 불만이 있을 때 촉발되기 쉽다. 가만히 있어도 아무 손해 볼 것이 없고, 그저 삶에 만족하고 있다면 정치적인 요구가 쏟아져 나오기 어렵다. 사람들은 뭔가 부조리함을 느껴야 개혁을 요구하고, 정치제도의 발전을 갈망해 이룩한다는 것이다. 하지만 송금의 측면에서 보면 이주자들이 본국 가족에게 많은 돈을 보내주면서 경제적인 풍요를 준다면 본국의 정치 개혁을 늦출 가능성이 있다.

또 다른 가설은 '빠져나가는 이주'가 개발도상국의 인적자원의 역량을 약화시켜서 정치제도의 발전을 늦춘다는 것이다. 제도의 발전은 국가 제도를 설계하고 나라를 이끌 수 있는 역량 있는 인재들이 좌우한다. 하지만 똑똑한 인재가 죄다 선진국으로 빠져나갈 경우, 이것은 더 나은 제도를 제공할 만한 역량이 있는 인재도 빠져나가는 것이 된다. 사회 전체적으로는 정치 발전을 이끄는 역량을 가진 사람이 줄어들어 정치시스템에 해가 된다.

토비아스 퓨쳐 Tobias Pfutze 미국 오벌린 칼리지 교수에 따르면 정치학자들은 국제이주가 민주주의제도의 작동에 해롭다는 주장의 근거로 '소외 가설'이라는 것을 제시한다. 쉽게 이주를 할 수 있는 선택권이 있는 사람들은 본국의 미래와 정치제도의 발전에 대해 덜 관심을 갖게 된다는 것이다. 어차피 떠날 것이기 때문에 본국이야 어찌되든 자신의 삶과는 직접적인 관계가 없다는 이유에서다. 이 때문에 이주자 본국의 정치제도 발전은 더욱 요원해진다. 어떤 연구에서는 이주자들을 많이 내보내는 국가 혹은 지역사회의 선거 투표율이 낮고, 정치적인 행사에 참여하는 정도도 낮다는 경향이 나타나기도 한다.

하지만 이에 대한 반박도 만만치 않다. 더 많은 이주자들이 외국으로 떠나고 새로운 경제활동과 정치활동에 참여할수록 본국의 민주주의 발달에 좋은 영향을 미친다는 것이다. 이를 뒷받침하는 학설로는 '긍정적인 여파 가설^{positive spillovers hypothesis}'이 있다. 이주자들은 새로 정착한 나라의 시민사회, 정치, 문화 등을 답습하는데, 그 여파가 본국으로도 전해진다는 것이다. 실제로 대부분의 이주자는 더 나은 삶을 찾아 떠나기 때문에 이주 대상국으로는 경제적으로뿐 아니라 정치적으로도 더 발달해 있는 곳을 택하기 쉽다. '이주 대상국'은 민주주의가 성숙한 나라이고 '이주자 송출국'은 정치제도가 후진 경우가 많다.

클래시아 페레즈 아멘다리즈^{Clarisa Pérez-Armendáriz} 미국 텍사스 오스틴대 교수가 연구(2009)한 결과에 따르면 외국에 나간 이주자와 개인적인 연결고리가 있는 사람, 혹은 외국으로 빠져나간 이주자들이 많은 지역에 살고 있는 사람들은 정치 참여에 적극적인 경향이 있었다. 즉, 이주자들이 굳이 본국으로 돌아와서 영향을 미치지 않더라도 그들이 본국의 가족이나 친구와 소통하는 것만으로도 정치 참여와 제도 발전을 끌어올릴 수 있다는 것이다. 새로운 곳의 삶을 이야기하는 것만으로도 시민적인 가치와 정치제도를 전파하게 되는 것이다.

설령 이주자가 가족과 함께 통째로 이주했고, 본국에는 가족이 없더라도 출신국의 정치적인 발전을 가져올 수 있다. 이들이 새로 이주한 나라에 있는 이주자들 간의 네트워크에서 소통하는 것으로도 비슷한 효과가 발생할 수 있기 때문이다. 본인이 아니라 주변의 다른 이주자를 통해 본국에 지식과 가치관이 전파되더라도 영향을 미칠 수 있다. 이것은 결국 후진국에 있는 사람들에게 지식과 가치를 전파시켜 이들 나라의 정치 발전을 돕는다. 전 세계적으로 봤을 때에는 각국의 민주주의 발전에도 도움이 되는 것이다.

외국으로 이주했다가 돌아오는 경우에는 두말할 것도 없다. 이들은 해외에서 선진적인 제도로 인해 혜택을 입었을 경우 어떤 방식으로든 이를 본국에 전파하게 된다. 만약 그가 본국의 정부나 지역사회 등 어떤 단위의 조직에서 직책을 맡아 제도를 입안하고 실행하게 된다면, 이것은 정치제도의 향상으로 이어질 수 있다. 돌아온 이주자는 발전된 제도를 소개하는 것만으로도 이에 대한 수요를 끌어올리고 국가 발전에 기여할 수 있다.

물론 이주자가 선진국에 이주했다가 돌아오더라도 더 나은 제도를 설파하거나 소개하지 않을 수도 있다. 하지만 선진 정치제도를 경험한 것은 어떤 방식으로든 전파될 가능성이 높다는 점에 주목해야 한다. 특히 외국에서 교육받은 리더들이나 기술자 등은 해외에서 구성된 동문회 네트워크를 중시하는 경향이 있는데, 네트워크 내부의 유대관계를 위해 민주정권을 지지하고 국제사회에서 통용되는 '민주주의'라는 공통의 정체성을 공유하길 원한다. 이 때문에 민주주의제도가 정착된 선진국에서 교육받은 사람이 많은 나라일수록 독재정권이 압제를 유지하기 어렵게 된다. 더욱이 외국 문물을 경험한 사람은 외국 언론이나 정부에 더 쉽게 접근하고 정보를 얻을 수 있다. 독재정권이 등장하더라도 선진국과 연결고리를 지닌 사람이 많을수록 압제적인 행동을 행사하는 데에는 더 많은 어려움이 따른다.

분명한 것은 이주는 이주자 본국의 정치제도의 발전에 영향을 미친다는 것이다. 이것은 이주의 경제적인 효과와도 밀접하게 관계돼 있다. 경제적인 풍요는 정치에도 영향을 미치기 때문이다. 이주자가 본국에 일정 금액을 송금했을 경우 본국 가족의 소득을 향상시켜 삶을 변화시킨다. 사람들은 삶의 위치가 바뀌면 이상적이라고 생각하는 정책이 바뀌고, 이에 따라 선호하는 정당도 바뀌게 된다. 이주자의 송금을 받는 가족은 기존에 얽매여 있던 물질적인 궁핍에서 보다 자유롭게 되고, 표를 돈으로 매수하는 행위나 다른 종류의 정치적인 지원 등으로부터 보다 독립적인 처지에 놓이게 된다. 이로써 그들은 본인들의 진정한 정치적인 지향에 따라 투표할 가능성이 높아질 수 있다.

사실 이주자 본국에 정치제도가 발전하거나 후퇴하는 것은 어느 한 측면에서만 일어나는 것은 아니다. 이것은 동시에 일어날 수 있는, 양립 가능한 것이다. 그렇다면 과연 한국인의 이주, 한국으로의 이주는 정치 발전에 어떤 영향을 미치고 있는지, 이주의 시대가 가속화될수록 정치적인 지형은 어떻게 바뀔지 생각해볼 시점이다.

이주자 유입과
정체성 대결

우리는 인구가 늘어나는 것 자체에 대해서는 거부감을 느끼지 않는다. 요즘 같은 저출산·고령화 시대에는 오히려 아이를 많이 낳는 사람을 '애국자'라고 추켜세우기까지 한다. 하지만 대부분의 국가에서는 같은 인구의 증가라도 이주자의 증가에 대해서는 유독 우려를 표하고 대책을 세우고 있다. 같은 국가에서 태어나고 자랐다는 것은 최소한 언어나 인종, 문화, 가치관, 정치제도 등이 어떤 사람보다도 비슷할 가능성이 높다는 것인데, 이주자는 역사·인종·문화적 배경이 완전히 다른 경우가 많기 때문이다. 이 때문에 애초부터 이주자에 의해 건설된 나라가 아니라면 이주자들이 대거 쏟아져 들어오는 것에 대해 두려움을 느낀다.

이주자의 유입이 사회에 지대한 영향을 준다는 것은 자명하지만 그 결과가 어떠할지 예측하기 어렵다. 이 때문에 이주자를 받아들이는 국가라면 정책 입안자와 학자, 시민사회가 이주자 본인 못지않게 민감하게 반응하며 논쟁을 벌이고 있다. 제2차 세계대전 이후 서구 민주주의 국가에서 정치적인 의제를 지배하며 정세를 압박해온 주요 이슈도 이주였으며, 지금도 이민정책은 대부분의 선진국에서 정국을 뒤흔드는 '뜨거운 감자'가 되고 있다.

한국에서도 이주자가 늘면서 '다문화정책반대', '우리문화사랑 국민연대', '외국인범죄추방 시민연대' 등과 같은 단체가 속속 생겨나기 시작했다. 이들이 이주라는 현상 자체를 반대한다고 보긴 어렵지만 시발점은 이주자의 증가와 이에 대한 반감이었다.

다문화시대를 맞아 많은 사람들이 '포용과 배려, 이해'와도 같은 구호를 외치고 있다. 하지만 자신이 소속된 집단에 대해 애착과 자부심을 느끼고 다른 집단에 대해 낯설거나 불편한 감정을 느끼는 것은 인간의 본능에 가깝다. 나와 다른 집단을 내 집단처럼 편하게 느끼고, 이방인을 가까운 지인처럼 여기는 것은 '네 이웃을 내 몸과 같이 사랑하라'는 문구를 받들며 노력해야 하는 것이지 자연스럽게 체득되기는 쉽지 않다는 것이다.

어떤 학자들은 자신이 속한 집단이나 살고 있는 국가에 대해 소속감을 느끼는 것은, 실제로 그것이 자의적으로 건설된 것이라도 개인에게는 중요하다고 지적한다. 그것은 이 복잡하고 혼란스러운 세계에서 뭔가 '명확한 것'을 제공해 인간이 자의식과 자아상을 확립할 수 있도록 하기 때문이다. 국가 정체성과 같이 오랫동안 형성된 정체성은 외부 관찰자에게는 어떻게 보이든 간에 개인에게는 심적인 안정감과 소속감을 확립하는 데 도움이 될 수 있다.

사람이라면 누구나 정치적인 커뮤니티를 형성하고 그 구성원으로서

충성을 다하기를 원하는 한편, 특별하게 대우받기를 원한다. 어느 조직이든 내부 구성원들에게 차별화된 권리를 부여하는 게 조직의 유지와 운영, 결속에 효과적인 이유다. 미국 이민정책연구소의 마크 크리코리언^{Mark} ^{Krikorian}은 "가족이나 집합체, 나라를 형성하는 것은 인간의 본성 중 하나"라고 설명한다. 조직 외부에 있던 이주자들이 급증할 때 원주민들이 공포나 거부감을 느끼고 조직적인 반감을 표출하는 것도 이런 이유다.

이주, 그리고 이주에 대한 인식은 사회에선 분열에 대한 느낌을 만들어내기 쉽다. 이주와 다문화주의는 서로 다른 가치와 규범을 지닌 개인을 한데 모으는 것이기 때문이다. 더욱이 이주자들은 이들을 받아들이는 국가의 원주민이 보기에는 해당 국가가 갖고 있는 가치나 삶의 방식과 다른 것을 가져옴으로써 기존의 정체성에 위협을 제기할 수 있다. 게다가 기존에 있던 경제적인 자원을 위협하는 것처럼 보이면서 이런 공포와 불안은 더욱 확산된다.

많은 사람들은 새로 온 사람들과 어떻게 통합하며 자신의 정체성을 재구성해야 할지 알지 못한다. 특히 유럽은 기존에 존재하던 국가 정체성을 모슬렘 이주자들과 조화시키기 더욱 어려워하고 있다. 이런 까닭에 국가는 국민의 신분과 시민권의 개념을 통해 이주자와의 사이에 구분하는 선을 그으며 공통의 정체성을 공유하지 않는 사람을 구별해내고 있다.

문제는 '다른 집단'을 받아들이면서 발생하는 분열이 단순히 '서로가 같은 구성원이 아니라는 느낌'을 주는 데에 그치지 않는다는 것이다. 이런 현상은 국가와 정치제도에 대한 불신을 갖는 데까지 확장되는 경향이 있다. 심지어 시민들은 국가가 빈곤을 줄이기 위해 복지제도를 제공하는 것에 대해서도 덜 우호적인 감정을 느끼게 된다. 이런 서비스의 혜택을 받는 사람들은 주로 가난한 이주자 집단이며, '내가 속한 집단'과는 다르다고 느낄 수 있다. 이 때문에 이주는 기존에 있던 시민 간의 문화적인 연결고리를 약화시키고, 궁극적으로는 정치시스템에 대한 지지 혹은 애착을 약화시키는 경향이 있다고 지적된다.

국가와 정치제도에 대한 불신이 커지는 현상은 사회가 굴러가게 하는 동력을 떨어뜨릴 수 있다. 정치적인 신뢰는 효과적인 정책 결정과 집행에 매우 중요하기 때문이다. 시민들은 정치에 대한 신뢰가 높을수록 정부 규제에 따르며, 더욱 시민답고 도덕적으로 행동하는 경향이 있다. 이 때문에 정치적인 신뢰는 대부분 민주주의 체제의 중심에 위치하고 있다. 정치시스템은 그 내부에 있는 개인들이 서로 결속하지 않으면, 그리고 협상을 통해 '다름'을 해결할 수 있는 의지와 역량이 없다면, 실패로 이어질 수 있다.

원주민은 정부제도가 더 '이주자 친화적'일 때 이주에 대해 더 강하게 우려하고 정부에 대해 불신을 갖는다. 당신은 이렇게 생각할 수 있다. 원주민들이 거부감을 느끼는 대상은 이주자인데 왜 불신의 화살은 정치제도나 정치인, 국가 권력에 돌아간다는 것인가? 물론 급증하는 이주자와 그 결과에 대한 원망을 누가 들어야 할지는 명확하지 않다. 하지만 이주를 우려하는 사람들 중 상당수는 정부제도와 정치인들이 이주자들로부터 국가와 사회를 지키는 것에 실패했다고 인식하는 경향이 있다. 이들은 제도권의 정치·정책적인 결정으로 인해 자신들이 속한 그룹의 정체성과 경제적인 자원을 지키는 데 실패했다고 인식한다. 정치인과 국가 제도의 기본적인 주요 기능이 국가 커뮤니티를 보호하는 것이기 때문이다.

사람들은 자신이 속한 조직이 위협받는다고 인식할 때 정부와 정치제도에 더욱 의문을 제기할 수밖에 없다. 원주민들은 이주자가 증가하고 국가가 원주민보다 이들에 대해 더 우호적이라고 느낄 때, '국가가 누굴 위해 존재하는가'에 대해서 질문하게 된다. 사람들은 정치제도와 국가 당국이 처음부터 대규모 이주를 허용한 것을 탓하고 정치 지도자들과 제도를 경멸스럽다는 듯이 바라보게 된다. 결국 이런 인식은 정치 지도자들과 국가 제도가 제대로 작동하지 않는다고 판단하게 하고, 제도권 전반을 신뢰하지 않도록 한다.

로런 매클래런Lauren McLaren 영국 노팅엄대 교수는 이에 대한 연구(2010)를 통해 다음과 같은 결론을 내린다. 일단 이주에 대한 우려는 정치적인 불신과 분명히 연관돼 있지만, 해당 국가의 실제 이주자 수가 많기 때문은 아니다. 그러므로 정치적인 신뢰를 예측하는 데에는 '이주의 현실'보다는 '이주에 대한 인식'이 더 중요하다. 이주에 대한 우려와 불신의 관계는 해당 국가에 '강한 극우세력'이 있는가에서도 영향을 받는다. 극우 반反이민 정당이 있을 경우, 이들은 이주에 대한 우려와 정치적인 불신의 관계 사이에 중재 역할을 하지 못하고 부추길 수 있다. 이주를 강하게 우려하는 시민들은 극우정당으로부터 자신이 적합하다고 생각하는 정책을 마주한다. 엘리자베스 이바스플레튼Elisabeth Ivarsflaten 영국 옥스퍼드대 교수는 연구(2008)에서 유럽에서 우익정당들을 성공적으로 결합시키는 주요 요소가 반이민에 대한 정서라는 것을 발견했다.

원주민이 이주자의 증가를 걱정하는 데에는 또 다른 이유가 있다. 어느 사회에서건 이주자들이 숫자도 많아지고 정치적인 힘도 세진다면, 그들이 원하는 정치적인 결과를 가져올 수 있기 때문이다. 이들은 정치적인 힘을 통해 사회의 지형을 바꿔놓을 수 있다. 그로 인해 변화하는 정치적인 지형이 더 발전된 것이라면 좋겠지만 그렇지 않을 수 있기 때문에 우려가 커진다. 원주민들은 자국이 갖고 있는 정치적인 정체성을 위협받을지 모른다고 걱정한다. 이주자들이 익숙해져 있는 정치시스템은 원주민들이 익숙해진 시스템과는 다르거나 후진적인 것이며, 이런 것들은 새로 정착한 나라의 정체성을 위협할지 모른다는 것이다.

특히 후진국에서 선진국으로 온 이주자들은 대부분 정치적으로 부패하고 자유를 억압하는 나라에서 경제적인 기회를 찾아온 사람들이다. 물론 자국에서 정치적인 억압을 피해 도망 온 사람들은 선진국의 정치시스템을 지지할지 모르지만, 단순히 경제적인 목적으로 이주를 택한 사람들은 이들이 정착한 나라의 시민들과는 전혀 다른 생각을 갖고 있을지 모른다. 사회통합에 해를 끼치는 것은 물론이고 자유의 상실과 폭력, 혼란을 가져올지 모른다는 시나리오다.

그렇다면 이런 우려가 제기될 수 있다. 억압적인 체제에 길들여진 사람들이 이주를 많이 온다면, 언젠가는 이들을 받아들이는 국가는 권위적이고 비#민주적인 나라로 탈바꿈하지 않을까? 그들이 정치적인 영향력을 행사할수록 우리나라의 민주주의는 원주민들이 탈출하고 싶어 할 법한 상태로 변하지는 않을지 말이다. 학자들은 이주자들이 정치에 영향력을 행사할지 모른다는, 이러한 우려를 '정치적인 외부성political externality'이라고 부른다. 만약 이런 우려가 맞다면, 국가의 정체성을 지키고 국민의 자유를 보호하기 위한 유일한 방법은 '외국인이 이 나라로 들어올 자유'를 엄격하게 통제하는 것으로 보인다.

하지만 어떤 학자들은 이주자들이 야기하는 '정치적 외부성'은 보기보다 부정적인 효과가 덜하다고 말한다. 이들이 미칠 수 있는 정치·정책적인 영향력이 미미하기 때문이다. 우선 이주자들이 가져오는 정치적인 외부성의 정도가 정말 심각하려면 이들의 정치적인 권리가 커야 한다. 즉,

이주자가 정치적인 힘을 행사하고 의사결정 과정에 참여할 수 있는 권리를 보장받고 있어야 한다는 것이다. 명확히 말하자면, 이들이 지역과 전국 단위의 선거에서 투표권을 행사할 수 있어야 정치적인 힘이 있다고 할 수 있는데, 이주자들에게 모든 투표권을 부여하는 '완전한 정치적인 권리'는 즉각 주어지지 않는 게 보통이다. 대부분의 나라에서 이주자는 귀화를 해야만 지방선거나 국회의원 선거에 투표할 수 있다. 이주자의 정치적인 권리에 대해서는 여러 나라에서 여전히 논란이 되고 있지만 말이다. 한국에서도 영주권을 지닌 이주자들은 지방선거에서만 투표할 수 있고 대통령 선거에서는 투표권이 없다.

유럽에서는 제2차 세계대전 후 시민권은 없이 영주권만 가진 이주노동자들이 많이 있었다. 이들은 해당 사회의 구성원이면서도 정치적인 결정에서 배제됐고, 정부는 대표성에 대한 비판을 받기도 했다. 이 때문에 각국에서는 이주노동자와 그들의 후손에게 시민으로서의 각종 사회적인 권리뿐 아니라 정치적인 권리를 확대해나가기 시작했다. 외국인 주민에게 지방선거에 참여할 수 있게 한 것도 그런 맥락이었다. 유럽연합EU에서는 핀란드, 아일랜드, 네덜란드, 스웨덴 등의 국가에서 EU 출신이 아닌 외국인 주민에게도 지방선거 투표권을 준다. 하지만 누구도 국가적인 수준의 국회의원 선거의 투표권을 주지는 않는다. 전국 단위의 국회의원 선거에서 많은 정책이 결정되고 사회 각 분야의 재분배가 이뤄지고 있음에도 말이다.

지방선거 투표권에 대해서도 논란이 있다. 오스트리아 비엔나의 경우 연속해서 5년 이상 거주한 외국인들에게 투표권을 주자는 제안이 나왔지만, 보수주의자들과 자유당으로부터 신랄한 비판을 받았다. 벨기에 상원의회에서도 같은 제안이 제출됐지만 2002년 거절당했다.

유럽의 경우 EU 회원국 시민이냐 그렇지 않느냐에 따라 이주자에 대한 대우가 다르다. EU 국가에 대한 조약에 따르면 모든 국가의 회원들은 자동적으로 EU 시민이 된다. 이들은 유럽 내에서는 자유롭게 이동하고 거주할 수 있으며, 해당 지역과 유럽의회 선거에서 투표할 수 있다. 예외적으로 룩셈부르크는 투표할 수 있는 전체 인구 중 자국민이 아닌 사람이 20%를 초과할 경우 거주기간이 더 길어야 투표할 수 있도록 했지만 말이다. 대체로 EU 시민이 아닌 이주자들은 오랫동안 거주해도 전국적인 차원의 투표권은 보장받지 못한다.

물론 귀화를 하면 그 나라의 국민이 되는 것이기 때문에 모든 투표권을 얻을 수 있다. 문제는 그것도 쉽진 않다는 것이다. 카린 메이어Karin Mayr 영국 워릭대 교수의 연구(2003)에 따르면 귀화는 벨기에와 덴마크, 프랑스(특히 이주노동자 2세대의 경우), 아일랜드, 네덜란드, 노르웨이 등에서는 비교적 쉬웠다. 영국에서는 영연방 시민들commonwealth citizens만 완전한 정치적인 권리를 누릴 수 있는데, 시민권을 얻는 게 전통적으로는 쉬웠지만 점점 어려워지고 있다. 각종 사회적인 권리가 시민권과 밀접히 연관돼 있기 때문이다. 오스트리아, 독일, 스위스에서는 귀화가 어렵고 일부는 비용도 비싸다.

또 한 가지 주목할 만한 점은 이주자와 그들의 후손은 원주민들보다 투표율이 낮은 경향이 있다는 것이다. 잭 시트린Jack Citrin 미국 UC버클리대 교수팀의 연구(2002) 결과를 보면, 2002년에 캘리포니아의 히스패닉은 성인 중 26%, 시민 인구 중 18%를 차지했다. 하지만 투표권을 가진 사람 중에는 14%밖에 차지하지 않았다. 또 히스패닉은 미국 전체적으로 봤을 때는 인구의 5%를 차지했지만 시민권을 가진 인구 중에는 3%, 투표권을 가진 인구 중에서는 2%밖에 되지 않았다. 인구가 늘어나도 투표 인구는 더 낮다는 것이다.

한국의 경우에도 투표권을 가진 이주자는 의외로 많지 않다. 체류외국인은 2014년 기준 175만 명을 넘어섰지만 모두에게 투표권이 있는 것은 아니다. 한국인으로 귀화하면 국회의원과 대통령 선거에 참여할 수 있지만, 영주권자들은 지방선거 투표까지만 참여할 수 있다. 2013년까지 귀화자는 13만여 명이며, 영주권을 지닌 사람들은 10만 명 정도로 투표권을 지닌 이주자들은 23만 명 수준이다. 이들의 투표율은 정확히 알려지지 않았지만 실제로 투표를 통해 정치적인 영향을 행사하는 인구는 많지 않은 셈이다.

브라이언 캐플란 미국 조지메이슨대 교수는 투표자들이 심리학계에서 흔히 쓰는 용어인 '현상 유지 편향status quo bias'을 지니고 있다고 지적한다. 투표자들은 현재 있는 것이 무엇이든 간에 그것이 현재 존재하고 있기 때문에 선호하는 경향이 있다는 학설이다.

캐플란 교수는 '현상 유지 편향'이 이주와도 밀접한 관련이 있다고 말한다. 사람들이 이미 존재하고 있는 것을 선호하는 경향이 있다면, 이주자들 역시 기존에 존재하던 것을 그대로 두는 것을 선호할 가능성이 크다. 이로 인해 이주자를 받아들이는 것은 현재 상태를 그대로 유지하는 데에 효과적이라는 주장이다. 예를 들어 우리나라가 자유로운 나라라면, 나라를 더욱 자유롭게 만드는 데에 효과적이라는 것이다. 어느 상태든 큰 위기상황이나 변수가 닥치지 않는 한 지금 갖고 있는 제도와 정책대로 계속 머물고자 하는 심리 때문이다.

실제로 비스마르크Bismarck가 집권한 독일에서나, 차르Tsar가 통치한 러시아와 같은 권위주의 사회에서 온 이주자들이 미국에 도착했을 때 이런 현상이 나타났다. 그들은 미국에서 자신의 본국을 재창조하려고 노력하기보다는 새로운 사회를 있는 그대로 받아들였다. 물론 미국사회가 이런 이주자들의 근본적인 철학을 바꾸지 않았을 수도 있지만, 그럴 필요는 없다. 그들이 현재를 거부하지 않고 받아들였다면 현재 상태가 자동적으로 이기는 것이다.

　설령 이주자들이 모두 현재 상태에 머물기를 원하지 않는다고 하더라도 상관없다. 대부분의 이주자는 다른 나라의 구성원이 되는 것보다는 본인의 학업·경제·사회적인 목적을 달성하는 데 더 관심이 많다. 벤저민 파월 미국 텍사스공대 교수는 "이주자들은 새로 정착한 나라에 경기침체가 발생할 경우에는 자신의 본국으로 돌아간다"고 설명한다. 새로 정착한 나라에서 이주의 목적과 어긋나는 상황이 발생하면 곧장 자신의 출신국으로 돌아간다는 것이다. 그러니 이주자들이 시민권을 얻어 정치적인 영향력을 행사할 것이라고 단정 지을 필요는 없다.

　이주자의 정치적인 영향력이 어떠하든 단순히 이들을 차단하는 것은 해답이 될 수 없다. 캐플란 교수는 "정치적인 영향력을 이유로 이주자들의 유입을 차단하는 것에는 도덕적인 문제가 있다"고 말한다. 미국인이 아이티에 들어갔다가 다시 본국으로 돌아오려고 할 때 미국 이민 당국이 당신이 민주당 지지자라고 해서 들어오지 못하게 한다거나, 어떤 정치적인 질문에 원하는 대답을 하지 못한다고 해서 들어오지 못하게 한다고 치자. 당신은 부당하다고 느낄 것이다. 이주자들의 정치적인 외부성에 대한 우려도 마찬가지다.

　그럼에도 불구하고 당신은 이주가 심각한 '정치적 외부성'을 갖고 있고, 이것이 부당하다는 확신에 차 있다고 가정해보자. 우리는 물어야 한다. 이주 제한이야말로 그 문제를 해결하는 가장 저렴하고 인간적인 방법인가? 캐플란 교수는 "아니다"라고 답한다. 굳이 이주 자체를 제한하지 않으면서도, 보다 비용이 적게 들면서 인간적이기까지 한 대안이 있기 때문이다. 이주자들이 들어와 살고 일할 수 있도록 하되 투표권만 제한하면 된다는 것이다. 또 필요하다면 우리는 그들에게 '투표권 없는 상태'가 세습되도록 할 수도 있다.

캐플란 교수는 제3의 방법도 제시한다. 당신이 이주자들의 정치적인 요소에 대해 걱정하고 있다면, 이주자들 중 시민시험civic test에 성공적으로 통과한 사람만 투표할 수 있도록 제한하자는 것이다. 물론 이주자들이 시험을 통과하더라도 국내에 들어와 가난한 계층을 형성하면서 빈부 격차를 유발하고, 마지막에는 '계급전쟁'을 야기하며 정치적인 영향력을 행사할지 모른다. 그렇다면 당신은 이주자들 중 세금 납부액이 10만 달러가 넘는 사람만 평생에 한 번만 투표할 수 있도록 할 수도 있다. 캐플란 교수는 당신이 무슨 불만을 제기하든, 언제나 이주자 배제나 추방보다는 좀 더 나은 대안이 있다고 강조한다.

중요한 것은 우리가 좋아하건 그렇지 않건, 현재 이미 많은 국가가 이주자의 나라가 됐거나 되고 있다는 점이다. 설령 이주의 문호를 닫는다고 하더라도, 그런 식의 해결책은 이미 새로운 나라에 들어와 그곳을 집으로 생각하고 있는 수많은 이주자와 그들의 가족, 후손에게 아무런 효과가 없다. 이 때문에 어떤 학자들은 이미 발생한, 앞으로도 막을 수 없는 이주에 대한 해결책은 국가 정체성의 구성을 다시 논의하는 것이라고 말한다. 국가 정체성은 고정돼 있는 게 아니라 한 나라의 역사·문화적인 흐름에 따라 변화를 거쳐서 유동적으로 형성되는 것이기 때문이다. 물론 국가 존립의 바탕이 되는 국가 정체성의 핵심과 근거는 변함이 없어야 한다.

하지만 사회에 이주자가 유입되고 그 규모도 증가하고 있는 시점에서 국가 정체성의 혼란으로 인한 사회적인 비용을 줄이기 위해서는 이들을 어떻게 통합할지 정책적으로 판단하고 계획을 세우는 한편, 국가 정체성의 재확립에 대해 논의할 필요가 있다. 아울러 시대의 흐름에 따라 국가의 정체성을 새로이 확립하더라도 그것이 국가구성원들이 수긍하고 받아들일 수 있는, 일관되고 합리적이어야 함은 물론이다.

귀화,
그리고 국민의 요건

이주자들 중 국가의 정치체제와 사회 전반에 가장 영향을 크게 미칠 수 있는 사람들은 바로 귀화한 이주자들이다. 외국인이 귀화하면 한국 법의 적용을 받는 한국 국민이 된다. 한마디로 귀화자들은 새로 온 나라의 온전한 구성원이 돼 그 나라의 국민과 같은 권리와 의무를 다하기로 서약하고, 그래야만 하는 사람들로서 원주민과 거의 흡사한 의무와 권리를 적용받는다. 우리나라가 무엇을 국가의 기본 정체성과 가치 및 이념으로 삼든 간에 귀화자야말로 이를 가장 존중하고 인정해야 하는 존재며, 원주민과 공유하며 살아야 한다.

국가의 존립을 좌우하는 핵심 요소로는 영토, 주권과 함께 '국민'이 꼽힌다. 우리나라 헌법 제1조에서는 대한민국은 민주공화국이며, 주권은 국민에게 있고 모든 권력은 국민으로부터 나온다고 명시하고 있다. 제2조에서는 대한민국의 국민이 되는 요건은 법률로 정하며, 국가는 법률이 정하는 바에 의해 재외국민을 보호할 의무를 진다고 돼 있다.

국민은 혈연이나 지연, 언어 등을 공유하는 민족, 인종 개념과는 달리 법에 의해 자격이 결정된다. 국가는 법에 의해 자국민을 보호할 의무가 있다. 헌법 제10조에서는 '모든 국민은 인간으로서의 존엄과 가치를 지니며, 행복을 추구할 권리를 가진다. 국가는 개인이 가지는 불가침의 기본적 인권을 확인하고 이를 보장할 의무를 진다'고 돼 있다. 또한 국민은 거주·이전의 자유, 직업 선택의 자유, 주거의 자유 등 자유가 보장되며 재산권, 선거권, 능력에 따라 균등하게 교육을 받을 권리, 근로의 권리 등 다양한 권리도 누릴 수 있다.

국가가 법에 의해 다양한 자유와 권리를 보장하는 대상은 국민이기 때문에 국가는 자국의 국적을 가진 사람과 그렇지 않은 사람을 차별적으로 취급할 수밖에 없다. 외국인은 본국 국적을 갖고 있을 때는 한국인과 같은 권리를 누릴 수 없지만, 귀화했을 경우에는 법이 국민에게 부여한 권리를 한국인과 똑같이 보장받을 수 있다. 국가는 국민에게 부여하는 권리와 의무가 각별한 만큼, 아무 외국인이나 쉽사리 국민이 돼 한국 영토에서 다양한 권리와 자유를 보장받게 해줄 수는 없다. 일단 한국인이 되면 그에 대한 국가의 책임이 따르기 때문에 국가도 최소한의 기준을 갖고 귀화 대상 외국인을 판단한다.

이주의 시대에는 누구라도 귀화를 통해 자신이 속할 국가를 새로이 선택할 수 있다. 지리적이고 혈통적인 개념보다 '국민으로서의 정체성'이 중요해진 시대가 온 것이다. 이 때문에 이주자를 받아들이는 모든 국가는 나름대로의 정체성과 핵심 가치, 지향점을 정립하고, 귀화신청자가 국가의 구성원으로서 자격을 갖췄는지를 판단하기 위해 고심하고 있다.

전통적인 이민국가에서는 국민의 개념으로 '영토 내에 거주하는 사람'
이라는 공간적인 의미보다는 '국가구성원으로서의 자격을 갖춘 사람'이
라는 가치를 중시한다. 대표적인 이민국가 중 하나인 캐나다의 경우 귀화
를 원하는 외국인은 서류전형, 면접, 필기시험 등으로 이뤄진 심사 절차를
통과하면 시민이 되기 위한 의식을 거쳐야 한다. 바로 '캐나다 시민으로
서의 맹세The Oath of Citizenship'를 낭독하는 것이다. 맹세의 내용은 다음과 같다.

"나는 캐나다의 여왕인 엘리자베스 2세와 그의 후계자들에게 충성을
맹세하며 캐나다의 법을 충실하게 따를 것이고 캐나다 시민으로서 나의
의무를 충실히 이행할 것을 엄숙히 선언한다I swear (or affirm) that I will be faithful and
bear true allegiance to Her Majesty Queen Elizabeth the Second Queen of Canada, her Heirs and Successors and that I will

faithfully observe the laws of Canada and fulfill my duties as a Canadian citizen."

독일의 경우 일반 귀화를 신청하는 외국인들이 '독일연방공화국의 기
본법이 지향하고 있는 자유민주주의적 기본 질서를 신봉함을 밝히고, 이
에 반대하는 시도를 추구하거나 지지한 적이 없어야 한다'는 요건을 충족
하도록 하고 있다. 또 범죄로 인해 형벌을 받은 적이 없어야 하며, 채무변
제 불능으로 인한 법적 조치를 받은 적도 없어야 한다. 독일의 법과 사회
질서, 생활양식에 대한 지식도 있어야 하며 충분한 독일어 구사력도 갖춰
야 한다.

그렇다면 한국에서 외국인의 귀화는 어떻게 진행될까? 국적법 제4조
를 보면 '대한민국 국적을 취득한 사실이 없는 외국인은 법무부 장관의
귀화허가를 받아 대한민국 국적을 취득할 수 있다'고 돼 있다. 법무부 장
관은 국적법 제5조(일반귀화), 제6조(간이귀화), 제7조(특별귀화)까지의 귀

화 요건을 갖췄는지를 심사한 후 그 요건을 갖춘 사람에게 귀화를 허가한다. 한마디로 귀화의 종류는 일반귀화, 간이귀화, 특별귀화의 세 가지로 나뉜다.

먼저 일반귀화는 우리나라와 아무런 혈연·지연적인 관계가 없는 외국인들을 대상으로 한다. 5년 이상 대한민국에 주소를 두고 있어야 하고 대한민국 민법상 성년이어야 한다. 품행이 단정하고, 스스로나 가족에 의존해 생계를 유지할 능력이 있어야 한다. 또 국어능력이나 대한민국 풍습에 의한 이해 등 국민으로서의 기본 소양도 갖추고 있어야 한다. 일반귀화는 신청자가 한국에 오랫동안 거주하고 시험을 통해 한국어와 한국문화에 대한 이해력을 검증받아야 해 귀화의 종류 가운데 가장 엄격한 과정에 속한다고 평가받는다.

여기서 '품행이 단정할 것'을 요구하는 것에 대해서는 논란이 돼왔는데 '명확성의 원칙'에 위배될 정도로 자의적이고 불명확하게 해석될 수 있다는 지적 때문이다. 이렇게 규정을 애매모호하게 해놨을 경우 법 집행 과정에서 공무원의 재량권이 넓게 발현될 수 있고, 정책 수혜자의 입장에서는 행정 결과에 대한 예측이 어렵다는 지적이다. 이는 사람들이 행정을 신뢰할 수 없게 하고, 자의적인 행정 집행에 대한 민원과 불만을 가져올 수 있다.

실제로 '품행 단정'을 둘러싸고 한국사회에서는 몇 차례 논란이 인 적이 있다. 네팔 출신 티베트인 라마 다와 파상 씨(한국명 민수)의 귀화불허가 대표적인 사례다.

민수 씨는 1997년 9월 한국에 입국해 비자가 만료된 후 불법체류 이주노동자로 지내다가 2006년 한국 여성과 결혼해 결혼이민 비자와 영주권을 얻어 살기 시작했다. 2008년에는 티베트 레스토랑도 차렸다. 발단은

레스토랑 장소를 둘러싸고 2011년 진행된 재개발사업^{도시환경정비사업}이었다. 건물주는 퇴거를 통보했고, 민수 씨는 철거에 항의하다가 경찰 및 용역업체 직원 등과 다툼을 벌이면서 공무집행방해 등의 혐의로 벌금형 500만 원을 선고받았다. 이후 2013년 귀화를 신청했지만 벌금형을 선고받은 전력이 있기에 국적법상 귀화 요건 가운데 하나인 '품행 단정'을 갖추지 못했다며 2014년 3월 법무부로부터 귀화불허를 통보받았다. 민수 씨는 법원에 귀화불허처분 취소소송과 국적법에 대한 위헌법률 심판 제청을 냈지만 모두 기각됐다.

민수 씨는 "불법체류 범칙금을 완납했고 재개발로 생업을 위협당할 수 있다는 위기감에 방어적으로 철거를 저지하다 문제가 됐다. 한국인 배우자와 자녀 셋을 두고 있는 점 등을 고려할 때 귀화불허처분은 과도하다"고 항변했지만 서울행정법원은 법무부의 귀화불허처분이 적법하다고 판결했다. 재판부는 민수 씨가 "9년에 걸쳐 국내에 불법으로 체류했고, 재개발사업과 경찰의 공무집행을 부당하게 방해해 대한민국의 법적 안정성과 질서유지를 심각하게 저해했다"고 밝혔다. 또 "귀화허가 신청은 횟수나 시기에 제한이 없다. 앞으로 상당 기간 다른 문제를 일으키지 않으면 다시 귀화신청을 할 수도 있고, 비록 귀화허가를 받지 못하더라도 한국에 체류하면서 가정생활을 영위할 수 있다"고 덧붙이기도 했다.

한국 정부는 외국인의 귀화를 심사할 때 법 위반 전력을 엄격히 고려하는 편이다. 중국인 김 모 씨는 음주운전 전력으로 귀화가 불허되기도 했다. 그는 대한민국 국적을 회복한 아버지의 부름으로 2006년 3월 34세 때 한국에 왔지만, 입국한 지 4일 만에 술에 취한 채 면허도 없이 오토바이를 운전하다 사고를 냈고, 벌금 100만 원을 선고받았다. 법무부는 귀화심사를 하던 중 김 씨의 음주운전 경력을 발견하고 국적법상 귀화 요건 중 '품행이 단정할 것'에 위반된다며 2009년 1월 귀화불허처분을 했다. 김 씨는 서울행정법원에 국적신청 불허가처분 취소소송을 냈지만 기각됐다. 법원은 판결문에서 "입국 4일 만에 음주·무면허 운전을 한 것은 우리나라의 법질서를 무시 내지 경시한 행위로, 법무부의 귀화불허처분은 재량권의 한계를 일탈하거나 그 행사를 남용한 것이 아니다"라고 밝혔다.

정부가 외국인의 전과를 이유로 귀화를 허가하지 않는 것은 끊임없이 논란이 돼왔다. 국가인권위원회는 2012년 1월 "법무부가 귀화허가를 심사하는 과정에서 실효된 전과를 이유로 귀화를 불허한 것은 차별이라 판단하고, 법무부 장관에게 귀화심사 시 실효된 전과에 의한 차별이 발생하지 않도록 국적법 제5조 제3호와 관련해 하부법령 등에 구체적인 기준을 마련할 것을 권고했다"고 밝히기도 했다. 관련 진정이 제기된 게 권고의 계기였다.

진정인 A 씨는 파키스탄 국적으로, 2007년 29세 때 한국 여성과 결혼해 2009년 귀화신청을 했다. 하지만 2005년 무면허 운전으로 인해 벌금 50만 원, 2008년에 쌍방상해로 인한 벌금 30만 원을 부과 받은 전과가 있다는 이유로 2010년 12월 귀화불허를 통보받았다. A 씨는 "경미한 범죄경력을 이유로 이미 한국 여성과 결혼한 외국인 배우자의 귀화를 불허하는 것은 차별이므로 시정을 원한다"며 2011년 국가인권위원회에 진정을 제기했다.

법무부는 이에 대해 "귀화허가심사는 귀화신청자가 우리 사회 기존 구성원과 조화를 이룰 수 있는지 여부가 중요해 모든 귀화신청자에 대해 범죄경력을 조회하고 범죄의 성질 및 처분 결과 등을 종합적으로 판단해 허가 여부를 결정하고 있다"고 밝혔다. 또 귀화허가권자는 귀화 요건을 심사할 때 전과 관계 등을 종합적으로 고려할 수 있고 광범위한 재량권을 가질 수 있다는 기존 판례 등이 있다고 주장했다.

하지만 국가인권위원회는 귀화 요건 충족 여부 판단에는 법무부 장관에게 재량권이 있는 것은 수긍하나, 행정청의 재량권에도 합리적인 범위가 있어야 한다고 판단했다. 아울러 '품행이 단정할 것'이라는 국적법 제5조 제3호 적용에 있어서는 해당 법은 물론이고 시행령과 하부법령, 근거가 될 만한 훈령과 예규 등 내부 규정에도 심사 기준이 명시된 바가 없다는 점을 지적했다.

국가인권위원회는 2012년을 기준으로 최근 2년간 귀화가 불허된 사례의 8.5%가 범죄경력을 이유로 한 것이었다고 밝혔다. 그런데 신청 당사자들은 어느 정도의 범죄경력이 불허대상인지, 한 번 불허사유가 된 범죄경력은 언제까지 귀화신청을 하는 데 영향을 미치는지 예측할 수 없다는 점이 문제라고 지적했다. 이는 행정당국이 귀화허가 심사행위를 하는 데에 있어 투명성 보장 측면에서도 바람직하지 못하다고 판단했다.

또 국가인권위원회는 심사에서 귀화신청자의 범죄경력을 고려하되 범죄경력의 내용과 정도에 따라 달리 판단할 필요가 있다고 봤다. 일례로 A 씨의 경우 "그 전과 자체만으로 반사회적인 성격을 내포한다고 단정하기는 어렵고, 이미 실효된 전과를 아무런 기간 없이 귀화불허의 요건으로 고려한다면 전과자의 사회복귀를 보장하고자 하는 '형의 실효 등에 관한 법률'의 취지에도 반한다고 판단했다"고 밝혔다. 형의 실효 등에 관한 법률 제7조에서는 형의 실효에 대해 벌금의 경우 2년으로 규정하고 있다.

국가인권위원회는 이 때문에 구체적인 기준이나 범죄전력의 내용과 정도를 고려하지 않고, 더구나 이미 실효된 전과를 이유로 국적 취득 신청을 불허한 것은 평등권 침해의 차별행위에 해당한다고 판단했다. 하지만 어느 정도까지 범죄전력을 고려해 귀화를 판단하는 것이 옳은 것인지 결정하기는 쉽지 않다. 성범죄, 살인 등 강력범죄 전과가 있는 외국인까지 전과를 전혀 고려하지 않고 귀화를 허가할 수 없기 때문이다. 음주운전도 사안이 경미해 보일지 몰라도 자칫 사고가 났을 경우 타인의 생명을 앗아갈 수 있는 치명적인 결과를 초래할 수 있다는 점에서 중한 사안일수 있다. 위명여권을 이용한 입국이나 위장결혼의 경우 그 자체만으로 누군가에게 해를 끼치는 것은 아니지만, 이러한 범법사실을 귀화심사 때 감안하지 않으면 향후에 외국인들이 법을 지키려는 유인이 더욱 낮아지고 법치를 훼손할 수 있다는 우려가 있다.

일반귀화뿐 아니라 간이귀화를 둘러싼 논란도 계속 돼왔다. 간이귀화는 결혼이민자나 외국국적 동포처럼 한국과 일부 혈연적 관계가 있는 외국인들이 주요 대상으로, 일반귀화에 비해서는 비교적 느슨한 요건을 요구하고 있다.

간이귀화의 대상은 크게 두 가지로 나뉜다. 첫 번째는 한국에 3년 이상 주소지를 둔 외국인 가운데 부모 중 1명이 한국 국민이었거나, 한국에서 태어난 사람 중 부모가 한국에서 출생했거나, 성년이 돼서 입양된 사람이다. 두 번째는 결혼이민자인데 결혼한 상태로 2년 이상 한국에 주소가 있거나, 결혼한 지 3년이 지났으며 결혼한 상태로 한국에 1년 이상 주소가 있거나, 이런 기간을 못 채웠더라도 결혼한 상태로 한국에 주소지를 두고 있던 중 배우자의 사망이나 실종, 또는 그 외 본인에게 책임이 없는 사유로 정상적인 혼인생활을 할 수 없었던 사람으로서 법무부 장관이 인정하는 경우다. 이외에 한국인과의 혼인에 따라 출생한 미성년 자녀를 키우고 있거나 양육해야 할 사람도 간이귀화를 할 수 있다.

현재 한국에서 귀화하는 외국인의 대다수는 간이귀화를 할 수 있는 혼인귀화자_{결혼이민자}다. 2013년 기준 전체 귀화자 중 혼인귀화자가 차지하는 비율은 82.6%에 이른다. 한국에서 간이귀화뿐 아니라 귀화 자체는 결혼이민자를 빼놓고 이야기할 수 없다는 것이다.

결혼이민자에 대한 귀화제도는 변천을 거듭해왔다. 대한민국 건국 초기에 정부는 부계혈통주의에 근거해 한국인 남성과 결혼한 외국인 여성은 아무런 요건 없이 자동으로 국적을 얻을 수 있게 했다. 하지만 1997년 국적법이 개정되고 1998년 발효되면서 외국인 배우자라도 일정 기간 한국에서 거주하는 등 요건을 갖추고 법무부 장관의 허가를 받은 경우에만 귀화를 허용했다. 이때부터 결혼이민자는 '간이귀화 대상자'로 분류돼 서류전형, 면접, 필기시험으로 구성된 '귀화적격심사'를 통과해야 국적을 얻게 됐다.

하지만 일각에서는 결혼이민자는 배우자가 한국인이므로 가정에서 자연스레 한국어와 문화를 습득할 수 있다는 주장이 제기됐다. 굳이 시험을 통과할 것을 요건으로 삼지 말자는 것이었다. 결국 2003년 4월 16일부터 혼인귀화적격심사에서 필기시험이 면제됐다. 그해 10월 21일부터는 귀화신청을 접수할 때 결혼이민자에 대한 면접을 부부 쌍방 면담자료로 대체하는 것을 인정하면서, 귀화심사에서 면접이 사실상 생략됐다는 지적도 나왔다. 즉, 결혼이민자들은 귀화를 신청하고 심사를 받는 단계에서, 다른 일반 귀화자들에 비해 한국어나 한국문화에 대한 지식이 다소 부족하더라도 귀화를 할 수 있게 된 셈이다.

하지만 이렇게 귀화제도가 바뀌면서 한국에 대한 이해가 부족한 상태에서 귀화한 결혼이민자들이 생겨나기 시작했고, 이들이 '국적만 한국인'이라는 비판이 대두됐다. 국적을 취득한 뒤 한국인과 이혼하는 사람도 늘면서 결혼이민제도가 악용된다는 여론도 조성됐다.

　정부는 2010년 2월 1일부터 혼인귀화적격심사에서 면접심사를 다시 포함시켰다. 그해 7월 1일부터는 결혼이민자라도 혼인관계가 단절된 사람에게는 귀화적격심사에서 필기시험도 보게 했다. 필기시험을 다시 부활시키는 것에 대해 반대 여론도 있었지만, 결혼생활이 끝난 외국인들 가운데는 한국의 언어와 문화에 대한 기본 소양이 미흡한 경우가 많다는 반론도 적지 않았다. 또 이들은 이미 결혼생활이 끝난 상태이기 때문에 가정 내에서 학습을 통해 언어와 문화를 습득할 기회가 많지 않다는 지적도 제기됐다. 이 때문에 정부는 이들이 한국 국적을 얻을 만한 수준의 소양을 갖췄음을 검증할 필요가 있다는 논리를 내세웠다.

　어쨌거나 결혼이민자는 결혼한 상태로 한국에서 2년 이상 계속 주소를 두고 있거나, 결혼 후 3년이 지나고 결혼한 상태로 한국에 1년 이상 계속해 주소를 두고 있을 경우 필기시험이 면제된다. 결혼이민자만 필기시험이 면제되는 것은 아니다. 부부가 함께 귀화신청을 한 경우 배우자 1명, 미성년자, 만 60세 이상인 사람, 특별귀화 대상자, 법무부 장관이 정해 고시하는 '사회통합프로그램' 이수자, 그 밖에 법무부 장관이 인정한 특별한 사유가 있는 사람 등도 필기시험을 면제받는다. 어쨌거나 귀화제도가 외국인이 대한민국 국민으로서의 의무와 권리를 누릴 자격이 있는지를 사실상 '선발'하는 기능을 수행하는 와중에 귀화자의 대다수를 차지하는 결혼이민자에게 이를 생략하는 게 당사자와 국익에 도움이 되는지는 논란이 돼왔다.

　사실 귀화의 기준은 나라마다 다르며 정답은 없다. 독일, 캐나다, 프랑스 등은 결혼이민자와 다른 외국인 간에 귀화 조건에 차이를 두지 않거나 있더라도 줄이려는 경향이 있다.

독일의 경우 '혼인에 의한 귀화'는 독일인과 결혼한 외국인 중 독일에서 3년 이상 합법적으로 거주하고, 경제적인 능력뿐 아니라 독일어능력과 독일의 법과 사회질서 등 생활양식에 대한 지식도 갖추고 있어야 심사를 거쳐 허용된다. 일반 '신청에 의한 귀화'의 경우 더욱 요건이 까다롭다. 신청 당시 독일에 8년 이상 정상적으로 거주하고 있어야 하기 때문이다.

캐나다는 외국인이 귀화하기 전에 영주권을 먼저 취득해야 하는 '영주권 전치주의'를 적용하고 있다. 영주권 부여 과정에서 이미 언어와 직업, 사회 적응도, 교육 수준 등을 엄격하게 심사하기 때문에 귀화적격심사는 비교적 관대한 편이다. 귀화신청 자격 조건은 만 18세 이상인 사람 가운데 캐나다 영주권자로서, 시민권 신청일을 기준으로 최근 4년 동안 최소 3년 이상 캐나다에 살며 영어나 프랑스어를 일정 수준 이상으로 구사하고, 캐나다 시민에게 부여된 권리와 의무에 대해 충분한 지식을 갖춰야 한다. 귀화적격심사는 서류전형, 면접, 필기시험으로 구성되며 결혼이민자에 대해 별도의 심사방식을 적용하진 않는다.

프랑스의 경우 결혼이민자는 4년 이상 결혼생활을 유지했거나 결혼 후 3년 이상 프랑스에 거주한 사람, 일정 수준 이상의 프랑스어능력이 입증됐을 경우 귀화신청 자격이 주어진다. 하지만 프랑스의 국익에 위배된 범죄를 저지르고 6개월 이상 구금된 전력이 있으면 귀화신청 자격은 주어지지 않는다. 프랑스어능력은 공인 프랑스어능력시험인 'DELF' B1 수준인데, 프랑스의 의무교육을 이수한 사람들이 구사하는 표준 프랑스어를 이해하고 문장을 구사할 수 있는 수준으로, 일상생활 소통에 지장이 없는 수준의 언어 실력을 요구하고 있다.

화제는 될지언정 '논란'은 비교적 덜한 게 특별귀화다. 비록 귀화 절차

가 간소하더라도 대체로 대한민국의 국익에 도움이 되는 사람에게 허용
돼 별다른 반감 없이 수용되기 때문이다.

특별귀화는 부모 중 1명이 대한민국 국민인 사람(성년이 된 이후에 입
양된 사람은 제외), 대한민국에 특별한 공로가 있는 사람, 과학·경제·문
화·체육 등 특정 분야에서 매우 우수한 능력을 보유해 국익에 기여할 것
으로 인정되는 사람을 그 대상으로 한다. 다른 귀화와는 달리 신청하기만
하면 허가를 받을 수 있을 정도로 요건과 절차가 간소한 편이다.

특별귀화 대상자로는 다양한 사람들이 있다. 일례로 법무부는 2006년
부터 매년 독립유공자의 후손을 찾아 '특별귀화'를 통해 대한민국 국적을
줘왔다. 2014년에는 광복절을 맞아 백범 김구 선생의 주치의였던 유진동
선생의 아들, 한국의 독립운동에 기여한 윌리엄 린턴William Linton 선생의 증
손자 등이 국적증서를 받았다. 또 대한민국에 특별한 공로가 있는 사람
도 특별귀화를 할 수 있는데, 본인의 공로로 특별귀화허가를 받은 사례는
2012년 인요한 연세대 교수가 처음이었다. 2014년에는 벨기에 국적의 마
리 헬렌 브라쇠르(한국명 배현정) 전진상의원 원장과 러시아 국적으로 한
민족 학교를 세운 교육자 엄넬리(한국명 엄원아) 박사가 특별귀화허가를
받았다.

이처럼 귀화를 둘러싼 여러 가지 이슈 속에서, 1948년 국적법이 제정
된 이후 2013년 12월 31일까지 총 17만 2629명의 외국인이 대한민국 국
적을 취득했다. 이 중 14만 8856명(86.2%)이 2004년부터 최근 10년 사
이에 귀화했다. 귀화 요건은 시대 상황에 따라 변화해왔고 적절한 기준이
되도록 변화해야 하는 만큼, 우리나라가 어떤 외국인을 국가구성원으로
받아들일지, 그 기준은 적절한지에 대해 계속 고민하고 토론해봐야 할 것
이다.

이주자가 원주민보다
더 많은 범죄를 저지르는가

우리가 엄격한 기준을 세우고, 국가를 구성하는 핵심적인 가치와 정체성에 부합하는 외국인들만 잘 선별해 받아들인다고 하더라도 '이주의 시대'에는 투쟁과 갈등이 끊이지 않을 것이다. 어떤 이주자를 얼마나 받아들이든, 이주자를 많이 받아들인 나라에서는 이주자, 또는 그들의 후손과 원주민 간의 충돌이 발생하는 것을 종종 볼 수 있기 때문이다.

'이민자의 나라'도 예외가 아니다. 호주는 1970년대에 폐쇄적인 백호주의를 철폐하고 '다문화주의'를 표방하며 이주자를 폭넓게 받아들였지만 이주자와 원주민 간 극심한 내홍을 겪어왔다. 대표적인 사건이 2005년 12월 호주 시드니에서 비화된 백인과 모슬렘 간의 갈등이다. 당시 호주 서부 지역 가톨릭계 초등학교의 크리스마스 행사장에 모슬렘 청년들이 총을 들고 난입해 장내가 아수라장이 됐다. 시드니 서부 어번시의 교회도 방화로 추정되는 화재로 전소되는 등 종교시설에 대한 공격이 자행됐다. 경찰은 교회건물 인근에 이슬람 문화센터가 위치하고 있는 만큼, 모슬렘의 방화 가능성이 높다고 보고 수사에 나섰다. 이뿐만이 아니다. 백인 갱단이 중동계 일가족을 공격하는 사건, 레바논계 택시기사가 백인에게 폭행당하는 사건도 발생했다.

갈등이 지속되자 정치권도 대책을 내놓기 시작했다. 모리스 이마 Morris Iemma 당시 뉴사우스웨일스 주지사는 비상 주의회를 소집해 경찰의 권한을 대폭 강화하는 비상 법안을 처리하겠다고 밝혔다. 법안에는 폭력사태에 강력 대응하기 위해 경찰에게 임의 수색권을 주는 한편, 구류 지역 선포, 자동차 압수, 술집 폐쇄, 알코올 반입금지 지역 임시지정 등의 권한을 주는 내용이 담겼다. 폭동 범죄에 대한 최고 징역형을 5년에서 15년으로 늘리는 내용도 담겼다.

소요사태 당시 호주는 2000만 명 가운데 4분의 1이 이주자였고, 상당히 개방적인 이민정책을 폈다고 평가받고 있는 상황이었다. 하지만 호주에 살고 있는 30만 명의 모슬렘 중 상당수는 대도시 근교에서 저임금으로 생활하고 있었다. 중동계 이주자가 많은 시드니 라켐바는 실업률이 호주 평균의 2배이며 범죄율도 높았다. 이들은 영어도 제대로 못하고 교육 수준도 낮을뿐더러 인종차별과 욕설, 학대에 시달려왔다는 증언이 있었다.

게다가 호주에는 다른 인종을 경원시하는 인식도 뿌리 깊게 자리 잡고 있었다. 특히 이슬람계에 대한 적대감이 확산돼 있었는데, 이는 2000년 레바논계 갱 조직이 호주 여성을 납치해 집단 강간하는 사건이 발생한 후 퍼져나갔다. 반(反)중동 정서는 인도네시아 발리에서 이슬람 무장단체의 폭탄 테러가 발생해 많은 호주인이 희생된 뒤 더 확산됐다. 호주 내 '애국청년동맹' 등 극우단체가 전단을 뿌리며 관련 시위 참가를 촉구하기도 했다. 현지 언론이 인종갈등요소를 집중적으로 부각해 반이슬람 정서를 자극한 것도 원인으로 지목된다.

호주 국민들 역시 호주사회 저변에 인종차별이 존재한다고 생각했다. 시드니에서 소요사태가 발생한 이후 존 하워드 John Howard 당시 총리가 "호주사회의 저변에 인종주의가 깔려 있다는 것을 받아들일 수 없다"고 말하자 대다수 국민은 이에 동의하지 않았다. 실제로 호주 「시드니 모닝 헤럴드 The Sydney Morning Herald」지가 보도한 여론조사기관 AC닐슨의 설문조사 결과에 따르면 이 주장에 동의한다는 응답자는 22%에 불과했고, 75%는 동의하지 않는다고 답했다.

호주뿐만 아니라 이주자들이 유입된 나라에서는 충돌이 끊이지 않고 이어졌다. 프랑스에서는 극우정당인 국민전선 Front National 이 유럽에서 많은 반이민운동의 모델로 인식돼왔다. 이주자와 연관된 폭력사태는 1970, 1980년대에도 발생했고 2005년에도 강력히 촉발됐다. 벨기에 역시 경찰과 젊은 이주자들 간의 폭력적인 소동을 겪은 적이 있고, 남아프리카공화국에서는 2008년 발작적인 제노포비아가 도시를 강타해 반이민 학살이 발생한 적이 있다.

미국 로스앤젤레스에서는 1992년 흑인 폭동 사건으로 인해 한인들이 막대한 피해를 입은 적이 있다. 발단은 흑인 청년 로드니 킹 Rodney King 을 집단으로 구타한 4명의 백인 경찰관에 대한 무죄 판결이었다. 흑인들은 이 판결에 분노하며 거리로 나와서 폭력, 방화, 약탈, 살인을 자행하기 시작했다. 로스앤젤레스에서 시작된 사태는 고조돼 전국적인 흑인 폭동으로 번졌고, 뉴욕에서도 흑인들의 집단 거주 지역인 할렘 가를 중심으로 폭력사태가 발생하기 시작했다.

폭동으로 인해 백인뿐 아니라 동양인과 히스패닉도 피해를 당했다. 흑인들은 한국인 교포들의 가게를 불태우고 약탈했다. 한인들은 각자 무기를 들고 자신의 삶의 터전을 지키기 위해 필사적으로 노력했다. 결국 정부는 비상사태를 선포하고 연방군을 투입했고, 당사자인 로드니 킹은 기자회견으로 폭력행위를 즉각 중단할 것을 호소하기에 이르렀다.

사실 이 폭동은 미국사회가 안고 있던 인종차별에 대한 폭발이었다. 이는 흑인들이 한인 타운을 극심하게 습격했던 이유이기도 했다. 극빈층 흑인들은 미국사회에 새로 정착한 아시아 출신 이주자들이 자신들보다 훨씬 빠르게 자리를 잡고 안정적으로 생활하면서 부를 축적하자 좌절감을 느끼면서 행패를 부린 것이다. 사태가 흑백 간 갈등에서 흑인과 다른 소수민족 간 싸움으로 비화된 이유다. 폭동으로 55명이 사망하고 2383명이 부상당했으며 1만 3379명이 체포됐다. 피해 총액은 7억 1700만 달러에 이르렀다.

이처럼 이주자를 둘러싼 충돌은 그들을 받아들인 나라에 따라 다양한 양상으로 발생했다. 그럼에도 불구하고 공통적으로 이것은 누군가의 희생을 낳았고, 재산상의 손해를 야기했으며, 이주자들의 사회통합에 걸림돌이 됐다.

그렇다면 우리는 왜, 이런 충돌을 굳이 목격해야 할까? 그 이유를 알기 위해서는 어떤 이주자 그룹이 원주민의 반대 대상이 되고, 어떤 사람들이 정부 당국과 더 많은 갈등을 겪게 되는 것인지 분석해볼 필요가 있다. 우리가 사는 도시는 이주자들과 정부 당국의 대치를 어떤 상황에서 경험하게 될지, 무엇이 극단적인 충돌을 낳는지를 알아야만 평화로운 사회를 모색할 수 있기 때문이다.

라파엘라 댄시기어 Rafaela Dancygier 미국 프린스턴대 교수는 이주자를 둘러싼 갈등을 두 가지 현상으로 구분해 정리한다. 하나는 이주자와 원주민 간의 갈등, 다른 하나는 이주자와 정부 간의 갈등이다. 이러한 갈등은 모두 이주자가 원주민이나 정부 당국과 인접하게 존재하면서 발생한다.

이주자와 원주민 간의 갈등은 새로 정착한 이주자들에 대해 원주민들이 폭력적이거나 비폭력적인 방식으로 반대하면서 만들어진다. 예를 들어 외국인을 혐오하는 정당이 정치적으로 성공한다든지, 이주자들에 대해 물리적인 공격을 가하는 식이다. 이주자와 정부 간의 갈등으로는 이주자와 경찰 간의 갈등 등을 들 수 있다. 댄시기어 교수는 이 같은 갈등은 두 가지 요소의 상호작용에 의해 발생한다고 설명한다. 바로 경제적인 결핍과 이주자의 선거권이다.

이주자로 인한 갈등은 상당 부분 해당 지역의 '경제적인 결핍'이라는 맥락 안에서 발생한다. 특히 이주자와 원주민이 단기간에, 비교적 공급이 제한돼 있는 재화를 놓고 경쟁할 때 그렇다. 국가 경제가 어렵고 일자리를 구하는 것도 쉽지 않다고 치자. 원주민들도 일자리를 갖기 어렵고 생활이 팍팍한데, 이주자들이 들어와서 일자리를 얻기 시작하면 사람들은 이주자를 고운 시선으로 볼 수 있을까. 그렇지 않을 것이다. 또 복지예산이 한정돼 있어서 세금을 더 많이 걷어야 할 지경에 이르렀는데, 이주자들이 복지 서비스에 무임승차하는 것처럼 보인다고 치자. 피땀 흘려 돈을 버는 사람들은 이들을 고운 시선으로 볼 수 없을 것이다.

만약 이주자들에게 정치적인 영향력이 없다면, 이런 갈등은 비화되지 않을 수 있다. 그들은 어차피 아주 적은 자원을 얻게 될 뿐이기 때문이다. 하지만 이주자들이 선거에 대한 영향력이 있다면, 해당 지역의 정치인들은 희소한 자원들을 이들에게 할당할 것이다. 이럴 경우 원주민은 이주자에게 등을 돌리면서 사회 내부의 분배시스템에 반발하게 된다. 반면 이주자들이 정치적인 영향력이 없어서 자원을 별로 배분받지 못한다고 치자. 그렇다면 이주자들은 정부 당국과 대립적인 관계에 놓여서 갈등을 겪을 수밖에 없다. 이들은 지역의 정치인들과 정부 당국에게 희소한 자원을 자신들에게 분배해달라고 호소하고, 이주자일지라도 주민으로서 권리가 있다는 것을 호소하며 상황을 개선해줄 것을 요구할 것이다. 즉, 사회에 경제적인 궁핍이 존재하고 이주자들이 대거 유입된 이상, 이주자와 원주민 간의 갈등 혹은 이주자와 정부 당국 간의 갈등은 피할 수 없는 것일지 모른다.

어떤 수준의 서비스를 필요로 하는 이주자들이 오는지도 변수다. 이주노동자와는 달리 아이를 둔 가족 단위의 이주자들은 지역사회에서 더 많은 자원을 필요로 하기 때문이다. 이들은 젊고 미혼인 이주노동자에 비해 더 많은 복지와 교육 서비스를 어쩌면 더 오랫동안 이용해야 한다. 이 때문에 원주민의 반발과 항의에 부딪칠 가능성이 더욱 크다.

한국사회에서도 이 같은 반발이 촉발된 적이 있었다. 2014년 12월, 이자스민 의원의 대표발의로 이 의원을 비롯해 13명이 발의한 '이주아동권리보장기본법안'을 둘러싼 논쟁이었다. 이 법안은 국제연합총회에서 1989년 채택돼 1990년 발효(한국에서는 1991년 발효)된 '아동의 권리에 관한 협약'에 따라 한국에서 거주하는 이주아동의 기본적인 인권을 보호하고 차별 없는 생활을 보장하기 위한 취지로 마련됐다. 아이들이 건강하고 안전하게 성장하는 데 필요한 평균 수준의 생활을 누릴 권리가 있다는 것을 기본 이념으로 하며 국가와 지자체가 지원하도록 하는 것으로, 아동의 교육권, 건강권, 보호·양육권 등을 보장하는 것이었다.

논란이 된 부분은 이주아동은 출생을 등록할 권리를 가지며 출생 사실을 신고·증명할 수 있도록 한다는 조항이었다. 출생등록은 아이가 태어나 사회에 존재하게 된 사실을 국가 공문서에 기재해 공식화하는 것인데, 자신의 존재를 국가로부터 공식적으로 인정받는다는 것을 의미한다. 이에 따라 각종 권리를 보호받거나 주장할 수 있으며, 그에 따른 의무를 다하겠다고 선언하는 것이다. 정부의 입장에서도 출생한 사람의 존재를 공식적으로 인정하고, 그의 권리를 보호하고 의무를 부과하겠다는 것을 확인하는 것이다.

법안에서는 법무부 장관은 이주아동이 대한민국에 체류해야 할 특별한 사정이 있다고 인정되면 계속해서 체류할 수 있도록 특별체류자격을 부여할 수 있도록 했다. 아울러 이주아동의 부모가 강제퇴거 대상자에 해당되는 경우라도 이주아동이 특별체류자격을 부여받은 경우 특별체류기간 종료 시까지 부모의 강제퇴거를 유예하도록 했다.

법안 발의를 전후해 다음 아고라 등 웹사이트의 누리꾼들은 "자국민들은 세금 납부나 군대 복무 등 각종 유·무형의 의무를 다하는데 외국인들은 이런 의무를 다하지 않으면서 혜택에만 무임승차하려 한다"며 우려의 목소리를 높였다. 이것은 자국민들이 일궈놓은 국방이나 국가재정과 같은 한정된 자원을 이주자들이 나눠 가지려고 하는 것에 대한 반발감이라고 볼 수 있다. 즉, 자원이 한정돼 있고 이주자들이 이를 많이 필요로 하는 상황에 있을 때 반발이 커지는 것이다. 어느 사회이건 출신과 배경이 다른 이주자들이 대량으로 유입되고, 사회에서 제공할 수 있는 재화와 경제적인 기회가 한정돼 있는 한 갈등의 소지는 늘 도사리고 있을 수밖에 없다.

이주자와 원주민 간에 갈등을 촉발시키는 또 하나의 매개는 이주자가 일으키는 범죄, 혹은 이주자가 범죄를 많이 일으킬지 모른다는 우려다. 어떤 사람들은 이주자들이 많이 유입되면 범죄율이 증가해 사회갈등이 발생한다고 말한다. 한국사회에서는 중국동포들의 토막 살인 범죄가 이슈화되면서 이 같은 추측이 번지는 경향이 있었다. 2007년 내연관계의 여성을 토막 살해한 뒤 안산역 남자화장실에 감췄다가 경찰에 붙잡힌 손 모 씨(당시 35세), 2012년 20대 여성을 집으로 끌고 들어가 토막 살인을 저지른 오원춘 씨(당시 42세), 2014년 동거녀를 살해한 뒤 수원 팔달산에 시신을 버린 박춘봉 씨(당시 55세) 등이 대표적인 사례다.

외국인과 관련된 범죄가 불거질 때마다 인터넷에서는 외국인, 특히 외국인노동자에 대한 공포와 혐오가 확산돼왔다. 댓글과 트위터 등 SNS에서는 '불법체류자들을 추방시켜라', '조선족을 모두 중국으로 돌려보내라'라는 글들이 쏟아지기 시작했고 심지어 외국인노동자가 많이 사는 동네를 가급적 기피하는 경향까지 확산됐다. 일각에서는 중국동포 일부의 문제를 전체 문제로 비화하면 안 된다고 우려하지만, 이 같은 여론은 좀처럼 식지 않고 있다.

사실 이주와 범죄와의 관계는 가장 뜨거운 논쟁거리로 꼽힌다. 학자들은 인구가 늘어나면 범죄도 늘기 마련이므로 이주자가 증가하면 범죄도 증가한다고 말한다. 하지만 어떤 사람들은 이주자들이 원주민들에 비해 범죄를 더 많이 저지를 것이라고 추정하기도 한다.

일단 이주자가 늘어나면 범죄를 저지르기 쉬운 인구학적 특성을 가진 사람들의 비율이 높아지는 경향이 있다. 범죄학에 관한 연구에 따르면 범죄율은 나이와 눈에 띄게 연관이 있는 것으로 나타나는데, 10대와 젊은이들 사이에서 범죄율이 높은 경향이 있기 때문이다. 폭력적인 범죄일수록 남성이 많이 연관되곤 한다. 그런데 이주는 젊은 남성들이 많이 온다. 즉, '범죄를 많이 저지르는 인구'와 '이주를 많이 오는 인구'는 연령대와 성별이 일치한다는 것이다. 이 때문에 이주는 젊은 남성 인구의 비율을 높여서 범죄율을 올릴 수 있다.

이외 범죄율의 증가를 설명하는 이론으로 '사회분열이론'이 있다. 인간을 효과적으로 사회화하고 행동을 규제하는 데 필요한 사회적인 네트워크와 제도가 '사회변화'에 의해 무너졌을 때 범죄율이 오른다는 것이다. 사회분열에 기여하는 변화로는 '인구 불안정'이 있는데, 이주는 인구를 변화시키는 주요 추동체로 비형식적이고 사회적인 규제를 무너뜨리는 중요한 요소로 꼽히고 있다. 이주가 야기하는 사회변화가 범죄율을 높일 수 있는 이유다.

어떤 사람들은 이주자들이 늘어나면, 가난하고 기술을 덜 갖추고 교육도 덜 받은 사람들이 증가하기 때문에 범죄율이 높아진다며 이주에 반대하고 있다. 이런 이주자들은 고용될 전망이 적으며, 노동시장에서 소외되기 쉬운 기술을 갖고 있기 때문에 갖고 있는 자본이 비교적 결핍돼 있다. 이것은 이들이 살 수 있는 공간의 선택지를 좁히며 직업을 가질 전망도 꺾는다. 결론적으로 많은 이주자들은 소외계층 밀집 지역이나 그 주변에 살게 된다. 결국 이런 경제적인 박탈은 실업과 빈곤과 같은 각종 사회병리현상과 연관될 가능성이 높다. 이주자들은 빈곤 지역에 모여 살면서 합법적인 방법으로 경제적인 성공을 얻을 기회가 적다는 것을 깨닫는다. 이런 상황에서는 마약 거래와 같은 불법적인 기회가 솔깃하게 느껴진다. 합법적인 영역에 있는 일을 통해 경제적으로 성공하긴 어렵기 때문이다. 그들의 이웃 대다수가 경제적으로 혜택을 보지 못하는 경우 이러한 불법행위에 더욱 노출되기 쉽다.

더군다나 이주자들은 다른 원주민들은 삶에서 겪지 않을 문화 변용과 동화의 문제에 마주한다. 이들은 자신들과 다른 배경을 지닌 사람들 틈에 살면서 한편으로는 그들과 분리돼 살기 쉽다. 타인에 비해 막혀 있는 경제적인 기회를 극복하기 위해 범죄로 돌아서거나 조직적인 범죄에 가담할 유인이 커진다. 또는 이웃의 영향으로 범죄에 유혹될 가능성도 있다. 빈곤에 처한 이주자들이 모여 사는 지역에서는 이주자들로 이뤄진 '갱'이 생겨날 수도 있다. 같은 인종끼리 뭉친 갱은 자신들의 내[처]집단에 대해 물리적인 보호를 제공해주기 때문이다. 이들은 동화의 압력이나 인종 간 긴장상태에 직면했을 때 정체성을 지켜주는 역할을 한다. 이주자들의 범죄나 폭력행위를 부추길 수 있는 요소는 이런 식으로 다분히 존재하고 있다.

이주자들의 범죄가 불거진다는 것은 이민 당국의 규제를 더욱 강화하는 촉매제가 된다. 애리조나주립대의 범죄학자 스콧 데커 Scott Decker 는 "이젠 어디도 안전하지 않다는 지역뉴스와 여론으로 몰아가는 데에는 끔찍한 살인이나 폭력에 대한 이야기만큼 강력한 것은 없다"고 말한다.

그렇다면 이주자가 범죄를 더 많이 저지를 것이라는 가설은 사실일까?

먼저 이주자에 대한 통계를 살펴볼 때 유의할 점이 있다. 이주자의 범죄율이 높다고 하더라도 이것을 단순히 통계 그 자체로 곧이곧대로 해석할 것은 아니라는 것이다. 이주자가 처한 특유의 사회·경제적인 형편과 구조적인 문제를 살펴보지 않는다면, 통계는 인종주의적으로나 민족주의적으로 잘못 해석될 수 있다. 한국에 온 중국동포의 범죄율이 높다고 하더라도 중국동포가 범죄를 많이 저지른다고 해석할 게 아니라, 한국에 사는 중국동포들이 처한 사회적인 배경과 경제적인 형편을 토대로 구조적인 문제점을 살펴봐야 한다는 것이다.

또 한 가지 유의할 점은 모든 이주자를 '이주자라는 배경' 그 자체로 뭉뚱그려 봐서는 안 된다는 것이다. 이럴 경우 서로 다른 내부 집단 간의 차이를 온전히 지적할 수 없으며, 보다 면밀히 비교해 분석하는 연구가 어렵게 된다. 이주자 중에도 아시아, 중남미, 유럽, 아프리카 등 여러 나라 출신이 있고 아시아라고 하더라도 그 안에는 각기 특성이 다른 다양한 국가들이 있다. 이들을 모두 이주자라고 한데 모아 정의하는 것은 부정확할 수 있다.

아울러 이주자의 범죄를 이야기할 때는 이주자를 어떻게 정의할 것인지에 대해서도 명확히 해야 한다. 보통 이주자의 범죄는 이주배경을 지닌 자녀 등을 포함해 세대를 걸쳐 광범위하게 연구되는 경향이 있다. 하지만 어느 세대까지가 원주민이며, 어느 세대부터 이주자로 볼 수 있는지 명확하게 동의된 원칙이 없다. 이를 간과해서는 사안을 정확히 볼 수 없다.

어쨌거나 이주자가 원주민보다 범죄를 더 많이 저지른다는 가정에 대해서는 여러 반박이 있다. 이주자가 범죄를 저지를 소지가 높다는 학설에도 불구하고, 일부 경험적인 연구에서는 이주자가 원주민에 비해 오히려 더 적게 범죄를 저지르는 경향이 있는 것으로 나타난다.

시카고 연방은행 경제학자인 크리스틴 버처 Kristin F. Butcher 팀의 연구(2008)에서는 캘리포니아에 사는 사람들이 범죄에 관여된 정도를 측정하기 위해 (온갖 종류의 범죄 등을 저지름으로 인해) 교도소, 사회복귀시설 등 각종 보호시설에 수감된 사람들을 살펴본 적이 있다. 캘리포니아에서 외국 출생은 성인 인구의 35%를 차지했지만 감옥에 수감된 성인 인구에서는 17%를 차지해 훨씬 적었다. 즉, 전체 인구에 비해 감옥에 덜 갔다는 것이다. 실제로 미국 출생의 성인 남성이 수감된 비율은 외국 출생 남성에 비해 2.5배 높은 것으로 나타났다.

조사를 좀 더 확대해 감옥뿐 아니라 사회복귀훈련시설 등에 있는 사람들까지 대상으로 하고, 가장 범죄를 저지르기 쉬운 집단인 18~40세 남성만 대상으로 했을 때 캘리포니아에서 미국 출생의 남성들이 시설에 있는 비율은 4.2%로, 외국 출생의 남성(0.42%)에 비해 거의 10배 가까이 높았다.

연구팀은 물론 이주자들이 직접 범죄활동에 관여하는 것 외에도 공공의 안녕에 영향을 미칠 수 있다는 점을 지적한다. 예를 들면 이주자들은 원주민의 구직기회를 차지함으로써, 다시 말하면 원주민들로부터 합법적인 직업을 빼앗아감으로써 원주민들이 범죄를 더 많이 저지르도록 할 수 있다는 것이다. 이 같은 추정에도 불구하고 어쨌든 이주자 자체는 범죄율이 원주민에 비해 낮았다.

전국적인 차원에서 진행된 연구에서도 외국에서 태어난 남성은 원주민에 비해 범죄를 덜 저지르는 경향이 있다는 점이 관찰됐다.

루벤 룸봇Rubén G. Rumbaut 미국 얼바인 캘리포니아대 교수팀의 연구(2007)에 따르면 모든 인종적인 그룹에서 수감된 인원이 가장 낮은 집단은 이주자들이었다. 이것은 불법체류자들 중 상당수를 차지하는 멕시코, 엘살바도르공화국, 과테말라 출신들도 마찬가지였다. 2000년을 기준으로 감옥에 가는 인구 중 주요 인원을 구성하는 18~39세 남성만 놓고 봤을 때도 원주민의 수감율incarceration rate은 3.5%였지만 이주자 남성들은 0.7%로 5분의 1 수준이었다. 같은 기간에 심지어 고교 중퇴 학력만 놓고 봤을 때도 수감율은 이주자들은 1.3%인 반면, 원주민들은 9.8%로 이보다 훨씬 높은 것으로 나타났다.

그렇다면 왜 이러한 현상이 발생할까? 학자들은 미국의 이민정책이 이주자의 범죄행위를 감소시킬 몇 가지 메커니즘을 제공한다고 지적한다. 이것은 미국뿐 아니라 다른 나라에도 해당될 수 있다.

먼저 이주자들은 출신국의 인구 중 무작위로 일부를 추출한 집단이 아니라 스스로 이주를 선택한 사람들이다. 성취와 성공에 대한 야망이 비교적 높기 때문에 범죄를 저지르려는 경향이 적다.

마이클 톤리Michael Tonry 미국 미네소타대 교수는 연구(1997)에서 대부분 이주자들이 미국에 오는 동기는 본국에서는 가능하지 않았던 경제적이고 교육적인 기회를 추구하기 위해서라고 분석한다. 그들은 더 나은 삶을 추구하고, 열심히 일하려 하며, 장기적인 발전을 위해 단기적인 만족을 저지하려는 습성이 있다. 이 때문에 미국사회의 주류 규범과 가치에 반하는 행동은 피하려는 경향이 있다. 이주는 때때로 상당한 계획과 자원이 필요한 고된 과정이기 때문에, 이주를 오는 사람들은 범죄 경향이 낮은 사람들 중에 선택됐을 가능성이 높다. 따라서 이주자들이 많아지면 오히려 범죄율이 낮아질 수 있다.

더군다나 합법적인 이주자들은 그들의 범죄배경에 따라 심사를 받는다. 미국에서는 미국 시민이 아닌 모든 사람은 합법적으로 들어와 있다고 하더라도 1년 이상 징역형을 받는 범죄를 저질렀을 경우 법적으로 추방당할 수 있다. 불법체류자의 경우 사소한 위법행위를 저지르더라도 사법당국과 접촉하게 되므로 범죄를 피하려는 경향이 있다. 정부 당국과 접촉할수록 그들의 불법체류가 드러나게 되고 지속적인 체류가 어렵게 되기 때문이다.

아울러 이주자들이 새로운 사회에서 종족 커뮤니티에 모여 사는 것은 오히려 비공식적으로 사회적인 제재를 가하게 돼 범죄를 억제한다. 이주자들의 커뮤니티에서는 자신들끼리 문화적인 보존을 촉진하면서 가족관계와 사회관계를 유지하려는 경향이 있다. 이주자들은 그 속에서 고용과 창업 기회를 제공받으며, 새로운 사회·경제적인 제도를 형성한다. 이들은 자신들의 커뮤니티와 정기적으로 접촉하면서 이웃의 추락에 방어막을 제공한다. 이주자들은 자신의 커뮤니티에서 저임금일지라도 꾸준한 직업을 갖고 있다면 일탈하지 않을 수 있다.

또 한 가지는 이주는 그 자체만으로 이주자들이 정착하는 장소의 경제 활성화에 기여한다는 것이다. 이주자들이 경제적으로 소외된 사람들의 수를 늘리고 기존에 존재하는 공공 서비스를 오염시킨다는 견해와 반대로, 이주자들은 그들의 커뮤니티에 새로운 에너지와 기술, 기업가적 정신을 가져올 수 있다. 이 때문에 오히려 실업률과 빈곤율을 낮춘다는 것이다. 이러한 가설은 연구 결과로도 입증된다.

팀 와즈워스^{Tim Wadsworth} 미국 콜로라도대 교수는 미국 인구통계국과 범죄리포트 데이터를 이용해 미국에서 5만 명 이상의 인구가 있는 곳을 연구했다. 이주자들의 유입이 살인과 강도의 비율에 어떤 변화를 줬는지를 알아보기 위해서다. 결과는 뚜렷했다. 1990년에서 2000년 사이 이주자들이 가장 많이 증가한 도시에서는 살인과 강도가 같은 기간 가장 많이 감소했다. 물론 연구에서는 1990년에 전체 인구가 많은 곳일수록, 흑인 인구가 많은 곳일수록, 경제적으로 열악한 곳일수록, 교육받은 젊은이들이 적은 곳일수록, 저숙련 노동자들에게 구직기회가 적은 곳일수록, 이혼율이 높은 곳일수록, 백인과 흑인 간에 분리 정도가 높은 곳일수록 살인이 많이 발생한 것으로 나타났다. 1990년으로만 보면 이주자들의 수가 더 많은 곳에서 살인이 더 많이 발생했다. 하지만 이주자 인구를 고정시켰을 때, 새로운 이주자의 규모는 살인 발생률을 예측하는 데 있어서 중요한 요소는 아니었다. 2000년의 경우도 마찬가지였는데 전체 인구와 흑인 인구가 많은 곳일수록, 더 많이 이혼하고 저숙련 일자리에 접근이 어려울수록, 흑인과 백인 간 분리 정도가 높을수록 강도가 더 많이 발생하는 경향이 있었다. 하지만 1990년부터 2000년까지 범죄가 감소한 도시를 봤을 때는 이주의 증가가 주요 요소로 보였다. 10년간 새로운 이주자 인구가 증가한 곳은 살인이 감소했다. 이주는 폭력적인 범죄와 반대관계였다. 다른 요소를 보정했을 경우, 외국에서 태어난 인구가 증가할 때 강도는 적게 증가하거나 크게 감소하는 경향이 있었다.

결과적으로 1990년부터 2000년 사이에 이주자 혹은 새 이주자 인구가 증가한 곳은 살인과 강도가 감소한 것이다. 와즈워스 교수가 이주자들이 많이 유입된 것이 부분적으로는 1990년대 범죄의 감소에 영향을 미쳤다고 결론 내린 이유다.

룸봇 교수는 "1990년대 초반 이후 이주자 인구(특히 불법체류자 인구)는 역사적으로 급격히 증가했는데, 미국에서 폭력적인 범죄나 재산 관련 범죄는 상당히 감소했다. 어떤 측면에서는 역사적으로 낮았다"고 말한다. 또 "모든 인종 그룹에서 젊은 남성이 (감옥 등에) 수감된 비율은 이주자들이 가장 낮았으며 심지어 가장 적게 교육받은 사람들 중에서도 그렇다"며, 이 때문에 "이주의 증가는 미국에서 최근 수십 년 동안 범죄율이 감소한 이유라고 볼 수 있다"고 말한다.

로버트 샘슨Robert Sampson 미국 하버드대 교수도 연구(2006)에서 "이주자들은 단순히 범죄를 증가시키지 않는다. 뿐만 아니라 그들은 미국의 범죄가 가장 급격히 줄어든 것에 부분적으로 책임이 있다"고 말한다. 이주자들이 많아지면 오히려 범죄율은 줄어들 수 있다는 가설을 지지한 것이다.

물론 이런 논쟁 가운데 어느 한 관점이 정답이라고 할 수는 없다. 이주자의 유입으로 범죄나 충돌이 더 많아질지는 보편적인 이주자의 특성으로 설명되는 게 아니라, 이들을 받아들이는 사회가 얼마나 이민사회에 잘 대비해 이주자들을 관리하고 포용하고 있느냐에 따라 결정되기 때문이다. 정부가 열심히 일해 자신의 삶을 잘 개척해보려고 하는 이주자들을 잘 선별해 유입한다면 이주자를 많이 받아들인다고 해서 범죄율이 오르진 않을 것이다. 반면 이주자를 유입하는 시스템이 허술할수록, 유입된 이주자가 주류사회에서 소외돼 박탈감을 느끼며 살도록 하는 구조적인 문제점이 존재할수록, 이주자의 유입은 범죄나 충돌의 증가를 야기할지 모른다. 한국사회에서도 외국인이 급증하는 가운데, 과연 우리는 이주자를 둘러싼 범죄나 충돌에 대해 잘 예견하고 대비하고 있는지 점검해봐야 할 것이다.

이주와 외교정책,
그리고 국가안보

국가가 이주자를 받아들일 때 단순히 국내의 경제나 사회에 미칠 영향만 고려할 것 같지만, 그렇지 않다. 이주자 유입은 국가의 입장에서는 고도의 외교적이고 정치적인 결정이기도 하다. 그것이 국내에 어떤 영향을 미치든 간에, 외교적인 이유로 이주자를 대폭 받아들이거나 거절할 수 있다는 것이다. 알고 보면 이주와 외교정책, 국가안보는 밀접하게 연관돼 있다.

이민정책은 상황에 따라 변할 수 있지만 언제나 '국가의 안보'라는 커다란 목표와 함께하고 있다. 외국인을 받아들이는 것은 결국에는 기존에 있던 원주민들이 구성한 국가를 보다 안정적으로 유지하고 보호하며 발전시키기 위한, 넓은 의미의 안보를 위한 것이기도 하다. 물론 모든 이주가 외교적인 계획에 의해 발생하거나 영향을 미치는 것은 아니다. 이민정책은 외교적인 의도 없이 집행될 때도 있고, 설령 영향을 미치더라도 정책을 만드는 사람들이 외교와 이주관계를 크게 고려하지 않을 수도 있다. 하지만 외교정책은 언제나 이주에 영향을 미칠 수 있으며, 국제사회에서 이 같은 사례는 심심찮게 목격된다.

미국의 사례를 살펴보도록 하자. 1965년 10월, 린든 존슨Lyndon Johnson 당시 대통령은 "나는 오늘 오후에 쿠바 사람들에게 이곳 미국에서 피난처를 찾는 사람들은 찾게 될 것이라고 선언한다I declare this afternoon to the people of Cuba that those who seek refuge here in American will find it"라고 공언했는데, 이는 외교와 이주를 접목한 말이었다. 당시 미국은 쿠바인들의 이주를 장려했는데, 이것은 공산주의 피델 카스트로 Fidel Castro 체제를 떠나려고 하는 사람들을 받아들이기 위한 것이자, 쿠바 혁명이 확산되는 것을 끌어내리기 위한 것이었다.

냉전 시대 미국의 외교정책은 이주운동을 야기했다. 미국은 공산주의의 확산을 저지한다는 목표를 갖고 공산주의 체제를 무력화하는 수단으로 '철의 장막' 뒤에 있는 사람들의 망명을 촉구하는 캠페인을 했다. 1950년대 '미국의 소리 VOA, Voice of America'는 끊임없이 공산주의 체제하의 끔찍한 삶에서 서구에 매료돼 탈출하는 사람들의 이야기를 광범위하게 다뤘다. 이것은 공산주의 체제에서 서방으로의 탈출로 행렬이 이어진 것에 부분적으로는 책임이 있다.

1980년대 쿠바의 항구 지역인 마리엘에서는 사람들의 탈출 행렬이 이어졌는데, 지미 카터 Jimmy Carter 대통령은 이에 "우리는 계속 열린 마음과 열린 팔을 제공할 것이며, 주로 피델 카스트로와 그의 정부가 가져온 공산주의 지배와 경제적인 박탈에서 자유를 찾는 난민들에게 팔을 열어둘 것이다 We'll continue to provide an open heart and open arms to refugees seeking freedom from communist domination and from economic deprivation brought about primarily by Fidel Castro and his government"라고 화답했다.

냉전 시기에 쿠바로부터 공산주의가 퍼지는 것을 막는 것은 미국의 주요 정책 목표였고, 쿠바로부터 빠져나가는 이주는 지속적으로 권장됐다. 쿠바를 탈출해 미국에 도착하는 사람들은 자동으로 난민으로 인정받았으며 열광적으로 환영받았다. 사실 냉전 시기 쿠바는 공산주의 국가였기에 여행의 자유를 포함한 많은 자유가 제한을 받았다. 그 결과 쿠바인들에게 정상적인 이주는 50년간 환상에 가까웠다. 대부분의 쿠바인은 미국으로 이주를 떠날 때 특별한 인도주의적인 법률 조항에 의해 받아들여졌다.

쿠바에서 미국으로의 첫 번째 망명자는 1952년 군사 쿠데타를 통해 정권을 잡은 독재자인 풀헨시오 바티스타*Fulgencio Batista* 장군의 추종자들이었다. 1959년 피델 카스트로가 풀헨시오 바티스타를 비롯한 기존 쿠바의 세력을 무찔렀을 때, 쿠바에서는 탈출 행렬이 고조되기 시작해 1962년에는 7만 8000명에 이르렀다. 그해 10월, 카스트로는 미국과의 사이에 정기 운항 여행을 막았고 망명 신청자들은 쿠바에서 플로리다로 바다를 통한 위험한 여행을 하기 시작했다. 1980년에는 쿠바 마리엘 항을 통한 망명 신청자들이 12만 5000명에 이르렀다. 당시 미국 국회는 이들을 지원하기 위한 법안을 통과시키기도 했다.

냉전이 끝났을 때 쿠바의 경제는 무너졌고, 쿠바는 혁명을 수출할 능력이 없는 상태였다. 결국 쿠바는 자유 시장경제 정책과 민주정치로의 개혁을 받아들였다. 쿠바의 '보트피플선박을 이용해 해로로 탈출하는 난민'은 1989년 수백 명으로 줄어들었지만 1993년에는 다시 수천 명으로 증가했다. 미국 연안 경비대와 국경에서 가로막힌 쿠바인들의 수는 1994년에는 4만 명에 이르렀다. 쿠바가 1959년 혁명 이후 공산주의 국가가 됐기 때문에 1995년까지 미국은 일반적으로 쿠바인을 (특정 범죄자를 제외하고는) 본국으로 송환하지 않았다.

하지만 1994년 9월, 두 나라는 이주를 '정상화'하기 위한 목적으로 합의에 서명했다. 이때 쿠바를 향한 미국의 이민정책은 완전히 바뀌었다. 이것은 안전하고, 법적이고, 질서 있는 이민을 촉진하기 위한 목적을 갖고 있었다. 한때 미국은 공산주의 배격과 자유민주주의 체제 수호라는 '국가안보'의 커다란 목적을 갖고 쿠바에 관대한 이민정책을 폈지만, 쿠바가 무너진 뒤로는 더 이상 그렇게 하지 않았다. 냉전 시기에는 국가안보가 최우선시돼 쿠바 이주자들을 환영했지만, 이후부터는 이들에 대한 이민정책의 급격한 변화를 실시했다. 즉, 미국의 쿠바에 대한 이민정책은 그것이 미국의 국가안보에 미치는 효과에 대한 인식에 달려 있었다.

    미국이 중국을 상대로 실시한 이민정책도 마찬가지로 외교와 안보정책의 영향을 받았다. 중국인 이주자들은 미국에서 좋은 방향이건 아니건, 이민정책에 있어서 오래도록 특별한 대우를 받았다. 1882년 '중국인 배제법 Chinese Exclusion Act'이 제정되면서 중국인 이주자들은 거의 반세기 동안 입국이 금지된 적도 있었다. 하지만 100년쯤 지난 뒤 미국 정부가 중국인들에게 특별한 체류 혜택을 부여한 적이 있었다. 바로 1989년 6월에 중국 베이징의 톈안먼 광장에서 민주화를 요구한 학생과 시민들을 중국 정부가 무력으로 진압해 유혈사태를 일으킨 때였다. 그 사건이 발생한 직후, 부시 George W. Bush 정부는 미국에 있는 중국인들이 본인 의사에 반해 본국으로 돌아가지 않게 하겠다고 선언했다. 부시 정부의 선언은 해당 시위와 연관돼 있던 학생들이 중국으로 돌아가야 할 때 보복으로부터 보호하기 위한 것이었다. 정부는 중국인의 강제출국 프로그램을 유예했다.

    미국은 1990년 4월, 행정명령 executive order 에 따라 톈안먼사태 당시 혹은 직후에 미국에 있던 중국인들이 일할 수 있는 권리를 보장해줬고 강제추방을 연기해줬다. 1992년 10월에는 중국 학생 보호법 CSPA, Chinese Student Protection Act 이 만들어졌고, 그 시대의 중국인들이 합법적으로 영주권을 신청할 수 있도록 했다. 당시 약 8만 명의 중국인들이 출국을 유예당했고, 7만 명이 행정명령에 따라 합법적으로 거주하면서 일할 수 있는 권리를 얻었다. 중국 학생 보호법에 따라 5만 3000여 명은 미국 영주권도 얻었다.

    당시 중국에서 온 학생, 불법체류자를 비롯해 이주자들 중 상당수가 이런 조치로 인해서 혜택을 얻었다. 미국 정부가 그들에게 비자 종류에 관계없이 합법적으로 몇 년간 일하면서 머물 수 있는 권리를 줬기 때문이다. 중국 학생보호법은 영주권을 얻는 데 필요한 장애물도 제거했다. 만약 이 법이 없다면 학생들이 미국에서 머물기 위해서는 고용주를 찾거나, 비⁺이민 비자 또는 영주권을 보증해줄 만한 후원자 친척을 찾아야 했을 것이다. 불법체류자들은 합법적인 체류자격을 얻을 수 있는 명확한 통로가 없었음은 물론이다.

하지만 행정명령과 중국 학생 보호법에 따라 중국인들은 노동시장에서 유연성을 얻을 수 있었고, 체류자격에 대한 불확실성이나 걱정 없이 영주권을 얻을 방법을 획득할 수 있었다. 예를 들어 학생들이나 학자들은 예전에는 학내에 있는 직업에 선택권이 제한돼 있었다면, 이제는 체류자격에 따라 여러 분야에서 일할 수 있게 된 것이다. 즉, 숙련 노동자들이 일할 수 있는 데에 대한 제한을 느슨하게 해 고용을 높이는 효과가 있었다는 것이다. 아울러 체류자격으로 인해 일할 수 없었던 사람들이 일할 수 있게 되었다.

각국이 이민정책을 펼 때 단순히 국가 내부의 경제 및 사회적인 상황뿐 아니라 외교적인 측면도 고려하는 것은, 이민이 국가안보와도 밀접한 관련이 있기 때문이다.

사실 국가안보가 무엇인지 전 세계적으로 합의된 바는 없다. '안보'라는 말은 굉장히 넓은 목표를 포괄하고 있어 정치적으로 해석되기도 하고, 다양한 정책을 포함하기도 한다. 1980년대 이후, 특히 냉전이 종식된 후 국가안보의 개념은 계속 확장되기 시작했다. 기존에는 안보를 군사적인 위협에만 관련해 초점을 두고 인식했다면 이제는 개념이 비⁺군사적인 지원과 국경에 관한 것도 포함하도록 확장됐다. 국제 평화와 안보를 위협하는 것은 경제사회와 인도주의 생태 등 비군사적인 다양한 분야의 불안정에서 올 수 있다는 것이다. 이처럼 이주가 국가안보에 어떤 영향을 미치는지에 대해서는 갑론을박이 오가고 있다. 어떤 사람들은 이주자들이 국가안보에 위협이 되고 있다고 말하기도 한다.

이주자나 난민이 출신국의 체제에 반대하고 있다고 치자. 이들을 받아들이는 나라는 본국이 자국민을 박해할 위험이 있다고 판단한 뒤 이를 기반으로 망명 신청을 받아들일 수 있다. 이때, 이것은 이주자 본국의 입장에서는 내부 문제에 대한 간섭으로 보일 수 있다.

1990년 미국의회는 중국 학생들이 중국에서의 박해를 이유로 미국에 남겨지도록 허가를 받아야 하는지 토론했다. 이주자들을 받아들이는 나라가 난민 집단이 본국 정부를 타도하려는 것을 적극적으로 지지할 경우 이 같은 긴장은 더욱 악화될 수 있다. 이주자들을 받아들이는 국가의 국가안보가 위협받을지는 이주자 본국이 이에 맞설 수 있는 능력에 달려 있지만, 그럼에도 불구하고 이주자의 활동은 그들을 받아들이는 나라에 외교문제를 일으킬 수 있다.

이주자나 난민은 당사자가 누구냐에 따라 이들을 받아들이는 나라에 정치적으로나 안보적으로 위협이 될 수 있다. 1992년 미국 뉴욕 세계무역센터에 중동 출신 이주자들과 망명 신청자들이 폭탄을 터뜨린 것, 몇몇 CIA 요원을 암살한 사건이 그런 예다. 망명은 잠재적인 테러리스트들에 의해 남용될 수 있고 낯선 범죄자를 거르는 데에는 한계가 있다.

극단적인 경우로는 이주자들이 국내의 반정부세력과 연대를 형성하거나 마약 밀매에 참여할 수도 있다. 이주자들이 무기나 낯선 사람들을 새로운 나라로 밀입국시키는 것은 단순히 불법일 뿐 아니라, 이들을 받아들이는 국가에 위협이 될 수 있다. 밀입국에 관여하는 사람들의 그룹은 마약 밀매와도 연관돼 있는 경우가 많다. 이주자들을 밀입국 시키는 것에서 창출되는 엄청난 이득은 범죄 조직의 성립을 유인하며 밀수 무역에까지 관여하도록 하곤 한다. 미국에서 밀수 무역을 제재하려는 노력은 갱들 간의 전투를 낳기도 했다.

반면 이주가 국가안보에 도움이 되며 오히려 안보를 강화한다고 주장하는 사람들도 있다. 적절히 잘 규제된 이주시스템 아래 재능 있는 사람들의 이주를 받아들이면 강화된 인적자원으로 인해 국가안보를 함양시킬 수 있다는 것이다. 미국의 노벨상 수상자들, 사업가들, 과학자들이 미국의 번영에 이루 헤아릴 수 없는 기여를 한 것도 그런 예시라는 것이다.

미국 이민개혁위원회의 케네스 프란즈블로 Kenneth Franzblau 는 "제2차 세계대전 이전에 독일이나 이탈리아에서 온 과학자들을 수용한 것은 미국이 원자폭탄을 처음 만드는 데 중요한 역할을 했으며, 핵 연구에서 눈에 띄는 이익을 가져다주기도 했다. 고숙련 이주자들은 미국이 세계적인 수준의 의료, 공학, 교육 분야에 성취를 이루는 데에 재능 있는 노동자들을 공급해줬다. 이런 이주자들은 미국 회사에서 연구와 발전을 고양시킬 수 있도록 해줬고 외국어능력과 연락망, 지식, 경험 등의 측면에서 국제사회에서 독특한 이점을 가져다줬다"고 설명한다.

이주자들은 다른 나라와 정치·경제적인 결속을 강화하도록 하는 방식으로 국가안보에 도움이 되기도 한다. 그들이 갖고 오는 지식과 본국과의 유대는 해당 국가를 이해하는 데 도움이 된다. 이주자들은 새로 정착한 나라의 정보를 전파하는 역할도 하기 때문에 다른 나라들이 우리나라를 이해할 수 있게 돕기도 한다. 친교를 맺고 있는 나라에서 오는 이주자들은 정치적인 안정성을 높이는 안전밸브 역할을 하면서 국가안보를 강화시킨다.

프란즈블로는 설령 미국에 적대적인 나라로부터 오는 이주자라도 국가안보의 진보를 가져올 수 있다고 말한다. 이들로부터 해당국에 대한 정보를 얻을 수 있어 정보 분야에서 귀중한 자원이 될 수 있기 때문이다. 그들은 새로 정착한 나라에서 자유를 얻으므로 이를 본국의 탄압과 차별적인 관행을 공표하는 기회로 쓸 수도 있다. 극단적인 경우에는 적대국에 맞서서 은밀한 활동을 하거나, 군사 분야에서 행동하는 데 활용할 수도 있다.

중요한 점은 이민정책을 어떻게 펴느냐에 따라 넓은 의미에서의 국가안보에 도움이 될 수도, 해가 될 수도 있다는 것이다. 과연 현재 우리나라의 이민정책은 어떤 식으로 국가안보에 이익이 되거나, 위협이 되고 있을까? 우리는 국내에 들어온 이주자들이 지식과 능력을 활용해 국가안보에 기여하도록 하고 있는지, 안보에 대한 별다른 고려 없이 이주자 급증을 지켜보고만 있는지 곰곰이 생각해볼 시점이다.

반이민, 반다문화,
그리고 제노포비아

어떤 사람들은 이주자들이 기존에 존재하던 언어와 문화를 유지하는 데 위협이 되며 국가 정체성을 파괴한다는 측면에서 넓은 의미의 '안보의 위협'을 이야기한다. 경제적인 위기나 범죄, 물리적인 충돌뿐 아니라 자신들의 문화가 잠식되는 것에 위기감을 느낀다는 것이다.

한국에서도 이주자가 많이 정착한 동네에는 다른 지역과는 다른, 독특한 문화가 생겨나고 있다. 일례로 중국동포들이 많이 사는 서울 영등포구 대림2동은 '서울 속 연변'이라고 불린다. 이곳에는 한글보다 중국어로 된 간판이 많으며 연변 냉면, 연길 개고기, 양꼬치 등 연변조선족자치주의 음식을 파는 식당, 중국동포의 출입국 문제를 돕는 여행사가 많기 때문이다. 구로구 가리봉동 '조선족 타운 옌벤 타운' 역시 마찬가지다. '연길 호프', '상해 노래방'과 같이 중국 지명을 딴 상호들이 즐비해 있는 것은 물론이고, 상당수의 음식점과 식료품점은 중국어로 된 간판을 내걸고 영업을 하고 있다. 식당에서 파는 음식도 한국인에게는 다소 생소한 향신료, 생 오리알, 옥수수 국수 등 중국동포들이 좋아하는 종류가 많다.

가리봉동 일대에는 오래된 3~4층짜리 다가구주택과 쪽방들이 밀집해 있다. 이곳은 당초 1970년대 우리나라 수출산업단지 1호로 조성된 '구로공단'의 뒤편에 마련된 주거 지역으로, 당시 공단에서 일하는 근로자들이 빼곡히 모여 살아 '벌집촌'이라고 불렸다. 하지만 1990년대에 공단이 쇠락하고 근로자들이 떠나면서 '코리안 드림'을 꿈꾸는 중국동포가 모여들었다. 개발도 무산되고 제대로 정비나 관리가 이뤄지지 않으면서 슬럼가로 변해왔다.

중국동포들이 우리 사회 곳곳에 정착해 모여살기 시작한 것은 30년이 채 되지 않는다. 1992년 한중 수교 이후 한국을 찾는 사람들이 급격히 늘어났고, 동시에 돈을 벌기 위해 오는 저숙련 노동자들이 늘기 시작했다. 이들이 가리봉동과 대림동 일대에 많이 정착하면서 이곳은 어느새 외관상으로는 중국 연변조선족자치주와 흡사한 분위기로 바뀌었다.

한국 정부는 다른 외국인에 비해 재외동포에게 비교적 관대하게 출입국을 허용하고 있다. 하지만 다른 지역 출신의 동포에 비해 중국과 구소련 지역의 동포들에 대해서는 비교적 비자발급을 까다롭게 하고 있다. 이들은 국내에 들어와 취업하려 하는 욕구가 높은 만큼, 같은 기준을 적용하면 대거 입국할 수 있기 때문이다.

그렇다면 정부가 중국동포를 비롯해 중국인에게 비자를 느슨하게 발급한다고 가정해보자. 한국 내에 중국인이 밀집해 사는 동네, 다시 말해 '한국 속 작은 중국'은 더 많이 늘어날 것이다. 가정을 확장해 모든 외국인에게 문호를 활짝 개방한다고 해보자. 한국에는 '작은 중국'뿐 아니라 '작은 베트남', '작은 필리핀', '작은 몽골' 등이 곳곳에서 생겨나기 시작할 것이다. 그 지역에서 사람들은 한국어보다는 중국어, 베트남어, 필리핀어, 몽골어를 사용하며 새로운 문화가 생겨나기 시작할 것이다. 한국 땅임에도 불구하고 한국의 고유문화는 조금씩 사라지고, 시간이 지날수록 낯선 외국문화가 자리 잡기 시작할 것이다. 당신은 과연 이를 편히 받아들일 수 있을까?

이 같은 우려를 바탕으로 많은 사람들은 이주자를 반기지 않는 이유로 '문화 보호'를 든다. 국가마다 지켜야 할 고유문화가 있는데, 이주자가 많이 유입될수록 문화가 잠식된다는 것이다. 이주자는 들어오면서 단순히 신체만 들어오는 것이 아니라 자신만의 생활양식과 문화, 언어를 함께 지니고 온 뒤 새로 정착한 생활터전에 알게 모르게 자신이 지닌 고유의 문화를 물들인다. 원주민들은 이들로부터 문화를 '침해' 혹은 '점령'당했다고 느낀다.

이러한 우려는 '단일민족 신화'를 바탕으로 건설되고 비교적 소수가 사용하고 있는 언어인 '한국어'를 쓰는 한국에서뿐 아니라 세계 곳곳에서 나타나고 있다. 전 세계의 보편적인 언어로 통하는 영어를 사용하며 이주자들로 인해 건립된 국가인 미국에서도 마찬가지다. 많은 사람들은 멕시코에서 온 이주자들이 영어를 배우는 데 실패하며, 본국에서 갖고 온 '뒤

처진 생활방식'을 고집한다고 불평한다. 이들을 받아들임으로 인해 "미국이 멕시코처럼 되길 원하냐"고 볼멘소리를 하는 사람도 있다. 후진국의 사람들이 대거 유입되면 이들이 자신들의 언어와 문화로 '우리나라'를 '그들의 나라'처럼 만들 수 있다는 것이다.

어떤 학자들은 이 같은 '정체성을 기반으로 한 두려움'이 '경제적인 불안'을 뛰어넘는다고 말한다. 누군가가 자신이 뿌리내리고 있는 언어와 문화를 위협할지 모른다는 공포는 다른 불안을 압도한다는 것이다. 이 때문에 사람들은 생래적으로 자신과 출신이 다른 사람의 유입에 거부감을 갖고, 인종적으로 다른 사람들이 새로 유입되는 것을 거절하는 경향이 있다.

많은 사람들은 이주자들이 새로운 나라의 문화에 통합되는 것에 회의적이다. 유럽에서도 "모슬렘이 유럽인이 될 수 있느냐"며 거부감을 갖는 사람들이 있다. 이주자와 이들을 받아들이는 국가 간에 각기 존재하는 행동 규범과 문화는 양립할 수 없다는 시각도 있다.

호주에서도 1984년에 당시 멜번대 교수로 근무하던 촉망받는 역사학자 제프리 블레이니Geoffrey Blainey에 의해 소위 '거대한 이민 논쟁great immigration debate'이 인 적이 있다. 블레이니는 '호주의 아시아화the asianisation of australia'에 대해 논쟁을 일으켰는데, 그해 3월 17일 로터리클럽The Rotary Club에서 한 발언이 그 시작으로 꼽힌다.

"호주는 거의 언제나 다문화사회였다. 다양성의 역사로부터 흘러들어온 긍정적인 가치는 다른 문화와 신념에 대한 관용이지만, 국가가 좀 더 효과적으로 굴러가기 위해서는 사람들이 공통의 가치를 갖고 있어야 한다. 이것은 단일문화적이면서 다문화적이어야 한다. 아시아로부터 이주자들이 대량으로 오는 것은 이제는 실수인데, 왜냐하면 변화의 속도가 여론을 앞질러가고 있기 때문이다. 호주에 있는 작은 소수의 아시아인 거주자들이 이제는 이주자들의 거주지를 배분하는 데 있어서 보통은 우대를 받고 있다."

블레이니는 아시아인 이주자들이 너무 많으며, 호주 대부분의 주민으로부터 환영받지 못하고 있다고 불평했다. 이런 이주는 '호주의 삶의 방식'에 해를 입히며, 호주에서 태어난 사람들을 실업자로 만드는 원인이 되고 있다고도 지적했다. 이 발언 이후, 호주 멜버른의 신문인 「더 에이지 The Age」가 논쟁을 더욱 촉발시켰는데, 1면에 '호주의 아시아화'라는 헤드라인을 뽑으면서부터였다. 다음 날 기사에서도 이 주제를 재차 다뤘다. 그러자 멜버른대 역사학과에서는 블레이니의 의견에 반대하는 교수들이 「더 에이지」에 서명이 적힌 편지를 보내며 자신들은 아시아인의 이주에 대한 그의 비판에 공감할 수 없다고 말했다. 블레이니 교수의 발언에 비판하는 시위가 멜버른대와 시드니 곳곳에서 벌어지기도 했다.

하지만 우리는 생각해봐야 한다. 각자 고유의 문화를 간직한 채, 다른 문화의 유입을 거절하고 '단일문화'만 고집하는 게 능사일까?

리처드 플로리다 Richard Florida 미국 카네기멜론대 교수는 지리적인 다양성과 혁신, 생산성이 서로 연관돼 있다고 말한다. 더 다양하고 창의적인 거주자들이 있는 도시일수록 살기에 더욱 유쾌하고 생산적인 곳이 된다는 것이다. 그는 다양성은 혁신과 집값, 지역경제에 도움을 줄 뿐 아니라 그곳에 사는 사람들에게 시민으로서의 자부심도 높인다고 말한다.

브라이언 캐플란 미국 조지메이슨대 교수는 미국 인구조사국의 통계(2003)를 인용해 다양한 문화의 강점을 말한다. 미국의 주州 중에서 외국에서 태어난 인구의 비율은 캘리포니아와 뉴욕이 각각 26%와 20%로 가장 높았다. 반면 앨라배마(2%), 노스다코타(2%), 아칸소(3%), 몬태나

(2%), 사우스다코타(2%), 웨스트버지니아(1%)는 외국 출생 인구가 가장 적었다. 여기서 캐플란 교수는 외국 출신의 인구가 적은 주州들은 자신들만의 고유한, 자연스러운 아름다움을 즐길지 몰라도, 관광국tourism bureau 으로부터 '문화의 메카'로 칭송받지는 못한다고 지적했다. 즉, 외국 출생의 비율이 높은 도시일수록 문화의 메카로 불리며 많은 관광객들이 몰리는 것이다.

알고 보면 다양한 문화의 가치를 폄하할 수 있는 사람은 많지 않다. 누가 과연 자신의 나라에 위치한 이탈리아 식당, 프랑스 뷰티숍, 독일 맥주 공장, 벨기에 초콜릿 가게, 러시아 발레 공연, 중국 식료품점, 인도 카레의 가치를 부인할 수 있겠는가. 캐플란 교수는 특히 가장 많은 사람들이 부인할 수 없는 다양한 문화의 강점은 '음식'이라고 말한다. 교양 없는 사람이건 고상한 척하는 사람이건 누구나 음식에는 열광한다는 것이다. 새로운 나라로 이주한 사람들은 본국에서 즐긴 다양한 음식을 소개하는데, 그것은 너 나 할 것 없이 즐기는 문화적인 자산이다. 한국만 하더라도 이주자들이 지니고 오는 생활양식이나 예술, 복장은 즐기지 않아도 대부분이 베트남 쌀국수, 중국 짜장면, 일본 스시, 인도 카레 등에는 열광하듯이 말이다.

만약 우리가 문화의 가치를 '사회적인 자본'과 동일시할 수 있다면, 부동산시장은 이를 재볼 가장 효과적인 잣대다. 만약 사회적인 자본이 중요하고 이주자의 유입이 해당 지역의 사회적 자본에 부정적인 영향을 크게 미친다면, 그 지역의 집값과 임대료는 떨어질 것이다. 즉, 이주는 인구를 늘려서 그 지역의 부동산에 대한 수요를 직접 증가시키지만, 그와 동시에 그곳을 살기 불쾌한 지역으로 만들어서 주거에 대한 수요를 간접적으로 내린다는 것이다.

미국의 경우 이주자의 비율이 높은 뉴욕이나 캘리포니아 등이 이주자의 비율이 현저히 낮은 도시보다 집값이 더 비싸다. 캐플란 교수는 만약 이주가 정말 사회적인 자본을 해친다면, 오히려 이주자가 적을수록 부동산의 가치가 올라야 하지 않느냐고 지적한다.

물론 한국의 사례는 약간 달리 보일 수 있다. 외국인이 많이 사는 서울 가리봉동이나 대림동, 경기도 안산시 등은 집값이 오히려 저렴하며 원주민들이 살기 꺼리는 경우도 많다. 하지만 그곳은 저숙련 노동자들이 몰린 곳이기 때문이지, 이주자 자체가 많기 때문은 아니다.

이주자로 인한 문화적인 영향에 대한 시각이 어떠하건, 캐플란 교수는 문화를 이유로 이주를 제한하는 것보다는 '더 저렴하고 인간적인 방법'이 있다고 말한다. 이주자로 인해 문화가 침해될까 걱정된다면 문화적인 소양시험에 통과하는 이주자들만 받아들이면 된다는 것이다. 이주자의 유입으로 인해 모국어가 쇠퇴할 것이 걱정된다면 언어가 유창한 이주자들만 받아들이면 된다. 물론 시험 수준은 자국민도 통과할 만한 수준이어야 하겠지만 말이다.

하지만 그렇더라도 많은 사람들은 이주자의 유입에 대해 여전히 거부감을 가질 것이다. 외국인들이 문화적인 소양시험과 한국어시험에 통과한다고 치자. 당신은 이런 외국인이라면 누구든지 모두, 대량으로 받아들이는 것에 찬성할까? 그렇지 않을 소지가 크다.

사람은 누구나 자신과 다른 그룹에 대한 반감을 갖고 있다. 사람들은 어느 집단에 속하든 다른 사람들을 내집단과 외집단으로 나누고, 우리와 그들로 구분하는 경향이 있다. 한국사회에서도 이주자가 급증하면서 한국 정부 당국이 '다문화가정'이라는 용어를 만들어 포용을 외쳤지만,

이들에 대한 반감을 갖는 사람들도 적지 않게 생겨났다.

일찍이 이주자들을 받아온 선진국에서도 이주에 반감을 갖는 정서가 확대되면서 사회갈등을 겪곤 했다. 한국처럼 국민국가의 전통을 기반으로 문화적으로 이질적인 이주자들을 수용한 유럽도 이주자들을 관리하기 위해 적극적으로 노력했지만 반이민 현상을 경험했다. 한국에서 이주자에 대한 공격이나 반감이 표출될 때마다 사람들은 '인종주의', '제노포비아'라는 용어를 사용하는데, 엄밀히 말하면 모두 그렇게 볼 사안은 아니다.

인종주의는 생물학적으로 특정 인종이 다른 인종보다 우월하다는 편견에 기반한 것이다. 과학적으로 검증되지 않은 제국주의 시대의 유산으로, 백인 중심 국가에서 주로 나타났다. 반면 제노포비아는 인종주의와 같이 나보다 열등한 상대에 대한 멸시의 감정 외에, 상대방에 대한 두려움도 포함된 것으로 분석되고 있다.

전 세계 학계에서 인종주의는 비과학적이고 반인권적인 주장으로 매도되고 있다. 하지만 제노포비아적 주장에 대해서는 보다 진지한 논의와 분석이 제기된다. 학계 일각에서는 제노포비아를 배타적 exclusive, 소유적 possessive, 악성적 toxic 유형으로 구분하고 있다.

배타적 제노포비아는 이방인은 근본적으로 다르기 때문에 내가 속한 공동체의 외부에 머물러야 한다고 인식하는 것이다. 소유적 제노포비아는 이방인이 내가 속한 공동체에서 직업, 교육, 세금, 의료 등 각종 혜택을 누리려고 한다는 인식에 기반해 나타난다. 악성적 제노포비아는 이방인이 공동체의 가치체계와 자유 등을 파괴하는 존재라는 인식을 갖고 있다.

김용신 서울교대 교수의 연구(2012)에 따르면 제노포비아적 사고방식이 현실에서 발현되는 방식에도 '민족상징 유형', '경제사회 유형', '혼합

가중 유형' 세 가지가 있다. 민족상징 유형은 배타적 제노포비아를 바탕으로 특정 민족이나 인종이 '우리는 너희와 다르다'는 인식을 갖고 외부인을 배제하는 것이다. 유럽에서 모슬렘을 대상으로 공공장소에서 히잡 착용을 금지하고, 이슬람 사원 건립 반대를 하는 것 등이 그 예로 꼽힌다. 경제사회 유형은 소유적 제노포비아 의식이 현실화된 것으로, 공공혜택은 국가구성원인 시민에게만 제공돼야 하고 이주자에게 제공돼서는 안 된다고 인식한다. 이 유형은 유럽의 경제상황이 악화될 때마다 나타나곤 한다. 혼합가중 유형은 악성적 제노포비아를 기반으로 하며, 이주자가 가하는 사회적인 폭력, 테러 등에 대해 폭력으로 맞서면서 공존보다는 분리를 추구해 갈등과 물리적인 충돌이 혼재하는 양상이 나타난다.

유럽사회에서는 제2차 세계대전 이후 인종주의, 제노포비아, 반이민 정서가 배척당해왔다. 아니, 존재하더라도 현실 정치에는 그다지 영향력을 행사하지 못했다. 나치의 유대인 말살정책이 광적으로 유럽을 뒤흔든 후 이에 대한 통렬한 반성에 뒤따른 것이었다. 나치의 만행을 떠올리는 시민들이 이들을 외면하면서 오랫동안 극우정당은 겨우 명맥만 유지해왔다. 하지만 1990년대에 서유럽 각국이 적극적으로 난민을 수용하면서 비유럽 출신 이주자가 증가했고, 급기야 2001년 9·11테러가 일어나자 유럽인들은 이슬람 이주자들을 경계하고 두려워하기 시작했다. 극우정당은 국가안보와 반이민을 내세우며 지지층을 확보했다.

극우정당들은 2008년 세계 금융 위기가 닥치자 실업률이 증가한 이유가 이주자들이 일자리를 빼앗기 때문이라고 주장하면서 이주자에 대한 반감을 조장했다. 이에 동조하는 유럽인들로 인해 지지층은 더 두꺼워졌다. 이민에 반대하는 입장인지가 극우정당 여부를 판단하는 기준은 아니지만 이민 반대는 유럽의 모든 극우정당에게 사실상 필수 요건이 됐다.

유럽에서 극우를 표방하는 정당들이 모두 반이민 주장을 핵심 강령으로 내세웠기 때문이다. 2014년 9월을 기준으로 유럽 대부분의 나라에서는 극우정당이 존재하고 있다.

극단적인 반이민 정서는 사회에 치명적인 결과를 초래하기도 한다. 국가적인 정체성을 잃는다는 두려움, 이주자와 소수에 반대하는 정서는 극우 극단주의자들이 폭력을 저지르도록 촉진하기도 한다. 2011년 7월, 노르웨이 원주민인 아네르스 베링 브레이비크Anders Behring Breivik의 무차별 총격으로 77명이 숨지고 많은 사람들이 부상당한 것도 하나의 예다. 테러의 타깃이 된 곳은 이주자에 대해 관대한 정책을 펴온 집권 노동당의 청소년 캠프였다.

브레이비크는 범행 전 작성해 인터넷에 띄운 1500쪽 분량의 '2083년 유럽의 독립선언'이라는 문서에서 인종주의적인 견해를 소상히 기술했다. 그는 "매년 수천 명의 모슬렘이 노르웨이에 몰려들고 있다. 매우 혼란스러운 상황이다"라고 썼다. 또 "노르웨이 신문이 마호메트의 풍자만화를 게재한 것을 정부가 사과한 것은 겁쟁이 같은 짓이었다"고 비난하며 "세르비아가 모슬렘을 몰아낸 코소보사태에 나토군이 잘못 개입했다"고 주장하는 등 극단적인 반이슬람 성향을 드러냈다. 브레이비크는 법정에 선 뒤에도 심리에서 "나의 행동은 모슬렘의 정복으로부터 유럽을 구하기 위한 것이었다. 집권 노동당이 국가와 국민을 실망시킨 대가를 치른 것"이라며 무죄를 주장하는 등 뻔뻔한 태도를 보인 것으로 알려졌다.

언론에 따르면 브레이비크는 미국 블로거들에게도 영향을 받았다. 해당 블로거들은 몇 년간 이슬람에 의해 미국과 유럽에서 정치·사회적인 위협이 가해진다고 경고해왔다. 물론 이런 블로거들은 어떤 폭력의 사용도 옹호하거나 지원하지 않는다고 명시했지만 말이다.

이처럼 이주자를 받아들이는 국가는 국내 급진주의자들의 위협에도 맞서야 했다. 한국사회에서도 이주자들이 늘어나면서 이 같은 예기치 못한 현상들이 생겨날 수 있다. 물론 한국의 경우 나치즘과 파시즘 같은 극단적인 민족주의로 인한 폐해를 경험한 적은 없다. 하지만 오랫동안 단일민족 신화에 대한 교육을 받고 자랐기 때문에 극우주의, 민족주의와 애국심을 혼동하기 쉽다. 이 때문에 '애국보수'를 표방하는 단체들이 이주자에게 혜택을 주는 소위 '다문화가족'지원정책에 반기를 드는 현상이 나타나고 있다. 아직 한국은 명시적으로 반이민 정서가 확산되는 단계가 아니지만, 이주자들의 수가 일반 시민들이 체감할 수 있을 만큼 많아지고 경제 불황이 불거지면 유럽과 비슷한 현상이 나타날 수 있다.

유럽의 경우 유럽연합EU이 유럽 전역에 반이민 정서가 확산되는 것을 막기 위해 인종주의와 제노포비아를 감시하는 기구를 설치해 운영하고 있다. EU는 1997년에 '유럽 인종주의·제노포비아 감시센터'를 설립했고 감시 이외에 연구, 출판 등 다양한 사업을 하고 있다.

사실 사회갈등을 유발하고 통합을 해치는, 근거 없는 반이민 정서를 예방하기 위해서는 먼저 이런 반이민 주장을 비판적으로 해석할 수 있어야한다. 어떤 사안에 대해 이주자들에게 화살을 돌리는 것이 맞는지, 이주자들을 배척하는 게 해답인지 면밀히 짚어봐야 한다는 것이다. 그런 역량만 있다면 반이민 정서가 사회갈등으로 발전하는 것을 막을 수 있다.

이주자의 수가 늘어나고 국가 경제가 어려워지면 이주자들에게 문제의 화살을 돌리는 현상이 세계 곳곳에서 이미 나타나고 있다. 우리 사회에서도 반이민, 제노포비아 정서가 확산될 가능성이 적지 않다. 사회 각계에서는 성숙한 이민사회를 맞이하기 위해 다양한 문화를 수용하고 이에 대한 감수성을 기를 수 있는 시민교육의 필요성이 제기되기도 했다. 우리 사회도 과연 '다문화 시민교육'만으로 반이민 정서에 효과적으로 대처할 수 있을지, 이주자에 대한 반감에 가장 잘 대처하는 방법은 무엇일지 고민해봐야 할 것이다.

사회통합과
다문화주의의 실패

한국사회에 이주자가 늘어나면서 가장 두드러지게 나타나는 현상은 '다문화'를 표방한 단체나 기관, 사업들이 부쩍 늘었다는 것이다. 심지어 국제결혼가정을 지칭하는 용어로 '다문화가족'이라는 신조어도 생겨났다. '다문화교육', '다문화이해'와 같은 용어를 접하다보면 다문화주의는 세계화 시대에 추구해야 할, 마냥 바람직한 가치로 보인다. 하지만 영국, 독일, 프랑스 등 유럽 선진국의 지도자들이 잇따라 공개적으로 '다문화주의'에 대해 "실패했다"는 등의 용어를 사용하며 회의적인 시각을 표출해 주목받은 적이 있다.

앙겔라 메르켈 Angela Merkel 독일 총리는 2010년 10월 16일 포츠담에서 기독교민주당 청년들을 상대로 연설을 하면서 "우리는 1960년대 초부터 외국인 근로자들을 불러들였고 지금 그들이 우리나라에서 살고 있다. 우리는 '그들이 계속 머물지 않고 언젠가는 떠날 것'이라고 생각했지만 그것은 우리 스스로를 속인 것이었다. 현실은 그렇게 되지 않았다"고 말했다. 이어 "다문화사회를 건설해 함께 어울려 공존하자는 접근법은 실패했다.

완전히 실패했다"고 밝혔다.

메르켈 총리는 직전에 크리스티안 불프 ^{Christian Wulff} 독일 대통령이 "이슬람은 기독교, 유대교와 마찬가지로 독일의 한 부분이다"라고 말한 것에 대해서 "그렇다"고 인정했다. 그러면서도 "이주자가 독일어를 배우는 등 더 많은 통합 노력을 기울여야 한다"고 강조했다. "독일어를 못하는 사람은 누구라도 환영받지 못한다"고 단언하며 이주자들의 사회통합 노력을 촉구했다.

데이비드 캐머런 ^{David Cameron} 영국 총리도 2011년 2월 독일 뮌헨에서 열린 국제안보회의 연설을 통해 다문화주의가 실패했다고 규정했다. 그는 "영국은 이제 국민들이 어떤 종류의 극단주의에도 빠지지 않도록 보다 강력한 국가 정체성을 필요로 한다"고 말했다. 캐머런 총리는 "이슬람 과격주의자들에게 보편적인 인권을 존중하고 모든 사람이 법 앞에 평등하다는 것을 믿으며, 민주주의와 정부 선택권을 믿는지 묻고 싶다. 그들^{이슬람 과격주의자}이 통합을 원하는지 아니면 분리를 원하는지 역시 묻지 않을 수 없다"고 말하기도 했다. 영국은 수동적인 관용의 자세에서 벗어나 보다 능동적이고 강력한 자유주의를 필요로 한다고 강조했다.

당시 니콜라 사르코지 대통령도 2011년 2월 '다문화주의의 실패'를 공식 선언했다. 그는 프랑스 최대 민영 방송 TFI와의 인터뷰에서 "(다문화주의에 대해) 그것은 완전히 실패했다"고 말했다. 그는 "물론 우리는 모든 다양성을 존중해야 하지만, 우리는 여러 커뮤니티가 공존하는 하나의 사회를 원한다. 만약 당신이 프랑스로 왔다면 (프랑스라는) 한 사회에 녹아드는 것을 받아들여야 한다. 만약 그것을 받아들일 수 없다면 프랑스에서 환영받을 수 없다"고 말했다. 또 "프랑스는 오랜 생활방식, 남성과 여성 간의 평등, 그리고 어린 소녀들이 학교에 다닐 권리 등에 대한 변화를 받아들일 수 없다. 우리는 이주자들이 '어느 곳에서 왔는가'라는 그들의 정체성에 대해 너무 많은 관심을 쏟는 바람에 정작 그들을 받아준 프랑스의 정체성에 대해서는 충분히 고려하지 않았다"고 설명하기도 했다.

그렇다면 이들은 다문화주의를 무엇으로 봤기에 잇따라 실패를 선언하며 비판했을까?

다문화주의는 다양한 문화와 인종, 언어 등을 인정하고 수용하는 것으로 알려져 있다. 기존에 서양에 존재하던 인종·민족적인 위계질서라는 낡은 관념을 대체하기 위한 수단이었고, 민주적인 시민권을 바탕으로 한 문화적인 평등을 의미했다. 1970~1990년대 중반까지 오스트리아, 캐나다, 스웨덴 등에서는 다문화주의를 공식정책으로 소개하기도 했다.

캐나다는 다문화주의를 최초로 헌법에 명시했으며 호주가 그 뒤를 이었다. 다문화주의는 주로 이민국가들이 추구하는 모델로, 캐나다와 호주 등 전형적인 이민국가에서는 국가 정체성을 확보하는 차원에서 추구했다. 네덜란드와 영국처럼 전형적인 이민국가가 아닌 곳에서는 이주자들이 유입되면서 이에 대응하기 위한 정책적인 차원에서 모색됐다. 이런 국가에서 다문화주의란 종족·문화적인 다양성이 인정되고, 이주자가 사회 소수자로 인권 차원에서 문화적인 권리를 보호받는 것을 뜻하는 것으로 통용되고 있다.

다문화주의에는 여러 가지 정의가 있지만 두 가지 핵심 원리가 있다.

첫 번째는 사회적인 평등과 참여다. 사회의 평등을 이루기 위해 노동시장과 교육 등을 비롯한 모든 제도에서 이주자들이 참여하는 게 핵심적이라는 것이다. 이것은 정부정책이 이주자들의 욕구에 부합하는 방식으로 서비스를 제공하고, 이들이 각종 서비스에 접근할 수 있도록 보장해야 한다는 것을 시사한다. 또 이주자들이 언어·문화적인 지식 등 '문화적인 자본'을 취득해 역량을 강화하고 사회에 참여할 수 있도록 해야 한다는 것이다.

두 번째는 문화적인 인정이다. 이주자들이 고유의 종교와 언어를 추구하고 자신들만의 지역사회를 조성할 권리가 있다는 것이다. 이주자와 소수 인종은 늘 사회적으로, 제도적으로 자신들의 문화를 인정받는 것을 필요로 한다. 그것이 차별이나 배제에 맞서서 자신들을 보호하는 방편이자, 과거와의 연속성을 제공해 자신들끼리 연대할 수 있기 때문이다. 특히 이것은 이주자들이 성공적으로 정착하도록 하기 위해 필요하다. 즉, 다문화주의는 이주자들이 정착하거나 사회에 통합되는 것을 돕기 위해 필요한 개념인 것이다.

그럼에도 불구하고 정치 지도자들이 다문화주의의 실패를 선언한 이유는 무엇일까? 다양성을 수용하는 것이 실제 필요한 것보다 '너무 멀리 갔기 때문'이라는 시각이 우세하다. 다문화주의는 당초 소수자들을 돕기 위해 도입됐지만 그 목적을 달성하는 데 실패했다는 것이다. 즉, 다문화주의는 이주자들의 다양성과 그들이 자신들만의 '별도 집단'을 구성하는 것을 인정했지만, 이것은 의도치 않게 소수 집단이 사회적으로 고립되도록 하는 것에 기여하고 궁극적으로는 이들을 주류사회에서 배제하는 결과를 낳고야 말았다.

다문화주의는 꾸준히 각종 사회문제의 원인으로 지목돼왔다. '공통점'이 아닌 '차이'에 더 주목하는 것처럼 보였기 때문이다. 모든 사회에서 각기 다른 집단이 잘 지내기 위해서는 화합과 통합이 필요한데 다문화주의는 계속 '차이의 인정'만을 부각했다는 것이다.

일례로 독일은 제2차 세계대전 직후 나치정권의 과거로 인해 독일에 살고 싶어 하는 외국인에게 개방적인 정책을 취했다. 그로 인해 독일은 20세기 중반 대규모의 노동 이주를 경험했는데, 유고슬라비아, 터키 등 남유럽에서 이주자가 유입됐다. 하지만 독일에서는 한동안 통합에 노력을 적게 기울이고 차이를 인정하기만 했다. 이주자들을 일시적인 '손님'으로 생각했기 때문이다. 언젠가 '떠날 사람'으로 인식했으며 자신들이 '이민자의 나라'라고 인정하지도 않았다.

1960년대 초반, 독일에 온 '손님 노동자'들은 독일에서 가족과 함께 머물렀는데, 이들의 자녀는 독일 주류사회에서는 분리됐고 그들만의 커뮤니티에서 머물기 시작했다. 당초 독일 사람들은 이것을 '다문화주의'라는 형태로 수용했으며, 이것은 그들이 고유의 문화적인 정체성을 유지하면서 독일에서 사는 것을 허용하는 것이었다. 하지만 독일의 모슬렘 청소년들은 실업률과 빈곤율이 높고, 평균적으로 교육 수준도 낮게 머무는 등 문제가 나타났다. 더욱이 이들은 곧 떠날 사람이 아니라 독일사회에서 머물면서 함께 살아가야 하는 존재였다.

보통 지역사회 구성원들이 통합, 화합하기 위해서는 네 가지 원칙이 필요하다. 같은 미래를 공유한다는 인식, 책임감과 권리, 공손함과 상호존중, 그리고 사회정의가 눈에 보이도록 하는 것이다. 하지만 다문화주의는 이런 요소를 균등하게 발전시키는 데 실패했다.

일례로 네덜란드에서 어떤 이주자 그룹은 일을 하지 않고 지나치게 복지제도에 의존했다. 이것은 '강한 다문화주의'가 '강한 복지국가'와 결합돼 이주자 통합에 실패한 사례로 지목됐다. 즉, '강한 다문화주의'는 국가가 소수의 문화를 보호하고 촉진하는 것을 의무로 보고, 대상자의 권리를 신성시하면서 그들의 특별한 요구에 부합하는 사회적인 제도를 수용하는 것으로 규정됐다. 하지만 이주자나 인종적인 소수자들은 사회에 통합하려는 노력을 기울이지 않고, 자신들을 있는 그대로 인정해주는 혜택만 받으며 사회에서 분리되는 결과를 낳았다.

네덜란드에서 이주자들이 통합에 책임을 기울이지 않는 이유로는 관대한 복지시스템과 다문화주의가 지목됐다. 일부 유럽국가에서는 이주자들에게 공공주택을 배정해 살도록 했는데, 이것은 이주자들을 주류사회에서 분리시켜 소외되게 하는 것으로 비춰지기도 했다. 스웨덴에서는 다문화주의에도 불구하고 인종적인 분리와 이주자들의 높은 실업률이 지속됐다.

유럽에서는 모슬렘 이주자들이 급증하면서 더욱 고민이 깊어졌다. 유럽에서 모슬렘 인구가 증가한 것은 이주자들의 유입 때문이기도 하지만 비非모슬렘에 비해 출산율이 높았기 때문이다. 이들 일부는 이슬람 극단주의와 테러 가담에 취약할지 모른다는 우려도 제기됐다. 9·11테러 때 미국이 공격받은 이후 안보에 대한 우려는 더 커졌다. 2000년대에 이슬람 관련 테러가 잇따르면서 통합 이슈는 더 부상했다. 2004년 3월 스페인 마드리드에서는 알 카에다Al-Qaeda의 사주를 받은 북아프리카 출신 그룹이 폭탄 테러를 일으켰고, 같은 해 11월에는 네덜란드에서 모슬렘 극단주의자가 영화제작자 테오 반 고흐Theo Van Gogh를 죽였다. 2005년 7월에는 영국의 젊은 모슬렘들이 대중교통에서 테러를 저질렀다.

물론 유럽에 있는 대부분의 모슬렘은 과격한 활동에 관여하지 않으며, 모슬렘이라는 것 자체가 과격한 활동에 직결된 것은 아니다. 하지만 마드리드와 런던의 테러가 모슬렘에 의해 발생하면서 "유럽국가가 모슬렘 사회를 통합하기 위해, 이들의 사회적인 배제와 소외감을 예방하기 위해 충분한 조치를 했는가"라는 자성이 대두되기 시작했다. 실제로 어떤 전문가들은 모슬렘을 주류사회에 완전히 통합시키는 것이 실패함으로써 이들로 하여금 유럽의 극단주의적인 이데올로기에 취약하게 했다고 믿기도 했다. 즉, 이들이 정치·경제적으로 사회에 완전히 통합됐다면 극단주의적인 이데올로기에 취약하진 않았을 것이라는 지적이다.

　유럽 정부 당국과 사회평론가들에 의해 '다문화주의'라는 개념이 신랄한 공격을 받으면서 정부는 정책으로서의 다문화주의는 완전히 실패했다고 공언했다. 이들은 다문화주의가 "이주자나 인종적인 커뮤니티가 주류 유럽사회로부터 동떨어져 사는 것을 의도적으로 허용하는 것"이라고 보고 모슬렘 인구를 통합시키기 위해 노력을 강화했다. 과거에는 '자유방임주의'적인 태도로 일관했지만 이제는 통합에 적극적으로 관심을 갖겠다는 것이다. 결국 유럽에서는 당초 다문화주의를 옹호했던 시각에서 벗어나 '공통의 가치'와 '시민권의 공유'를 강조하고 '시민통합', '사회와의 조화'와 같은 담화로 이동했다. 이것은 급진적인 우익의 주장과도 다르지만 다문화주의의 수사와도 거리를 둔다. 기존에 느슨하고 태평했던 다문화주의의 한계를 극복하면서도 국가주의를 기반으로 한 억압과도 거리를 둔다.

　통합이라는 것은 단일의 균질적인 문화로 동화되는 것도, 이주자들의 다양성을 있는 그대로 무작정 수용하는 것도 아니다. 지역사회와 새로 온 사람들이 서로가 책임을 갖고 양방향에서 각자 노력해 사회에 효과적으로 통합될 수 있게 하는 것이다. 즉, 이주자들은 기존에 존재하던 사회제도와 가치를 존중하고, 국가도 그들의 통합을 지원한다는 것이다. 이를 바탕으로 한 사회통합정책은 이주자들에게 새로 정착하는 나라의 언어, 사회에 대한 지식을 요구하는 형태로 표출됐다. 입국, 체류 연장, 귀화 등의 단계에서 시험, 프로그램, 계약 등이 부과되기 시작했다. 여기에는 몇 가지 핵심 원칙이 있는데, 기본적인 자유민주주의 가치를 존중해야 한다는 것(자유, 민주주의, 인권, 양성평등, 법과 원칙 등), 해당 나라의 언어, 역사, 제도에 대한 기본적인 지식을 갖추는 것 등을 필요로 한다.

독일은 2005년 이민법을 통해 이주자들이 더 많은 통합 노력을 기울일 것을 요구했다. 새로 온 이주자들은 독일어를 제대로 구사하지 못할 경우 의무적으로 통합 과정을 들어야 하며 여기에는 독일의 역사와 문화, 법 등이 포함됐다. 만약 참석하지 않으면 체류에 불이익을 받을 수 있게 했다. 네덜란드도 2004년 11월 "이주자들, 특히 새로 온 이주자들이 독립적인 거주 또는 영구적인 거주허가를 얻기 위해서는 통합시험을 통과해야 한다"고 발표했다.

다문화주의에서 사회통합으로의 변천은 '권리'에서 '의무와 권리'로 관심이 이동한 것이다. 어떤 나라는 이주자들이 통합될 권리를 강조하고 그들이 통합될 수 있도록 지원 프로그램을 제공하는 데에 초점을 둔다. 그러나 다른 나라에서는 통합을 의무로 규정하고 그들에게 특정 프로그램을 의무적으로 부과하며, 이주자들이 사회적인 권리나 체류를 연장할 때 그들이 통합에 필요한 특정 문턱을 넘지 못하면 그런 것들에 접근하지 못하게 한다. 즉, 조건 없이 권리만 주는 것이 아니라 권리를 주장하기 전에 의무도 이행해야 한다는 것이다.

하지만 이주자들에게 사회통합을 위한 노력을 '어디까지 요구할 것이냐'는 종종 논란이 돼왔다. 예를 들어 프랑스에선 공립학교에서 종교적인 표시를 하는 것을 막는 법안이 2004년, 여성이 공공장소에서 완전히 얼굴을 가리는 베일을 쓰는 것을 막는 법안이 2011년에 통과됐다. 2010년 9월에는 프랑스 상원의회의 압도적인 지지하에 공공장소에서 얼굴을 가리는 옷을 입는 것을 막는 법안이 통과되기도 했다. 이것은 2011년 4월에 발효됐는데 당시 프랑스에서는 2000명에 달하는 모슬렘 여성들이 이러한 옷을 입고 있었다. 법안은 공공장소에서 얼굴을 가리는 옷을 입으면 130유로의 벌금을 부과하고, 이렇게 얼굴을 가리는 옷을 입도록 강요하는 사람에게는 3만 유로의 벌금과 최대 1년의 징역을 부과한다는 내용을 담고 있었다.

법안에 찬성하는 사람들은 이것이 학교를 포함해 사회에서 긴장감을 줄이는 방법이 될 것이라며 지지했다. 하지만 일각에서는 "이것은 모슬렘들을 오히려 프랑스사회에서 소외시키고 인권을 침해하는 부정적인 방안"이라는 비판도 제기됐다. 프랑스 정부는 이 같은 금지령에 대해 단순히 공공안전의 문제뿐 아니라 인간의 존엄성과 남녀평등도 결부돼 있다고 말했다. 얼굴을 완전히 가리는 것은 여성의 복종을 상징하는데, 프랑스의 기본 가치는 남녀평등을 존중하는 것으로 결국 이러한 옷을 입는 사람들이 프랑스사회에 통합되는 것을 막는다는 것이다. 또 베일로 얼굴을 가리는 것은 법을 집행하는 사람들이 공공장소에서 사람을 식별하지 못하도록 해 안보에 위협을 가져올 수 있다는 것이다.

스웨덴에서는 2009년 11월에 국민투표에서 뾰족탑 모스크의 기도 타워 건설을 제한하는 게 제안되기도 했다. 그러나 이것은 모슬렘들에게 그들이 스위스사회에 받아들여지지 않는다는 역효과로, 문제적인 신호를 주기도 했다. 당시 뾰족탑 건설 금지를 옹호하는 사람들은 "이것은 모슬렘의 종교적인 자유를 제한하는 것이 아니다. 스위스에 있는 모슬렘들이 스위스의 문화와 관습에 적응해야 한다는 것을 전달하는 것"이라고 주장했다. 하지만 이런 식의 사회통합 요구는 오히려 이주자들에게 차별과 배제, 박탈감을 불러일으켰다.

이러한 논란 때문에 '상호문화주의'라는 개념도 등장했다. 다문화주의가 단순히 이주자의 독자적인 문화를 인정하고 그들이 자신들의 언어와 문화를 유지하는 것을 허용하는 것을 의미한다면, 상호문화주의는 이들과 단순히 공존하는 것을 넘어서 서로 간 문화적인 소통을 활발히 하고, 이들에게 언어와 사회교육을 제공하는 것이다. 즉, 이들의 문화를 최대한 존중하고 인정하되 기존에 있던 원주민 문화와의 소통에 중점을 두는 것이다.

개념이야 어떤 것이 됐건, 한국사회도 '다문화'라는 구호만 강조할 게 아니라 이주자들에게 어떤 통합 노력을, 어느 정도로 요구해야 할지 생각해봐야 할 때다.

이주자 특별대우와
주류화 정책

이주자들에게 우리 사회에 통합되기 위한 노력을 어떤 방식으로 요구하든, 그것은 이주자만의 노력이 필요한 게 아니라 우리 사회의 노력도 필요한 부분일 것이다. 통합이라는 것은 양 당사자가 노력해야 가능한, 쌍방의 영역이기 때문이다. 이주자가 사회에 성공적으로 정착하기 위해서는 이주자의 의무 수행과는 별도로 우리 사회도 이들이 인간으로서 누려야 할 권리를 보장받을 수 있도록 지원해야 한다. 하지만 이주자들에게 무슨 지원을 어떻게 할지는 이들이 어떤 통합 노력을 기울이게 할 것이냐만큼이나 논쟁적인 영역이다.

한국에 온 이주자 중 가장 가시적으로 드러나는 이주자 집단은 바로 결혼이민자다. 귀화자, 장기 체류외국인 중 가장 많은 부분을 차지해서이기도 하지만, 영구적으로 정착할 가능성이 가장 높은 집단으로 여겨지고 있기 때문이다. 그렇다면 정부는 이들이 사회에 통합될 수 있도록 어떤 노력을 기울여야 할까? 다음 예시를 살펴보도록 하자.

결혼이민자와 그 자녀와 관련된 일부 지원사업을 여성가족부가 수행하고 있다. 그런데 국회예산정책처가 '2014년도 정부 성과계획 평가'라는 보고서에서 여성가족부의 다문화가족정책을 비판한 적이 있다. 결혼이민자와 그 가족을 대상으로 방문지도사가 집을 찾아가 한국어교육과 아동양육지원 등을 무료로 제공하는 '방문교육사업' 때문이었다. 당초 사업은 경제적인 어려움과 물리적인 접근성, 임신·출산 등을 이유로 다문화가족지원센터의 집합교육에 참석하기 어려운 사람들에게 제공되기로 한 것이다. 방문교육사업은 센터에 모여 집합적으로 제공되는 교육에 비해 당연히 비용이 많이 소요된다. 방문교육 지도사가 개별 가구를 직접 방문해 서비스를 지원하는 형태로 이뤄지기 때문이다. 2012년 기준 방문교육에 투입된 예산은 지방비를 포함해 302억 3700만 원, 수혜자 수는 2만 325명으로 1인당 지원예산은 149만 원에 달했다. 이렇게 고비용 서비스인 만큼 대상자의 선정 기준과 범위를 엄격히 규정해야 할 필요성이 지적돼왔다.

사업의 대상자 기준은 방문교육 서비스를 받을 수밖에 없는 불가피한 사유를 가진 사람으로, 한국어교육의 경우 '입국 5년 이하 결혼이민자와 19세 미만 중도입국자녀'를 대상으로, 부모교육 서비스는 '임신부터 12세 이하 자녀를 가진 자'를 대상으로, 자녀생활 서비스는 '만 10세 미만 다문화가족 자녀'를 대상으로 했다. 우선 선정 대상 기준에는 기초수급자, 저소득 한부모가정 및 차상위 계층, 장애가정, 다자녀가정, 서비스 최초 지원 가정 등이 포함돼 있었다. 하지만 이외에도 시·군·구청장이 필요하다고 판단되는 경우 저소득 가구 등이 서비스를 받을 수 있어 실제로는 누구나 무료로 서비스를 받을 수 있었다.

그런데 국회예산정책처가 여성가족부에 확인한 결과 서비스를 신청한 가정이 서비스를 받기에 적절한 대상인지 파악하기 위한 절차나 확인과정이 존재하지 않았다. 이 때문에 서비스를 요청한 사람이 적합한 대상인지 근거자료도 없는 상태였다. 국회예산정책처는 "고비용 서비스임에도 불구하고 대상자 선정기준이 명확하지 않고 관리가 매우 소홀한 것은 예산 낭비를 방지하고 사업 운영의 효율성(을 높이기 위한) 측면에서 바람직하다고 볼 수 없다"고 지적했다. 국회예산정책처는 대상자 선정기준을 강화하고 소득 수준별로 비용 부담도 지울 것을 주문했다. 문제가 불거지자 여성가족부는 이 서비스를 제공할 때 이용자들로부터 소득 수준에 따라 일부 비용을 받겠다고 밝혔다. 예전에는 한 달(8회) 교육을 기준으로 정부가 10만 원 전액을 지원했지만, 2015년부터는 전 국민 평균 소득의 100%를 넘으면 3만 2000원을 내야 한다.

이처럼 한국에서 이주자가정에 대한 지원은 한동안 소득 수준을 고려하지 않고 지원돼왔다. 이주자가 포함된 '다문화가족' 자체를 그저 지원해야 할 복지 서비스의 대상으로 봤기 때문이다. 일례로 정부는 0~5세 전면 무상보육이 시행되기 전인 2011~2012년에도 다문화가족 아동에 대해서는 소득에 관계없이 보육료를 전액 지원했다. 이러한 정부정책에 비판의 목소리가 높았던 이유는 소득 수준을 고려하지 않고 '출신배경'만을 토대로 지원했기 때문이다.

이외에도 정부에 '다문화가족'만을 타깃으로 한 별도의 정책은 여럿 존재해왔다. 한국어와 한국문화를 알려주는 것 외에도 결혼이민자에게 추가로 취업과 자녀양육을 지원하고, 이들의 자녀에게 '다문화가족'이라는 이유로 혜택을 제공하는 것 등이 대표적이다.

결혼이민자에 대한 지원정책은 이주자를 사회에 통합시키기 위한 정책 중 일부다. 하지만 선진국에서는 이주자를 지원하더라도 이들을 '이주자라는 이유만으로', '이주자만 따로 떼어내서' 지원하는 것은 많은 부작용을 낳았다. 장기적으로 불평등을 야기하고, 사회 내에서 이주자 집단을 따로 분리해내 오히려 통합에 걸림돌이 되기 때문이다. 이 때문에 각국 정부는 이주자에 대한 불필요한 특별대우를 철폐하는 '주류화mainstreaming' 통합이라는 전략으로 점점 더 돌아섰다. 이것은 이주배경이 있는 사람들만 타깃으로 하지 않고 전체 인구를 대상으로 한 정책을 펴는 것이다. 즉, 국가적인 출신이나 인종적인 배경에 근거해 특정 그룹을 대상으로 삼지 않는다는 것이다.

그동안 주류화 정책은 젠더나 장애 분야에서 일반적으로 적용돼왔다. 보통 '성 주류화' 정책이라고 하면 정책에서 양성평등에 저해가 되는 요소를 제거하는 것을 의미했다. 여성이라고 해서 별도의 특혜를 주는 것이 아니라 여성과 남성이 동등한 혜택을 누리고 불평등이 발생하지 않게 하는 것으로, 궁극적인 목적은 양성평등을 이루는 데 있다.

장애에서의 주류화도 장애인이라고 구분 짓고 무조건 별도로 대우하는 것이 아니라 장애인이라는 이유로 차별이나 불평등을 겪지 않도록 하는 것을 의미한다. 이주자 사회통합에서의 주류화도 마찬가지다. 이주자라고 무조건 구분 짓고 별도의 정책을 만들어내 '따로 대우'하는 것이 아니라 차별이나 불평등을 겪지 않도록 하는 것이다.

유럽연합EU에서는 주류화 이민통합정책을 '2004년 이민자 통합정책의 공통의 기본 원칙Common Basic Principles for Immigrant Integration Policy'에서 목표로 삼았다. 이것은 2005년에 '통합을 위한 공통 아젠다'에서도 주목받았다. 인구는 점점 다양해지고 있는데, 이주자이건 그렇지 않건 모두가 똑같이 정책에 접근할 수 있도록 하기 위해서다.

결국 주류화된 사회통합정책은 다양한 인구를 보다 효과적으로 지원하기 위해 디자인된 것이다. 이것은 해당 사람의 출생지나 출신배경에 따라 정책적으로 관여하는 것이 아니라 소득, 고용, 젠더, 교육 수준 등을 바탕으로 필요성에 따라 대상을 삼는 것이다. 그러므로 정책은 이주자에 한정돼 제공되는 것이 아니고 이주자를 포함해 원주민들에게도 제공된다. 모든 사회구성원이 같은 기회를 지니고 더 포괄적인 사회를 건설하기 위한 것이다.

사실 이주자만 콕 집어서 별도의 정책이나 혜택을 제공하는 것은 장기적으로는 지속이 불가능하다. 이주자라고 해서 다 같은 경제·사회적인 특성을 지니고 있는 것은 아니기 때문이다. 이주자 인구는 점점 더 비균질적이게 되고, 더 많은 국적의 출신들이 생겨날 것이다. 이런 상황에서 이주자라는 이유만으로 특정 정책을 펴는 것은 효과가 떨어진다. 게다가 이민1세대와 2, 3세대가 겪는 도전은 다른데, 이것을 어떻게 구분해서 대상화할 것인지도 애매해진다. 이민1세대와는 달리 2세대는 고등교육을 등록하는 비율이 높다. 물론 여전히 원주민에 비해 교육이나 구직기회에서 장벽을 마주하지만 말이다. 또 이민2세대라고 하더라도 초기에 왔느냐 후기에 왔느냐에 따라 마주하는 장벽도 다르다. 이렇게 각기 다른 이주의 단계에 위치한 사람들을 '이주자라는 이유로' 지원하는 것도 쉽지 않다.

이주자를 어떻게 정의해서 이들을 다른 사람들과 구분해 별도 대상으로 할지도 애매한 측면이 있다. '이주자'라는 용어는 나라마다 다른 의미로 발전돼왔기 때문이다. 프랑스에서는 이주자를 엄격한 의미에서 '새로 도착한 사람들'로 파악한다. 하지만 독일, 덴마크, 네덜란드 등에서는 개별 이주자들이 지닌 유산(부모 중 1명이, 또는 심지어 조부모가 이주자였다는 사실)에 의해 파악된다. 영국은 이주자의 지위나 배경보다는 인종적인 소수에 초점을 둔다.

더욱이 정부재정이 한없이 넉넉하다면 어느 그룹이든 별도 대상화해 예산을 집행하겠지만 현실은 그렇지 않다. 전 세계적으로 경기침체가 계속 불어닥치고 있고 이민자를 대상으로 한 사회통합예산도 넉넉지 않다. 각국 정부는 예산을 가장 효과적으로 쓰기 위한 정책을 설계해야 한다. 이러한 상황에서 각기 다른 특성을 가진 모든 그룹에 비해 이주자들의 필요를 우선순위에 두는 것은 합리적이지 못하다. 예산이 효율적으로 쓰이려면 경제·사회적인 배경을 기준으로 정책을 집행해야 하며 그래야만 가장 필요한 대상에게 혜택이 돌아갈 수 있다.

물론 주류화 정책을 펴는 것 자체만으로 이주자 사회통합이 효과적으로 달성되는 것은 아니다. 이주자와 원주민들 간 교류가 촉진되지 않으면 주류화는 단순히 자원이 효율적으로 배분된다는 것을 의미할 뿐이게 된다. 그럼에도 불구하고 '분리정책'을 지양하는 것은 사회적인 낙인을 막고, 예산의 효율적인 집행을 통해 반이민 정서를 예방하는 첫걸음이다.

다가오는 이민2세대, 분리와 통합의 딜레마

이주자에 대한 사회통합은 단순히 현재 사회에 머물고 있는 이주자들에 대한 문제만은 아니다. 이것은 세대를 걸쳐 이주자의 자녀들에게도 적용되는 '이주배경 인구'를 어떻게 통합하느냐에 관한 것이다. 이주자를 사회에 효과적으로 통합시키는 데에 실패할 경우, 이주배경을 지닌 후세대들이 사회에 통합되는 데에도 걸림돌로 작용할 수 있다. 이 때문에 선진국에서도 단순히 이주자 당사자뿐 아니라 이민2세대를 비롯해 '이주배경을 가진 인구'를 어떻게 주류사회로 통합시킬 수 있을지 고심하고 있다. 이에 따른 실패 사례도 속속들이 나타나고 있다.

대표적인 사건이 2005년 프랑스 파리에서 벌어진 최악의 슬럼가 소요사태다. 사건의 발단은 그해 10월 27일, 저소득층 모슬렘들이 밀집해 거주하는 파리 북동쪽의 외곽 도시 클리시수부아에서 경찰의 추격을 받던 10대 소년 2명이 변전소 변압기에 감전돼 숨진 것이다. 이때 경찰의 과잉 추격에 항의하는 주민들로 인한 소요사태가 잇따라 발생했다. 시위대는 주로 청년들이 주축이 됐다. 이들은 최루탄을 쏘며 강경 진압에 나선 경찰과 충돌했다. 소요사태는 이웃 지역으로까지 광범위하게 확산됐다. 심지어 파리 시내로도 소요가 옮겨붙으면서 시내 중심가에서 차량 28대가 전소되기도 했다. 아프리카와 아랍 국가 출신의 저소득층 이주자들이 많이 사는 파리 외곽 지역에서는 날이 어두워지면 청년들이 화염병을 던지는 식의 시가전이 진행되기도 했다. 분노한 이민2, 3세대는 인터넷 블로그 등을 통해 "내전이 선언됐다", "모든 것을 파괴할 것"이라는 식의 자극적인 메시지를 퍼뜨렸다.

소요사태의 선봉에 선 이들은 주로 북아프리카 출신 이주자의 후손인 10대 소년들이었다. 대부분 이슬람교를 믿으며 할아버지나 아버지가 이주를 한 2, 3세대였다. 프랑스가 고향이고 국적도 프랑스였지만, 주류사회에 편입될 가능성은 희박했다. 고등교육을 받아도 대도시 외곽의 빈민가에서 암담한 삶을 살아야 할 운명이었다. 당시 외신들은 시위대가 거리에 나온 이유로 '미래가 없다는 것'을 꼽은 뒤 "인종차별과 취업기회 박탈이 이번 사태의 불씨를 제공했다"고 분석했다. 모슬렘 이주자들은 전통 프랑스인들과 모든 조건이 똑같아도, 취업을 위해 입사지원서를 내면 면접기회조차 주어지지 않을 정도로 차별대우를 받는다는 것이다. 이들은 주류사회의 심한 냉대를 통해 분노와 좌절감을 키우면서 자란 사람들이었다.

당시 「인터내셔널헤럴드트리뷴International Herald Tribune」은 프랑스 소요사태의 원인으로 실패한 이민정책을 지목했다. 프랑스의 이민정책은 피부색과 종교를 이유로 차별하지 않는 대신, 어렵다고 도와주지도 않는 '알아서 해라' 식의 처방을 제공하고 있다는 것이다. 프랑스가 당초 '느슨한 통합주의'를 내세워 이주자를 받아들이되 적극적으로 끌어안지도 않았다는 것이다.

프랑스 정부가 대도시 외곽 지역에 건설한 공공임대주택은 세월이 흐르면서 가난한 이주자, 불법체류자, 실업자가 집단으로 거주하는 지역으로 변했다. 이주자와 그 후손들은 그곳으로 밀려났다. 이곳은 경찰은 물론 소방서 구급차량도 함부로 다닐 수 없어 '치외법권 지역'으로 불렸다. 거리 곳곳은 깨진 술병 등 쓰레기가 나뒹굴고 소변 냄새가 나기도 했다.

어느 정도 본인의 의지대로 이주를 택했던 이민 1세대들은 새로운 곳에 정착해서 일자리를 갖고 생계를 꾸려갈 수 있었고, 설령 정부가 이들에게 무관심하더라도 이런 냉대를 이겨낼 수 있었다. 이주는 자신의 선택의 산물이었고 그 과정에서 수반되는 어려움과 고충은 어느 정도 예견했기 때문이다. 하지만 이민 2세대는 자신이 이주를 선택한 것도 아니었고, 프랑스에서 태어나고 자란 사람들이었다. 그럼에도 불구하고 주류사회에 성공적으로 진입하지 못한 채 '2등 시민'으로 사는 상황을 용납할 수 없었던 것이다.

　프랑스의 이민정책이 실패했다고 뭇매를 맞는 일은 이외에도 끊임없이 발생해왔다. 대표적인 것 중 하나가 사이드 쿠아시, 셰리프 쿠아시, 하미드 무라드가 2015년 파리 언론사 '샤를리 에브도 Charlie Hebdo'에 총기로 테러를 가한 사건이다. 이들의 국적은 모두 프랑스였고, 피해자를 사살할 때도 유창한 프랑스어를 구사했다. 사건은 자국민에 의한 '홈그론 테러 homegrown terror'였다. 외부 이슬람 무장단체가 프랑스에 침투한 게 아니라, 프랑스 국민이 자국민을 공격한 것이다. 쿠아시 형제는 파리에서 태어난 알제리계 프랑스인으로 어릴 적 부모를 잃고 피자 배달이나 스포츠 강사 등을 하며 살았다. 이 사건은 프랑스뿐 아니라 전 세계를 충격으로 몰아넣었다. 2004년 스페인 마드리드 연쇄 테러, 2005년 영국 런던 지하철 테러, 2013년 보스턴 마라톤대회 폭탄 테러 등도 모두 홈그론 테러리스트의 소행이었다. 이들은 서방에서 태어나 서구식 교육을 받고 자랐지만 소수민족으로 겪는 문화적 소외감, 경제적 격차 등에 분노해 극단주의에 빠진 후 범죄를 저지른 사람들이었다.

　프랑스에서 분노한 소외계층의 폭동은 계속해서 발생했다. 2005년 프랑스 폭동 이후 사회에 불만을 느끼는 젊은이들이 12월의 마지막 날 차량을 불태우는 악습은 프랑스에서 하나의 사회현상이 됐다. 프랑스 내무부는 2014년 마지막 날 차량 방화 사건이 940건 발생했는데, 이는 전년도(1067건)보다 12% 감소한 것이라고 발표하기도 했다. 니콜라 사르코지 전 프랑스 대통령은 2009년 12월 31일에 1147건의 차량 방화 사건이 발생했다고 발표한 후 이런 공표가 모방범죄로 이어질 수 있다는 우려 등으로 사건 발생 건수 공개를 금지했다. 하지만 2012년 5월 집권한 프랑수아 올랑드 Francois Hollande 대통령은 차량 방화 건수를 감춘다고 문제가 해결되지 않는다는 이유로 집권 이후 다시 건수를 공개했다.

　그렇다면 프랑스에서는 왜 이렇게 이민2세대로 인한 문제가 끊이지 않는 걸까? 이에 대해 명확한 분석은 없다. 하지만 프랑스에서는 이민1세대만 '이주자'로 간주되고 정책의 대상도 그들에게만 한정돼 있다는 것을 단서로 생각해볼 수 있다. 프랑스에서의 이민자 사회통합정책은 도착 직후 5년까지만 적용된다. 즉, 초기정착을 제외하고는 통합정책 대상에서 제외하는 것이다. 이것은 이주배경을 지닌 사람들에게 '이주자'라는 낙인을 평생 찍지 않기 위해서다. 시민에 대해서는 출신에 관계없이 똑같은 대우를 해야 한다는 헌법의 틀에 부합하기 위해서이기도 하다. 심지어 이민2, 3세대에 대한 자료도 수집하지 않는다. 출신을 바탕으로 한 구분된 통계를 만드는 게 차별이라고 생각하기 때문이다. 이주배경을 지녔다고 해서 계속 별도의 대상으로 관리하면 낙인과 분리, 차별의 근원이 될 수 있기 때문이다.

　하지만 무작정 '구분'을 지양하는 게 옳은지에 대해서는 논란의 여지가 있었다. 정책을 만드는 사람들이 이민2, 3세대가 무엇을 필요로 하는지 파악할 수 없기 때문이다. 이주배경을 지닌 사람들에 대한 정책의 성공을 평가하거나 모니터링하기도 어렵다. 이 때문에 이민2, 3세대가 겪는 박탈감이나 사회적인 소외에 대해서도 면밀히 보지 못하게 된다.

　물론 주로 갓 도착한 이주자들이 언어 습득과 시민권 취득, 자격증 인정 지원 등 정착하는 데 도움이 필요한 것은 사실이다. 하지만 어떤 이주자들은 후세대까지 이어지는 장기적인 지원이 필요한 경우도 있다. 이주자들의 자녀는 언어 습득에 어려움을 겪고, 그 여파가 학습으로 이어지기 때문이다. 난민들의 경우 상담이나 트라우마 치료와 관련된 수요가 있다. 정책에서 이주자라는 '특수성'과 보편적인 '통합' 사이에 균형을 찾아야 하는 이유다.

그렇다고 이주자만을 대상으로 한 정책을 무작정 발달시키는 게 그들을 위한 것은 아니다. 그런 정책 역시 부작용이 있기 때문이다. 인구 중 이주자들이 다른 구성원들과 같은 기회를 얻도록 하되, 서비스를 제공할 때 이주자 그룹의 특성을 고려하는 것도 효과적인 방법이다. 프랑스 역시 경제·사회적으로 소외된 계층을 충분히 보듬을 수 있는 정책을 폈더라면 그 계층에 포함된 이주자들 역시 해당 정책의 혜택을 봤을 것이기 때문이다.

아무리 이민자 사회통합을 추구하더라도, 사회에서 의도했건 그렇지 않았건 분리와 배제는 발생하기 쉽다. 원래 인간은 비슷한 사람과 살거나 일하기를 선호하기 때문이다. 결혼시장에서도 문화적인 공통점이 배우자에 대한 선호에 영향을 미친다는 것은 의심의 여지가 없다. 일터에서도 마찬가지다. 공통의 언어와 문화는 서로 일하고 소통하는 것을 용이하게 한다. 사람들은 효율적으로 일하기 위해서 비슷한 문화적인 배경을 지닌 사람을 선택할 수 있다. 같은 기술과 지식을 가진 사람이라면 비슷한 사람을 선호한다. 고용주들이 고용에서 따르는 위험을 피하기 위해 개인적인 네트워크를 활용하는 것도 그런 이유다.

하지만 사회구성원들 사이에 분리가 일반적인 패턴을 넘어서 '분할 segmentation'과 '배제 exclusion'로 이어진다면 부정적인 결과가 발생하기 쉽다. 노동시장에서 특정 배경을 지닌 사람들만 매력적이지 않은 직업에 집중돼 있고, 차별로 인해 더 나은 곳으로 이동할 기회를 박탈당한다면 이것은 사회문제로 비화될 수 있다는 것이다. 주거지 역시 마찬가지다. 경제적으로 상승할 기회가 제한돼 있어 특정 집단만 덜 매력적인 주거지에 몰리면 문제가 된다.

프랑스의 경우에도 저소득 이주자들은 배제되고 분할된 처지에서 소외감을 느끼고 있었다. 지속적으로 주류사회에 통합되지 못하고 하층민으로 살아왔기 때문이다. 이런 이주자들은 사회·경제적인 격차가 세대를 넘어서 지속될 거라는 두려움을 갖게 된다.

그렇다면 정책을 어떻게 펴야 이주자와 그 후세대들의 사회·경제적인 수준을 끌어올리고 효과적으로 사회에 통합시킬 수 있을까? 덴마크 오르후스시 정책의 한 예를 보자.

오르후스 시에서 덴마크어를 모국어가 아닌 제2외국어로 구사하는 이주자 자녀의 비율은 1989년 6%에서 점점 증가해 2000년대 중반에는 20%에 다다랐다. 그러자 시의회는 2005년 각 교실에 덴마크어를 배우는 아이들의 비율이 20%가 넘지 않도록 하는 정책을 폈다. 이주배경이 있는 아이들이 특정 교실에만 몰리지 않도록 하기 위해서였다. 이를 위해 덴마크어를 충분한 수준으로 구사하지 못하는 아이들은 학교를 자유롭게 선택할 수 없도록 했다. 덴마크어를 잘 구사하지 못하는 아이들이 덴마크어를 잘 구사하는 원주민 아이들을 더 많이 만날 수 있게 하기 위해 일부러 각 학교에 골고루 배치한 것이다. 물론 행정당국은 이같이 이중 언어를 구사하는 이주배경 아이들을 완전히 강제로 특정 학교에 배당하지 않고, 학교에 다니도록 권장했다. 아울러 시의회는 또 2015년까지 청소년의 90% 이상이 고등교육을 받는다는 목표를 세웠다. 이주배경이 있는 아이들만 별도 대상으로 삼아 특정한 목표를 세운 게 아니라, 이들을 포함한 전체 학생의 수준을 끌어올리는 목표를 세운 것이다.

이 같은 목표를 바탕으로 교사들은 이주배경이 있는 아이들을 대상으로 유치원, 초등학교 때부터 언어 평가를 했다. 2006년까지 총 3000명이 취학 전에 언어 평가를 받고, 그 평가 결과 언어지원이 필요한 것으로 판단된 아이들은 각기 적합한 학교에 배치돼 교육을 받았다. 이주배경이 있다고 해서 무조건 언어지원이 필요하다고 예단해 일괄적으로 분리한 뒤 특정 교실에 몰아넣거나 낙인을 찍는 게 아니라 '언어 평가'라는 객관적인 기준을 통해 골고루 배치하고, 필요한 교육을 하는 것이다. 이는 덴마크어를 제2언어로 배우는 아이들에게 무작정 별도로 지원하지 않고 기존 교육체계 안에서 언어라는 도전 과제를 극복하도록 돕는 형식이었다.

이것은 이주자 그룹을 부각시키지 않고도 사회통합에 필요한 영역에 초점을 둬서 이들의 실력을 향상시킬 수 있는 방안이었다. 굳이 각 학교별로 '이주자 자녀만 교육시킨다', '이주자 자녀의 비율을 몇 퍼센트로 맞춘다'고 하지 않고도 언어 평가를 통해 도움이 필요로 하는 사람들을 걸러내고, 이들이 각 학교별로 고루 배정돼 교육을 받을 수 있도록 한 것이다. 다양성으로부터 비롯되는 차이와 문제점을 인정하고 대안을 마련하되, 도움을 준다는 명목하에 '다름'을 부각시켜서 분리하기보다는 통합과 조화를 중시한 것이다.

한국에서 이주자들이 정착해 2세를 배출하기 시작한 지는 아직 얼마 되지 않았다. 이주배경 자녀들이 사회에서 '다문화가정'이라는 이유로 낙인이 찍히지 않고, 동시에 각종 기회에서 배제되지 않으면서 자라도록 하려면 어떤 방안이 필요할까? 다문화사회로 진입하는 한국의 미래는 이에 대해 어떻게 제도를 설계하고 대책을 세우느냐에 달렸다고 해도 과언이 아니다.

참고문헌

단행본

Darrell M. West, 2010, Brain Gain: Rethinking U.S. Immigration Policy, Brookings Institution Press.

Rafaela M. Dancygier, 2010, Immigration and Conflict in Europe, Cambridge University Press.

Wayne A. Cornalius, 2004, Controlling Immigration: A Global Perspective.

논문 및 간행물

Bryan Caplan, 2012, Why Should We Restrict Immigration?, Cato Journal, Vol. 32, No.1, pp.5~21.

Edward Alden, 2012, Immigration and Border Control, Cato Journal, Vol.32, Nol.1, pp.108~119.

Giovanni Peri, 2012, Immigration, Labor Markets, and Productivity, Cato Journal, Vol.32, No.1, pp.35~50.

Daniel T. Griswold, 2012, Immigration and the Welfare State, Cato Journal, Vol.32, No.1, pp.159~172.

Gordon H. Hanson, 2012, Immigration and Economic Growth, Cato Journal, Vol.32, No.1, pp.25~32.

Ramiro Martinez, Jr., Matthew T. Lee, 2000, On Immigration and Crime, Criminal Justice 2000, Vol. I , pp. 487~489, 515.

Kristin Archick, Paul Belkin, Christopher M. Blanchard, Carl Ek, Derek E. Mix, 2011, Muslims in Europe: Promoting Integration and Countering Extremism, Congressional Research Service, pp.1~18.

Graham C. Ousey, Charis E. Kubrin, 2009, Exploring the Connection between Immigration and Violent Crime Rates in U.S. Cities, 1980-2000, Social Problems, Vol.56, Issue3, pp.449~452.

Olof Aslund, Anders Bohlmark, Oskar Nordstrom Skans, 2009, Age at Migration and Social Integration, The Institute for the Study of Labor Discussion Paper, No. 4263, pp.2~7.

United Nations Department of Economic and Social Affairs·Population Division, 2013, Population Facts, No.2013/2, pp.1.

Zachary Gochenour, Alexander Nowrasteh, 2014, The Political Externalities of Immigration Evidence from the United States, Cato Institute Working Paper, pp.1.

Michael Greenstone, Adam Looney, 2010, Ten Economic Facts About Immigration, The Hamilton Project, Policy Memo September 2010, pp.5.

Tesfaye A. Gebremedhin, Astghik Mavisakalyan, 2013, Immigration and Political Instability, Kyklos, Vol.66, Issue 3. pp.317~320.

Vivek Wadhwa, AnnaLee Sexnian, Ben Rissing, Gary Gereffi, 2007, America's New Immigration Entrepreneurs, Master of Engineering Management Program, pp.3~4.

Alan de Brauw, 2007, International Migration: Can It Improve Living Standards among Poor and Vulnerable Populations?, International Food Policy Research Institute, 2020 Focus Brief on the World's Poor and Hungry People, pp.1~4.

Michael Greenstone, Adam Looney, 2010, Ten Economic Facts about Immigration, The Hamilton Project, Policy Memo September 2010, pp.1~6.

American Civil Liberties Union, 2010, Issue Brief: Criminalizing Undocumented Immigrants, American Civil Liberties Union Immigrants Rights Project, pp.1.

Stuart Anderson, 2010, Immigrants and Crime: Perception vs. Reality, Cato Institute, Immigration Reform Bulletin No.3, pp.1~2.

Sherrie A. Kossoudji, Deborah A. Cobb-Clark, 2000, IRCA's Impact on the Occupational Concentration and Mobility of Newly-legalized Mexican Men, Journal of Population Economics, pp.81~84.

David Becerra, David K. Androff, Cecilia Ayon, Jason T. Castillo, 2012, Fear vs. Facts: Examining the Economic Impact of Undocumented Immigrants in the U.S., Journal of Sociology & Social Welfare, pp.111~122.

Corrado Di Maria, Piotr Stryszowski, 2006, Migration, Human Capital Accumulation and Economic Development, Migration and Economic Development, pp.1~22.

Paticia Cortes, Jose Tessada, 2009, Low-Skilled Immigration and the Labor Supply of Highly Skilled Women, American Economic Journal, pp.1~19.

Viem Kwok, Hayne Leland, 1982, An Economic Model of the Brain Drain, The American Economic Review, pp.91~97.

Karin Mayr, 2003, Immigration: Economic Effects and Political Participation-An Overview and Assessment of the Literature, pp.2~13.

Lauren M. McLaren, 2010, Cause for Concern? The Impact of Immigration on Political Trust, Policy Network Paper pp.4~19.

Mihir A. Desai, Devesh Kapur, John Mchale, 2009, The Fiscal Impact of High Skilled Emigration: Flows of Indians to the U.S., pp.1~7.

Kenneth J. Franzblau, 1997, Immigration's Impact on U.S. National Security and Foreign Policy, U.S. Commission on Immigration Reform, pp.1~13.

Giorgia Giovannetti, Mauro Lanati, 2014, On the High Immigrant Skills- High Quality Trade Nexus, pp.2~8.

Saul Lach, 2007, Immigration and Prices, Journal of Political Economy, Vol.115, No.4, pp.548~550.

Lisa Chauvet, Flore Gubert, Sandrine Mesple-Somps, 2008, Are Remittances More Effective than Aid to Improve Child Health? An Empirical Assessment Using Inter and Intra-country Data, Annual Bank Conference on Development Economics, pp.2~27.

Catia Batista, Pedro C. Vicente, 2011, Do Migrants Improve Governance at Home? Evidence from a Voting Experiment, World Bank Economic Review, Vol.25, Issue1, pp.2~7.

Frederic Docquier, 2006, Brain Drain and Inequality Across Nations, The Institute for the Study of Labor Discussion Paper No.2440, pp.1~20.

Siping Luo, Mary Lovely, David Popp, 2013, Intellectual Returnees as Drivers of Indigenous Innovation: Evidence from the Chinese Photovoltaic Industry, Druid Celebration Conference, pp.1~20.

Christian Dustmann, Yoram Weiss, 2007, Return Migration: Theory and Empirical Evidence from the UK, British Journal of Industrial Relations, pp.236~252.

Riccardo Faini, 2006, Remittances and the Brain Drain, The Institute for the Study of Labor Discussion Paper, No.2155, pp.1~3.

Parliament of Australia, 2010, Overseas Students: Immigration Policy Changes 1997-May 2010, Parliamentary Library, pp.1~5.

Jan-Jan Soon, 2008, The Determinants of International Students' Return Intention, University of Otago Economics Discussion Papers, No.0806, pp.1~2.

Jason Dedrick, Kenneth L. Kraemer, Greg Linden, 2008, Who Profits from Innovation in Global Value Chains? A Study of the iPod and notebook PCs, Alfred P. Sloan Foundation Industry Studies Annual Conference, pp.2~3.

Kenneth L. Kraemer, Greg Linden, Jason Dedrick, 2011, Capturing Value in Global Networks: Apple's iPad and iPhone, pp.2~6.

The World Bank, 2013, Migration and Remittance Flows: Recent Trends and Outlook, 2013-2016, Migration and Development Brief 21, pp.2~17.

Hein De Haas, 2005, International Migration, Remittances and Development: Myths and Facts, Third World Quarterly, Vol.26, No.8, pp.1243~1256.

George J. Borjas, Lawrence F. Katz, 2007, The Evolution of the Mexican-Born Workforce in the United States, University of Chicago Press National Bureau of Economic Research, pp.16~52.

Alberto Alesina, Edward Glaeser, Bruce Sacerdote, 2005, Why Do Americans Work So Hard?, MIT Press Public Policy Research-Autumn 2005, pp.151~156.

Alberto Alesina, Edward Glaeser, Bruce Sacerdote, 2001, Why Doesn't the United States Have a European-Style Welfare State?, Brookings Papers on Economic Activity, pp.16~61.

Joel Kotkin, Erika Ozuna, 2012, America's Demographic Future, Cato Journal, Vol.32, No.1, pp.58~62.

Margaret D. Stock, 2012, Is Birthright Citizenship Good for America?, Cato Journal, Vol.32, No.1, pp.143~155.

Jim Harper, 2012, Internal Enforcement, E-Verify and the Road to a National ID, Cato Journal, Vol.32, No.1, pp.127~135.

Pia M. Orrenius, Madelin Zavodny, 2012, The Economic Consequences of Amnesty for

Unauthorized Immigrants, Cato Journal, Vol.32, No.1, pp.85~101.

George Borjas, 2013, Immigration and the American Worker: A Review of the Academic Literature, Center for Immigration Studies, pp.1~19.

Albert Saiz, 2006, Immigration and Housing Rents in American Cities, The Institute for the Study of Labor Discussion Paper, No.2189, pp.4~24.

George J. Borjas, 1994, The Economics of Immigration, Journal of Economic Literature, Vol. XXXII , pp.1667~1674.

Raul Hinojosa-Ojeda, 2012, The Economic Benefits of Comprehensive Immigration Reform, Cato Journal, Vol.32, No.1, pp.175~190.

Frederic Docquier, Caglar Ozden, Giovanni Peri, 2011, The Labor Market Effects of Immigration and Emigration in OECD Countries, pp.1~4.

Lawrence Becker, Charlotte Becker, 2001, Killing and Letting Die, Encyclopedia of Ethics, 2nd edition, Vol.2, pp.947~950.

Jeffrey Grogger, Gordon H. Hanson, 2010, Income Maximization and the Selection and Sorting of International Migrants, Journal of Development Economics, pp.42~43.

Michael A. Clemens, 2012, The Effect of International Migration on Productivity: Evidence from Randomized Allocation of U.S. Visas to Software Workers at Indian Firm, pp.1~3.

George J. Borjas, Jeffrey Grogger, Gordon H. Hanson, 2008, Imperfect Substitution Between Immigrants and Natives: A Reappraisal, pp.1~3.

Sari Pekkala Kerr, William R. Kerr, William F. Lincoln, 2012, Skilled Immgration and the Employment Structures and Innovation Rates of U.S. Firms, pp.1~5.

Frederic Docquier, Hillel Rapoport, 2011, Globalization, Brain Drain and Development, The Institute for the Study of Labor Discussion Paper. No.5590, pp.1~50.

Jennifer Hunt, Marjolaine Gauthier-Loiselle, 2008, How Much Does Immigration Boost Innovation?, National Bureau of Economic Research, pp.1~7.

Patricia Cortes, 2008, The Effect of Low-Skilled Immigration on U.S. Prices: Evidence from CPI Data, Journal of Political Economy, Vol.116, No.3, pp.381~414.

Gianmarco I.P. Ottaviano, Giovanni Peri, 2006, Rethinking the Effects of Immigration on Wages, National Bureau of Economic Research Working Paper, No.12497, pp.1~33.

George J. Borjas, 2001, Does Immigration Grease the Wheels of the Labor Market?, Brookings Papers on Economic Activity, pp.1~42.

Jan C. Ting, 2013, The Basic Immigration Choice: Limit or No Limit, Kansas Journal of Law & Public Policy, pp.1~12.

Joshua C. Hall, Benjamin J. Vanmetre, Richard K. Vedder, 2012, U.S. Immigration Policy in the 21st Century: A Market-Based Approach, Cato Journal, Vol.32, No.1, pp.203~205.

Philip Martin, Elizabeth Midgley, 2003, Immigration: Shaping and Reshaping America, A Publication of the Population Reference Bureau, Vol.58, No.2, pp.3~10.

Delia Furtado, Heinrich Hock, 2010, Female Work and Fertility in the United States: Effects of Low-Skilled Immigrant Labor, pp,1~3.

Andrew Jakubowicz, 1985, Racism, Multiculturalism, and the Immigration Debate, Making Multicultural Australia, pp.1~5.

United Nations Population Division, 2001, Replacement Migration: Is it a Solution to Declining and Ageing Population?, United Nations Population Division, Replacement Migration, pp.4~98.

Miranda J. Lubbers, Jose Luis Molina, Christopher McCarthy, 2007, Personal Networks and Ethnic Identifications: the Case of Migrants in Spain, pp.2~3.

Ruth Ellen Wasem, 2009, Cuban Migration to the United States: Policy and Trends, Congressional Research Service Report for Congress, pp.1~19.

Jennifer Merolla, S. Karthick Ramakrishnan, Chris Haynes, 2013, "Illegal," "Undocumented," or "Unauthorized": Equivalency Frames, Issue Frames, and Public Opinion on Immigration, American Political Science Association, vol.11, No.3, pp.789~791.

Christian Joppke, 1999, How Immigration is Changing Citizenship: A Comparative View, Ethnic and Racial Studies Vol.22, No.4, pp.630~646.

Jeffrey Passel, 2007, Unauthorized Migrants in the United States: Estimates, Methods, and Characteristics, Organization for Economic Co-operation and Development, pp.7~9.

Tobias Pfutze, 2010, The Political Consequences of International Migration on Sending Countries, International Affairs Forum, pp.1~3.

Pia Orrenius, Madeline Zavodny, Emily Kerr, 2012, Chinese Immigrants in the U.S. Labor

Market: Effects of Post-Tiananmen Immigration Policy, The Institute for the Study of Labor Discussion Paper, No.6287, pp.1~23.

Ruth Ellen Wasem, 2012, Immigration of Foreign Nationals with Science, Technology, Engineering, and Mathematics (STEM) Degrees, Congressional Research Service, pp.16.

James Forrest, Kevin Dunn, 2007, Constructing Racism in Sydney, Australia's Largest EthniCity, Urban Studies, Vol.44, No.4, pp.700~716.

Universities UK, 2014, International Students and the UK Immigration Debate, pp.4~27.

Helen D. Hazen, Heike C. Alberts, 2006, Visitors or Immigrants? International Students in the United States, Population, Space and Place, pp.201~214.

Charles Ochola Omondi, E.H.O. Ayiemba, 2005, Fertility Differentials in Kenya: The Effect of Female Migration, African Population Studies, Vol.20, No.2, pp.26~27.

Slawa Rokicki, Livia Montana, Gunther Fink, 2014, Impact of Migration on Fertility and Abortion: Evidence From the Household and Welfare Study of Accra, pp.2~6.

Alicia Adsera, Ana Ferrer, 2013, The Fertility of Recent Immigrants to Canada, The Institute for the Study of Labor Discussion Paper, No.7289, pp.3~4.

Francine D. Blau, 1992, The Fertility of Immigrant Women: Evidence from High-Fertility Source Countries, University of Chicago Press, pp.93~101.

Wolfgang Lutz, Sergei Scherbov, 2003, Can Immigration Compensate for Europe's Low Fertility?, European Demographic Research Papers, pp.3.

Anne Genereux, 2007, A Review of Migration and Fertility Theory Through the Lens of African Immigrant Fertility in France, Max Planck Institute for Demographic Research, pp.3~58.

Barry Admonston, 2008, Canadian Provincial Population Growth: Fertility, Migration, and Age Structure Effects, Canadian Studies in Population, Vol.36, pp.112~133.

Kirk Scott, Maria Stanfors, 2011, Can Immigrant Fertility Rejuvenate the European Population? Evidence from Sweden, pp.2~21.

Will Kymlicka, 2012, Multiculturalism: Success, Failure, and the Future, Korea foundation Global Seminar, pp.68~98.

Robert J. Sampson, 2008, Rethinking Crime and Immigration, Contexts, Vol.7, No.1, pp.29~33.

Chris Gilligan, 2012, Immigration Controls and the Erosion of Popular.

Ellie Vasta, 2007, Accommodating Diversity: Why Current Critiques of Multiculturalism Miss the Point, Center on Migration, Policy and Society, pp.3~32.

Georgia Mavrodi, 2010, The Other Side of "Fortress Europe": Policy Transfers in the EU and the Liberalising Effects of the EU Membership on Greek Immigrant Policy, Center on Migration, Citizenship, and Development, pp.3~8.

Geoff Gilbert, 2004, Is Europe Living Up to Its Obligations to Refugees?, The European Journal of International Law, Vol.15, No.5, pp.963~972.

Ruben G. Rumbaut, 2008, Undocumented Immigration and Rates of Crime and Imprisonment: Popular Myths and Empirical Realities, Police Foundation National Conference, pp.16.

Tim Wadsworth, 2010, Is Immigration Responsible for the Crime Drop? An Assessment of the Influence of Immigration on Changes in Violent Crime Between 1990 and 2000, Social Science Quarterly, Vol.91, No.2, pp.535~549.

Sanjeeve Gupta, Catherine Patillo, Smita Wagh, 2007, Impact of Remittances on Poverty and Financial Development in Sub-Saharan Africa, International Monetary Fund, IMF Working Paper, pp.16~25.

Richard H. Adams Jr., John Page, 2005, Do International Migration and Remittances Reduce Poverty in Developing Countries?, World Development, Vol.33, No.10, pp.1645~1669.

Mark R. Rosenblum, 2010, Immigrant Legalization in the United States and European Union: Policy Goals and Program Design, Migration Policy Institute, Policy Brief, pp.1~10.

Dirk Willem te Velde, 2005, Globalisation and Education: What to trade, investment and migration literatures tell us?, Overseas Development Institute Working Paper, pp.31~32.

Anthony Bohm, Marcelo Follari, Andrew Hewett, Sarah Jones, Neil Kemp, Denis Meares, David Pearce, Kevin Van Cauter, 2004, Forecasting International Student Mobility a UK Perspective, pp.3~4.

Steven A. Camarota, Karen Jensenius, 2009, A Shifting Tide: Recent Trends in the Illegal Immigrant Population, Center for Immigration Studies, Backgrounder, pp.1~2.

Dana P. Goldman, James P. Smith, Neeraj Sood, 2006, Immigrants and the Cost of Medical Care, Data Watch, pp.1700~1711.

Michale Clemens, 2010, The Roots of Global Wage Gaps: Evidence from Randomized Processing of U.S. Visas, Center for Global Development, Working paper 212, pp.1~29.

Jeffrey S. Passel, 2006, The Size and Characteristics of the Unauthorized Migrant Population in the U.S., Pew Hispanic Center, Research Report, pp.10~14.

Laurent Toulemon, Ariane Pailhé, Clémentine Rossier, 2008, France: High and Stable Fertility, Demographic Research, Vol.19, Article 16, pp.521~523.

Kristin F. Butcher, Anne Morrison Piehl, 2008, Crime, Corrections, and California, Public Policy Institute of California, California Counts: Population Trends and Profiles, Vol.9, No.3, pp.1~19.

Rubén G. Rumbaut, Walter A. Ewing, 2007, The Myth of Immigrant Criminality and the Pradox of Assimilation: Incarceration Rates Among Native and Foreign-Born Men, Immigration Policy Center, Special Report, pp.1~2.

Ana M. Ferrer, Garnett Picot, W. Craig Riddell, 2012, New Directions in Immigration Policy: Canada's Evolving Approach to Immigration Selection, Working Paper No.107, pp.5.

AnnaLee Saxenian, Yasuyuki Motoyama, Xiohong Quan, 2002, Local and Global Networks of Immigrant Professionals in Silicon Valley, Public Policy Institute of California, pp.5~75.

Francesc Ortega, Ryuichi Tanaka, 2015, Immigration and the Political Economy of Pulbic Education: Recent Perspectives, the Institute for the Study of Labor Discussion Paper No.8778, pp.1~16.

Haizheng Li, 2010, Higher Education in China: Complement or Competition to US Universities?, University of Chicago Press, pp.269~303.

Jennifer Hunt, Marjolaine Gauthier-Loiselle, 2009, How Much Does Immigration Boost Innovation?, Institute for the Study of Labor, Discussion Paper Series No.3921, pp.1~5.

Wayne A. Cornelius, 2004, Controlling 'Unwanted' Immigration: Lessons from the United States, 1993-2004, The Center for Comparative Immigration Studies, Working Paper

92, pp.1~24.

Mari Kangasniemi, L. Alan Winter, Simon Commander, 2004, Is the Medical Brain Drain Beneficial? Evidence from Overseas Doctors in the UK, Center for Economic Performance, pp.30~32.

Betsy Cooper, Kevin O'Neil, 2005, Lessons from the Immigration Reform and Control Act of 1986, Migration Policy Institute, Policy Brief, No.3. pp.1~8.

Gordon H. Hanson, 2009, The Economics and Policy of Illegal Immigration in the United States, Migration Policy Institute, pp.5.

Ryuichi Tanaka, Lidia Farre, Francesc Ortega, 2015, Immigration, Assimilation, and the Future of Public Education, pp.1~37.

Per Mouritsen, Christin Hovmark Jenson, 2014, Integration Policies in Denmark, European University Institute Robert Schuman Centre for Advanced Studies, pp.12.

Stuart Anderson, 2010, Death at the Border, National Foundation for American Policy, Policy Brief, pp.1~10.

James P. Smith, Barry Edmonston, 1997, The New Americans: Economic, Demographic, and Fiscal Effects of Immigration, National Academy Press, pp.91~156.

Elisabeth Ivarsflaten, What Unites Right-Wing Populists in Western Europe? Re-examining grievance mobilization models in seven successful cases, pp.2~21.

United Nations, OECD, 2013, World Migration in Figures, pp.1~4.

United Nations, 2013, International Migration 2013, pp.1~2.

The World Bank, 2014, Migration and Remittance Flows: Recent Trends and Outlook, The World Bank, Migration and Development Brief 22, pp.1~31.

Unites States Census Bureau, 2015, Residential Vacancies and Houseownership in the Fourth Quarter 2014, U.S. Census Bureau News, pp.1~11.

Bureau of Labor Statistics U.S. Department of Labor, 2015, Foreign-born Workers: Labor Force Characteristics-2014, pp.2.

Association of International Educators, 2003, In America's Interest: Welcoming International Students.

Immigration Policy Center, 2013, From Anecdotes to Evidence: Setting the Record Straight on Immigrants and Crime.

OECD, 2013, Education Indicators in Focus.

Australian Bureau of Statistics, 2011, Australian Social Trends December 2011.

National Science Foundation, 2014, Science and Engineering Indicators 2014.

International Organization for Migration, Migration Policy Institute, 2012, Developing a Road Map for Engaging Diasporas in Development.

강동관, 강병구, 성효용, 2013, 「외국인 근로자의 송금요인 분석」, IOM이민정책연구원 워킹페이퍼 시리즈, 1~13쪽.

김영진, 2014, 「우리나라 두뇌 유출입 현황과 두뇌순환 활성화를 위한 전략」, 한국무역협회 국제무역연구원, Institute for International Trade, Vol.13, No.40, 1~24쪽.

대한변호사협회, 대한변협 인권재단, 대한변협법률구조재단, 2013, 「이주외국인을 위한 법률매뉴얼 I 개정판」, 11~165쪽.

김유경, 조애저, 최현미, 이주연, 2008, 「다문화시대를 대비한 복지정책방안 연구: 다문화가족을 중심으로」, 한국보건사회연구원, 50~75쪽.

세이브더칠드런, 유엔난민기구, 국가인권위원회, 2013, 「무국적과 이주배경 아동 출생등록에 관한 컨퍼런스」, 토론회 자료집, 20~35쪽.

오정은, 김경미, 송석원, 2014, 「대한민국 귀화적격심사 제도 개선 방안 연구: 혼인귀화적격심사를 중심으로」, IOM이민정책연구원 연구보고서, 1~99쪽.

오정은, 고지영, 김경미, 김안나, 안상욱, 장지은, 한유경, 2013, 「우수 유학생의 효과적 활용을 위한 장단기 전략 연구」, IOM이민정책연구원 연구보고서, 1~104쪽.

오정은, 2014, 「유럽의 반이민 정서 확산과 극우정당」, IOM이민정책연구원 워킹페이퍼 시리즈, 1~18쪽.

오경석, 고기복, 오성배, 신은주, 박천응, 2011, 「다르지만 평등한 이주민 인권 길라잡이」, 국가인권위원회, 41~323쪽.

조영희(외교부 연구용역), 2012, 「이민정책과 '개발을 위한 정책일관성(PCD)': 개발친화적 이민정책의 모색」, 외교부, 18~53쪽.

최서리, 이창원, 김웅기, 정혜진, 2014, 「국제비교를 통한 국내 외국인 불법체류 관리정책 개선방안 연구」 IOM이민정책연구원 연구보고서, 27~150쪽.

조경엽, 강동관, 2014, 「이민 확대의 필요성과 경제적 효과」, 한국경제연구원, 32~36쪽.

허재준, 김세움, 노용진, 오계택, Randall W. Green, 서환주, 2010, 「유학생 시장의 특성과

정책과제」, 한국노동연구원, 2010 일자리 대책사업 평가 연구시리즈, 8~159쪽.

장현숙, 박진우, 2013, 「외국인력 활용에 있어 애로 및 개선방안」, 한국무역협회 국제무역연구원, Trade Focus, Vol.12, NO.53, 1~18쪽.

고상두, 2012, 「이주자 사회통합모델의 비교분석: 네덜란드, 독일, 한국의 사례」, 한국정치학회보, Vol.46, No.2, 5~25쪽.

설동훈, 2005, 「국내 불법체류 외국인의 적정규모 추정」, 1~3쪽.

국회예산정책처, 2014, 「2014년도 정부 성과계획 평가: 다부처 사업」, 국회예산정책처, 181~203쪽.

김진용, 2010, 「국내 이공계 박사의 해외유출 특성 및 요인 분석」, 한국과학기술기획평가원 이슈페이퍼, 1~30쪽.

다동이 정책포럼, 2014, 「다동이 정책포럼: 창립식 및 제1회 포럼 "이민, 선진국을 향한 국가발전전략"」, 다동이 정책포럼 자료집, 7~50쪽.

국회인권포럼, 국회다정다감포럼, 이주아동권리보장기본법 제정 추진 네트워크, 2014, 「이주아동권리보장기본법 제정 공청회」, 국회인권포럼, 국회다정다감포럼, 이주아동권리보장기본법 제정 추진 네트워크, 공청회 자료집, 19~106쪽.

이병렬, 장서연, 문은현, 김명식, 김현순, 2008, 「미등록이주자 단속과 외국인보호시설 방문조사」, 국가인권위원회, 3~20쪽.

서영인, 김미란, 김은영, 채재은, 윤나경, 2012, 「대학의 외국인 유학생 관리 및 지원 체제 강화 방안 연구」, 한국교육개발원, 49~102쪽.

정기선, 김석호, 고지영, 이규용, 이혜경, 이창원, 최서리, 한수진, 김고은, 반미희, 최인선, 권혁주, 전호섭, 2013, 「2013년 체류외국인 실태조사: 고용허가제와 방문취업제 외국인의 취업 및 사회생활」, 법무부, 18~60쪽.

문준조, 2007, 「주요 국가의 외국인이주노동자의 지위와 규제에 관한 연구」, 한국법제연구원, 19~22쪽.

김용신, 2012, 「제노포비아에서 포용으로: 다수로부터의 하나」, 비교민주주의연구 제8집 2호, 163~182쪽.

법무부, 2013, 출입국·외국인정책 통계연보.

보건복지부, 2015, 2015년 국민기초생활보장사업안내.

여성가족부, 2015, 2015년 다문화가족지원사업안내.

여성가족부, 2015, 2015년도 건강가정지원센터사업안내.

이주
행렬

초판인쇄 2015년 10월 23일
초판발행 2015년 10월 23일

지은이 이샘물
펴낸이 채종준
기 획 지성영
편 집 조은아
디자인 이효은
마케팅 황영주 · 한의영

펴낸곳 한국학술정보(주)
주 소 경기도 파주시 회동길 230(문발동)
전 화 031-908-3181(대표)
팩 스 031-908-3189
홈페이지 http://ebook.kstudy.com
E-mail 출판사업부 publish@kstudy.com
등 록 제일산-115호(2000. 6. 19)

ISBN 978-89-268-7080-8 03330

이 책은 한국출판문화산업진흥원의 2015년 〈우수 출판콘텐츠 제작 지원〉 사업 선정작입니다.